立心铸魂

山东革命文物红色基因解读

FORGING THE ORIGINAL ASPIRATION AND GREAT FOUNDING SPIRIT

INTERPRETATION OF THE RED GENE OF SHANDONG REVOLUTIONARY CULTURAL RELICS

山东博物馆 编

文物出版社

图书在版编目（ＣＩＰ）数据

立心铸魂：山东革命文物红色基因解读 / 山东博物馆编
. -- 北京：文物出版社，2022. 12
ISBN 978-7-5010-7770-0

Ⅰ. ①立… Ⅱ. ①山… Ⅲ. ①革命文物—介绍—山东 Ⅳ.
①K871. 6

中国版本图书馆CIP数据核字（2022）第153963号

立心铸魂——山东革命文物红色基因解读

编　　者　山东博物馆

责任编辑　贾东营
责任印制　张　丽

出版发行　文物出版社
社　　址　北京市东城区东直门内北小街2号楼
邮政编码　100007
网　　址　http://www.wenwu.com
经　　销　新华书店
制版印刷　天津图文方嘉印刷有限公司
开　　本　889mm × 1194mm　1/16
印　　张　18.25
版　　次　2022年12月第1版
印　　次　2022年12月第1次印刷
书　　号　ISBN 978-7-5010-7770-0
定　　价　320.00元

大道火种
民族先锋
烈火淬炼

山东革命文物红色基因解读

立心铸魂

FORGING THE ORIGINAL ASPIRATION AND GREAT FOUNDING SPIRIT

INTERPRETATION OF THE RED GENE OF SHANDONG REVOLUTIONARY CULTURAL RELICS

图录编辑团队

主　　编：李　娉

执行主编：孙艳丽　杨秋雨

副 主 编：张小松

文字撰稿：于　芹　李　娉　孙艳丽　杨秋雨　张小松

孙　芳　张　媛　吕　健　董倩倩　仪明源

涂　强　刘　宁　怀培安　刘　艳　赵倩儒

刘　蕾　张丹丹　王泽甲

编辑审校：杨秋雨　仪明源

文物摄影：阮　浩　周　坤

雕塑：《齐鲁魂》
作者：池清泉

在传承红色基因中立心铸魂

在中华民族伟大复兴的漫漫征途上，我们迎来新的历史坐标。党的二十大报告强调“弘扬以伟大建党精神为源头的中国共产党人精神谱系。”“以社会主义核心价值观为引领，发展社会主义先进文化，弘扬革命文化，传承中华优秀传统文化，满足人民日益增长的精神文化需求，巩固全党全国各族人民团结奋斗的共同思想基础，不断提升国家文化软实力和中华文化影响力。”

革命文化孕育和诞生于20世纪中国伟大的革命实践，传承和发展于中华人民共和国成立后的社会主义建设和改革开放伟大事业中，与时俱进，构成当代中华文化的精神谱系。红色基因是革命文化的传承，深刻体现党的性质宗旨、精神面貌、思想方法和工作方法，是中国共产党区别于其他一切阶级政党的鲜明标识和政治优势。红色基因深深融入中国共产党人的精神血脉，成为我们党战胜一切强敌、克服一切困难、夺取一切胜利的力量源泉。

革命文物是革命历史和革命文化的重要载体。山东革命历史光辉厚重，革命文物系统丰富。目前为止全国第一次可移动文物普查统计，山东省革命文物（可移动）登记94091件（套）；山东省93个县（市、区）入选第二批革命文物保护利用片区分县名单，数量居全国第一位；革命类博物馆数量全国第一。丰富的革命文物资源见证了中国革命、建设和改革的伟大历程，彰显着中国共产党人坚持胸怀天下、人民至上的执政理念和价值追求，更是今后共产党人创造辉煌开辟未来的丰厚滋养，为广大党员干部和人民群众学习党的历史、发扬红色传统、传承红色基因、赓续精神血脉提供了最鲜活生动的教材。

近年来，山东省通过创新举办“山东省红色文化主题月”，开展“8个100庆祝建党100周年”系列活动，成立全国首个省级革命场馆和高校融合发展联盟等，革命文物的资政育人功能不断拓展。山东博物馆是山东省文物收藏中心和展示中心，为阐释反映中华优秀传统文化、革命文化和社会主义先进文化代表性物证的重要机构。为学习贯彻“保护第一、加强管理、挖掘价值、有效利用、让文物活起来”的文物工作新方针，深入挖掘革命文物深厚内涵和时代价值，在弘扬革命文化、传承红色基因中立心铸魂，凝聚精神力量，山东博物馆立足全省有代表性的珍贵革命文物，编辑出版《立心铸魂——山东革命文物红色基因解读》（以下简称《立心铸魂》）。从这些文物中可以看出，红色基因集中体现在百年来山东党组织对初心和使命的历史传承和伟大实践，体现在中国共产党人崇高的理想信念、厚重的先进文化、高尚的道德情操、优良的党风党纪、科学的执政意识，更体现在山东党政军民共同铸就的“党群同心、军民情深、水乳交融、生死与共”的沂蒙精神里。

述往思来，向史而新。“走得再远、走到再光辉的未来，也不能忘记走过的过去，不能忘记为什么出发。”习近平总书记深刻阐述了我们党胸怀千秋伟业、恰是百年风华的奋斗密码。中华民族从站起来、富起来到强起来的革命史、探索史和发展史，蕴含着丰富的思想资源、实践智慧、宝贵经验，是取之不尽、用之不竭的精神财富。当前，我国正处于实现中华民族伟大复兴的关键时期，在“两个一百年”奋斗目标历史交汇的关键节点，必须坚持用党的光荣传统和优良作风坚定信念、凝聚力量，用党的实践创造和历史经验启迪智慧、砥砺品格。《立心铸魂》从文物的红色基因中重温党的光辉历史，与烽火岁月的再一次对话，是精神力量的汲取，也是更加刻骨铭心的历史记忆；对英雄故事的再一次回首，是对红色基因的传承，也是更加充沛饱满的爱党爱国情怀；和伟大精神同频共振的是在新起点上的风起帆张，是更加坚定的信念，也是更加铿锵有力的行进步伐。

大道如砥，行者无疆；征途漫漫，唯有奋斗。正如习近平总书记在二十大报告中所说：“党用伟大奋斗创造了百年伟业，也一定能用新的伟大奋斗创造新的伟业。”

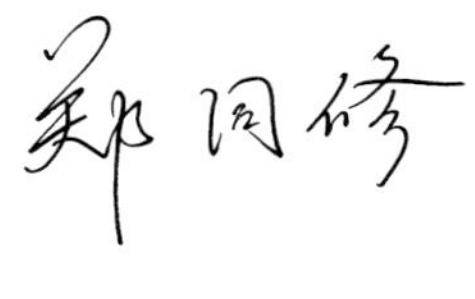

山东博物馆党委书记、馆长

2022 年 10 月

目录

第三章 ★ 血火淬炼

第四章 ★ 磐石建树

第五章 ★ 奋战征程

大道火种，星火燎原。

五四爱国运动是新民主主义革命的伟大开端，促进了马克思主义在山东的广泛传播。一大代表、中国革命运动的播火者王尽美、邓恩铭创建了济南共产党早期组织，给近代饱受战乱、灾难深重的山东人民送来了光明和希望。山东共产党人前赴后继、追求真理，开启了筚路蓝缕、苦难辉煌的革命史。

从《共产党宣言》到《山东反帝国主义大同盟会宣言》，从济南《晨钟报》到《山东红旗报》，山东党组织坚定共产主义的大道真理，借助创办党的报刊广泛传播革命思想。国民大革命中山东工人运动犹如滚滚铁流，在全国工运低潮下“异军特起”。山东共产党人向世人展现了星星之火终成燎原之势的“火种”力量。这力量，也正是山东共产党人在艰险时局下百折不挠、丹心向阳的初心力量。

第一章

大道火种

大道薪火

——全国第一个中文全译本《共产党宣言》在东营的流传

〔文〕于芹

诞生于1848年的《共产党宣言》，至今已有174年。174年间科学社会主义事业从无到有，从弱小到壮大，经历了迂回反复、曲折探索。这一过程正是马克思主义唯物辩证法与方法论的必然，是马克思主义之所以伟大并闪烁着真理智慧与光芒的魅力所在。《共产党宣言》是马克思主义诞生的标志，是马克思主义学说第一次完整、系统和成熟的阐述。东营历史博物馆珍藏的《共产党宣言》，历经中国革命血与火的考验，留下了一笔宝贵的精神财富，是迄今为止发现的国内唯一由农村党组织传播、使用和保存的珍贵红色文献。

《共产党宣言》是马克思主义诞生的标志，是马克思主义学说第一次完整、系统和成熟的阐述。“共产党宣言”译名最早来自日语，是“共产主义者宣言”的意思，后在1904年11月13日日本《周刊·平民报》上，首次被译成“《共产党宣言》”。在20世纪的中国，《共产党宣言》的中文节译本最早刊印于1908年1月3日上海《天义报》（第15、16、17期合刊）。

1917年，俄国十月革命一声炮响，给中国真正送来了马克思主义。中国先进分子从科学真理中看到了解决中国问题的出路。新文化运动由此有了新的内容，进入了宣传十月革命、宣传马克思主义的新阶段。李大钊在《新青年》上陆续发表了《庶民的胜利》《布尔什维主义的胜利》和《我的马克思主义观》等著名文章。李大钊是在中国举起十月革命旗帜的第一人，中国最早的马克思主义传播者。然而，直到1920年《共产党宣言》问世72年后，才由早期共产主义者陈望道从日文全文译成中文，同年8月在上海由上海社会主义研究社秘密出版。由于当时排版疏忽，封面书名《共产党宣言》错印成《共党产宣言》，这一独有的出生“胎记”也成就了此本“红色中华第一书”的独特标识。此书初版1000册，全部赠阅；9月又加印1000册，封面书名改正为《共产党宣言》，封面改为蓝印马克思半身肖像，封三版权页上印“一千九百二十年九月再版”字样，其余均同于初版本。

历经烽火岁月，中国最早中译本《共产党宣言》至今流传于世的极少。现存山东东营历史博物馆的《共产党宣言》为山东广饶县大王镇刘集村党支部保存，也是迄今为止发现的唯一由农村党组织传播、使用和保存的珍贵红色文献。

这本《共产党宣言》全书为平装，封面赭石色印刷，正中印有马克思半身像，著者署名为“马格斯、安格尔斯合著，陈望道译”。封面标题是错印的《共党产宣言》。封底是印刷时间：“一千九百二十年八月出版”。扉页有一方最早保存人“葆臣”的印章，即济南早期共产党员张葆臣，在党内曾主管教育兼发行工作，负责党团刊物、马列书籍的发行出版。

五四运动后，马克思主义在山东较早得以传播，这也促成了《共产党宣言》在山东的最早流传。1919年10月，由进步知识分子王乐平等在济南创办齐鲁通讯社及售书部（后改名为齐鲁书社），经销《新青年》《每周评论》《曙光》《新潮》《莽原》等进步书刊，推动了马克思主义在山东的传播。1920年秋，王尽美、邓恩铭、王翔千等在济南成立马克思学说研究会，专门收集和研究共产主义的书籍和理论，学习和研究的主要文献也是《共产党宣言》。在建党的思想理论准备中，《共产党宣言》起了十分重要的作用。这本《共产党宣言》最初就是在济南共产主义者中流传、学习的。直至1921年春成立济南共产主义小组后，先后发展了延伯真、刘子久、刘雨辉、张葆臣等人为党员。1926年春节，广饶县人延伯真、刘雨辉、刘子久一同回家省亲时，就把这本《共产党宣言》等党的宣传材料带回了广饶县刘集村。而早在1925年春广饶刘集党支部建立之初，刘子久组建刘集党支部时也带回去一本《共产党宣言》，故在1926年刘集党支部已拥有两本《共

1920 年中文译本《共产党宣言》
（东营历史博物馆藏）

产党宣言》，而流传至今的只有八月版的这一本。

这本《共产党宣言》辗转传到山东广饶县后，历经大革命失败后的白色恐怖、险恶卓绝的抗日战争和解放战争，在烽火硝烟中经历了不平凡的100多个春秋得以幸存。从刘集党支部的刘良才到村党支部委员刘考文，再到普通党员刘世厚，这本《共产党宣言》幸而有接续不断的守护人，他们相继用心血甚至生命一直将其保护下来，成为刘集共产党人代代相传的火种，是马克思主义在山东早期传播的历史见证。1975年用生命珍藏此书的老共产党员刘世厚将此书郑重捐献给国家，现定为国家一级革命文物。

来自西方的科学真理突破了国家、民族、地域的隔膜，在山东鲁北平原一个只有百户人家不起眼的小村庄，在贫苦农民当中秘密传播，成为农闲时期宣讲革命真理的好教材。早期山东共产党组织的文献资料，从最早的中译本《共产党宣言》到五四运动《反帝国主义大同盟宣言》，从流传广泛的《晨钟》副刊，再到省委创办的《山东红旗》，这些真实而又珍贵的红色文献，正是中国共产党人坚持不懈地把马克思基本原理同中国现代社会实际相结合的历史见证。正如马克思在《关于费尔巴哈的提纲》中提出的："哲学家们只是以不同的方式解释世界，而问题在于改变世界。"在20世纪最早接受新思想的知识分子中，激进的民主主义者逐渐转向历史唯物主义者，在当时更适合了阶级斗争和革命斗争的需求。

从中国革命历史发展历程可以看出，马克思主义越来越作为科学为人们所信仰，共产主义的意识形态和科学的唯物史观相结合成为马克思主义在中国的最根本的理想信念。对革命无产者来讲，无论身处如何的黑暗、磨难和挫折，对《共产党宣言》精神中最崇高、最纯粹的信仰依然使他们感到振奋，以获取力量。

图以载史

——从红色影像看『五四运动在山东』

〔文〕李娉

《长江歌》

看看看，滔天大祸，飞来到身边！

日本强盗似狼贪，硬立民政官！

此耻不能甘，山东又要似朝鲜！

嗟我祖国，攘我主权，破我好河山。

听听听，山东父老，同胞忿怒声，

送我代表赴北京，质问大总统！

反对卖国念一条，保护我山东，

堂堂中华，炎黄裔胄，主权最神圣。

1919年7月，山东省立一师北园分校学生代表王尽美为济南学生暑假讲演团写下这首慷慨激昂的歌词，再一次将我们带回百余年前那场伟大的五四运动中。从北京到天津，从山东到上海，爱国青年学生冲出校门，发出了“救国家于危亡，拯人民于水火”的呐喊，点燃了反帝反封建的爱国巨焰。

1914 年日方出版的《青岛写真帖》，该影像实志充分印证了日军侵占山东的历史。（山东博物馆藏）

五四运动源自一战后中国在“巴黎和会”上的外交失败，而山东主权问题则是直接导火索。1897 年 11 月，德国以“巨野教案”为借口，派兵侵占胶州湾，次年3月迫使清政府订立《胶澳租借条约》，“租借”青岛 99 年。青岛沦为德国在远东的第一块殖民地。第一次世界大战爆发后，日本以对德宣战为名出兵山东，攻占青岛和胶济铁路全线，取代德国的特权地位控制了山东。

1919 年初，第一次世界大战战胜国在法国巴黎召开“和平会议”，中国以战胜国名义参加。美、英、法等国操纵和会，蛮横拒绝了战胜国中国代表关于废除“二十一条”、归还德国在山东的租借地和胶济铁路、撤退外国军队巡警等正义要求，公然决定将战败国德国在中国山东的一切特权转交日本。4

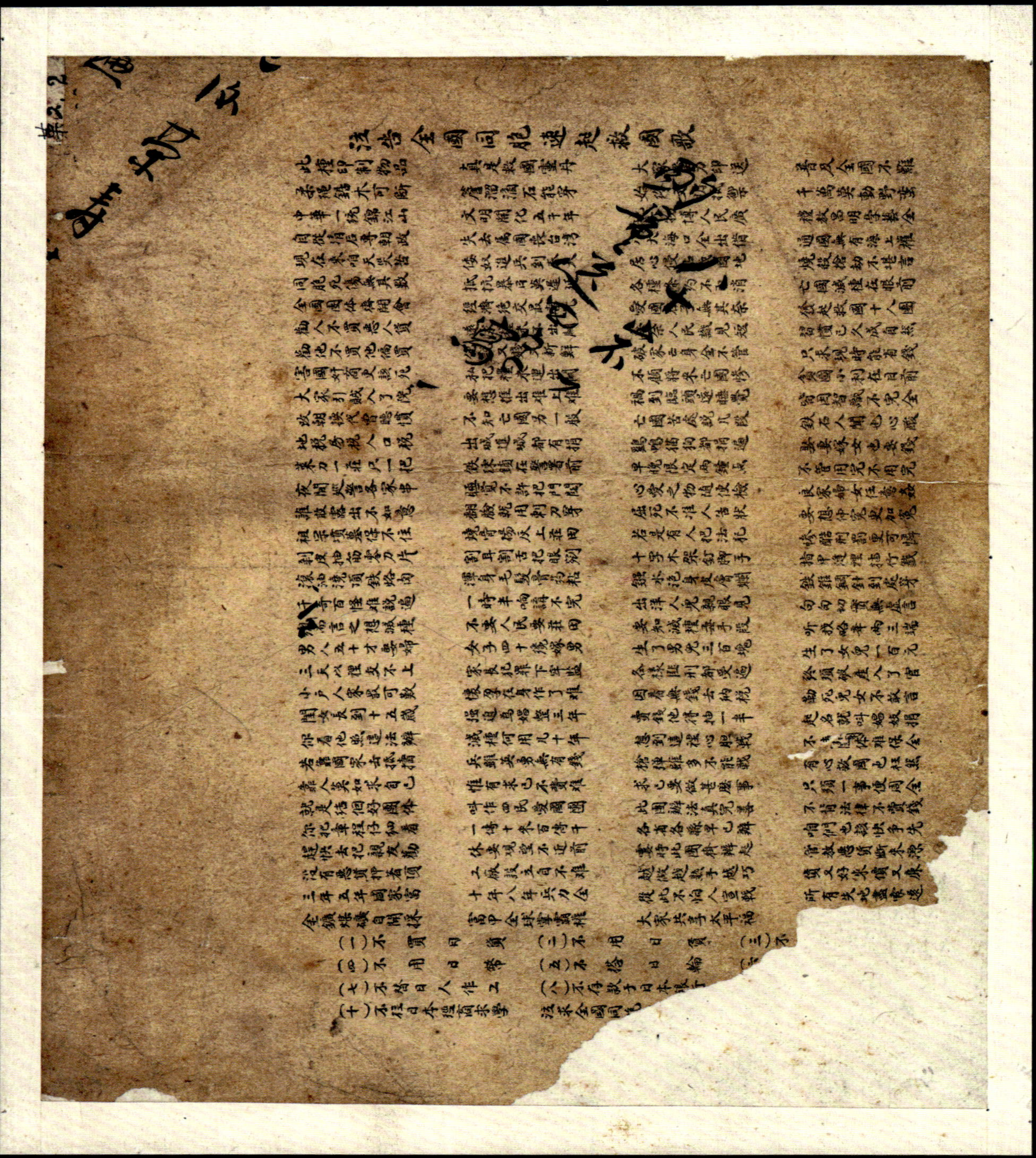

1919 年《泣告全国同胞速起救国歌》

（山东博物馆藏）

1919 年 5 月 4 日当天北京爱国学生的游行队伍

月 30 日，巴黎和会签订《凡尔赛和约》，北洋政府屈服于帝国主义的压力，准备在合约上签字。消息传到国内，中国人民积聚已久的愤怒终于像火山一样爆发了。5 月 4 日，北京学生 3000 余人齐集天安门前举行示威，冲破军警阻拦抗议集会，震惊中外的五四运动爆发！

五四运动以辛亥革命所不曾有的姿态，揭开了全民族进行彻底的反帝反封建斗争的序幕。五四运动直接因山东问题而爆发，五四运动中的山东人民，表现出强烈、坚韧的爱国热情，其革命斗争行动之早、规模之大、影响范围之广、斗争形式之多、持续时间长等特点在全国是少见的。山东是全国唯一向巴黎和会直接派出请愿代表的省份。早在 1919 年 2 月初，山东省议会就致电出席巴黎和会的中国代表，呼吁“青岛问题务请坚持，万勿退让，鲁民全体以死力对待。”4 月，为促进山东问题的解决，废除卖国的“二十一条”，山东外交商榷会及各界团体公举赴欧和谈代表孔祥柯（孔则君）、许宗汉（许天章）等从上海赶赴巴黎，向中国代表和“巴黎和会”呼吁请愿。在馆藏一张“1919 年山东赴欧和

1919 年，赴欧和谈代表孔祥柯、许宗汉与外交部、省议会等请愿团代表合影（左五为许宗汉、左六为孔祥柯）
（山东博物馆藏）

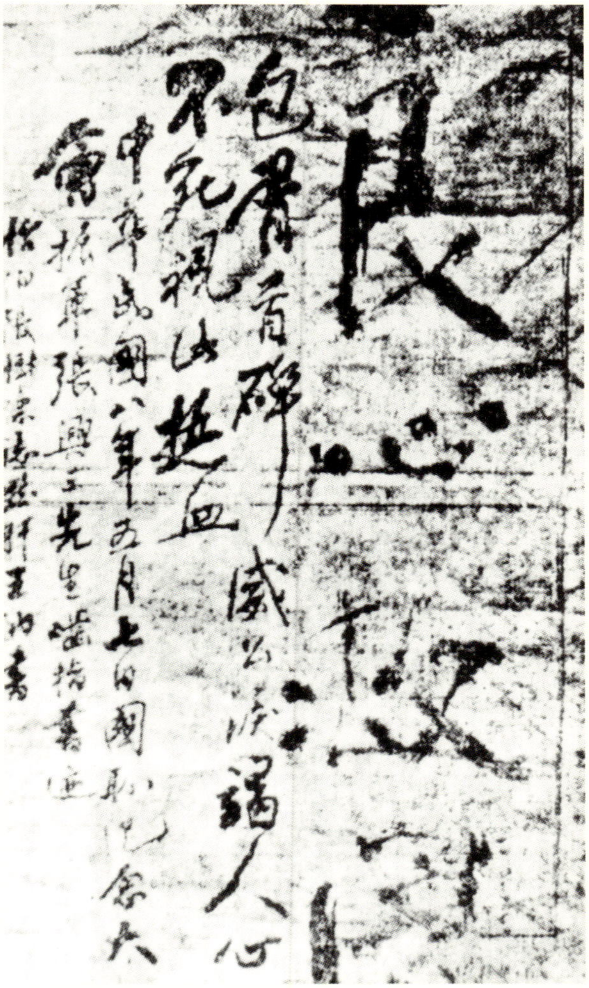
山东爱国青年张兴三破指血书“良心救国”

谈代表与外交部、省议会等请愿团代表合影”中，其中前排左六为孔祥柯，山东曲阜人，孔子七十五代孙，民国著名教育家、政治家。1911年毕业于京师译学馆后留任。辛亥革命之时辞去官职回到山东，参与民主革命，任山东高等学校教务长。1912年后先后任山东临时省议会议员，省议会副议长兼山东高等学堂（山东大学前身）校长、育英学校校董、财政部参事、山东法政专门学校校长等职。1919年4月16日，他与许宗汉一起由上海启程，先后赴美、英、法三国开展外交宣传、申述，向中国专使和巴黎“和会”请愿。他们抱定“非达到废约目的不回”的决心，在凡尔赛会场内外用流利的外语发表演说，“登坛演论，闻者动容，殊方绝域，报章传载”。他们的爱国言行为维护国家主权、推动五四运动发展做出了积极贡献。

在国内，五四运动前夕，4月20日，山东各界群众10万多人在济南演武厅举行国民请愿大会，致电北京政府和参众两院及出席巴黎和会的中国专使，要求收回主权、惩办祸首。“誓死力争、还我青岛”“废除非法的卖国条约”“收回山东权利”“同心救亡”等口号振聋发聩、响彻中国！5月4日五四运动爆发后，山东的反帝爱国运动出现新高潮，山东各界形成了以济南为中心、以声援北京学生和“外争主权，内惩国贼”为主要内容的群众性爱国运动，山东青年学生始终走在运动前列。5月7日，山东各界62个团体共同举行国耻纪念大会，到会者达3万多人，爱国青年张兴三在会场破指血书“良心救国”。5月12日，山东学生联合会宣告成立；5月23日，济南21所中等以上学校学生举行总罢课，各专门学校及各中学组织讲演团共50余团，轮流在城内外各街露天讲演，劝告同胞速醒爱国，以救国危。同时，泰安、曲阜、蓬莱、兖州、聊城、惠民、临沂、济宁等地爱国学生纷纷罢课，集会游行，声援北京学生的爱国行动。泰安省立第三中学学生发表罢课宣言书指出：“外怵国艰，内怵横暴，故自五月二十六日起，与北京天津济南上海各校取

1919 年 6 月 20 日，山东各界请愿团冒雨在北京新华门前进行请愿活动。

一致行动。吾辈少年，非不知光阴之可惜，学业之弥贵，而所以决然舍去者，亦以作先我而行者之声援，为后我而起者之提倡。庶几全国响应，落日或起于鲁阳之一挥耳。”

6 月 17 日，在得知北洋政府仍准备在“巴黎和会”上签署不平等条约时，山东省议会、律师公会、济南总商会、山东教育会、山东学联等召开联合会议，组成“山东各界请愿团”赴京请愿。6 月 20 日，山东各界请愿团与在京学生代表团 500 余人冒雨在北京新华门前进行请愿活动，次日，请愿团代表先后向总统徐世昌和代总理龚心湛恳言泣诉、连续请愿，最终北洋政府答应“对合约绝不签字”。山东请愿团的行动得到全国民众广泛声援和支持，在全国产生重大影响。在学生罢课、政治请愿的同时，济南商会通电全国商会，相约抵制日货。在济南罢市的同时，山东各地纷纷展开抵制日货斗争，形成强大的反帝怒潮。

在全国五四爱国运动的浪潮冲击下，中国代表团最终拒绝在《凡尔赛和约》上签字，有力地捍卫了山东主权。1922 年 2 月，在美英斡旋下，中、美、英、日、法、意、荷、葡、比签署《九国公约》，确认中国为主权国家且一切国家与中国贸易通商机会均等。据美国会图书馆藏二战结束后美国军方在日本境内查获的相关“绝密”标识文件揭示，“日军陆军在 1922 年的华盛顿会议上机关算尽，拒不撤出中国山东半岛。”日本陆军参谋本部在 1921 年 7 月一份报告中说，谈判代表准备在华盛顿会议上辩称，日本撤军会造成远东地区“赤化”，并危及朝鲜半岛安全。“参加华盛顿会议的日本陆军代表田中国重少将在 1922 年 4 月一份报告中说，美国在华盛顿会议上的真正意图就是阻止日本进入中国。”由于中国代表据理力争，再加上美、英等国害怕日本独占中国，日本霸占山东的阴谋最终没能得逞。

1922 年 2 月 4 日，中日两国在华盛顿会议之外签订了《解决山东悬案的条约》及其《附约》。又经 5 个月的交涉，签订《山东悬案细目协定》，中国付出巨款，赎回了青岛主权和胶济铁路。1922 年 12 月 10 日，中日双方在青岛举行了交接仪式，中国正式收回青岛主权。时人班鹏志（山东莱州人）将青岛回归前后过程拍成新闻纪实，1924 年以照片写志形式编辑出版了新闻摄影照片集《青岛接收纪念写真》，内存照片 279 幅，不仅影像资料珍贵，内文中关于接收青岛之起源、接收过程、中日鲁案联合委员会和青岛沿革等文字载录亦很翔实。青岛这座美丽的城市历经 25 年之久的殖民统治，经过中国人民的努力抗争，终于回到祖国母亲的怀抱。

鲜为人知的红色『丝绸之路』

——王尽美赴苏俄考察学习经历

一条看似普通的毛毯，背后蕴含一段鲜为人知的红色记忆。这张毛毯是1922年王尽美在苏俄参加“远东各国共产党及民族革命团体第一次代表大会”，并在会后留苏考察学习时使用的。它见证了一大代表、中共山东党组织创始人王尽美、邓恩铭等人赴苏俄参观学习的经历，呈现出一条饱含革命精神的红色“丝绸之路”。

〔文〕李娉

1922 年王尽美在苏俄使用过的毛毯
（青岛市博物馆藏）

1921 年中共“一大”召开。一大召开后的一年间，各帝国主义列强加紧对中国侵略，掀起了新一轮瓜分中国的狂潮。美国因在巴黎和会上没有获得预期的利益，遂打着“维护世界和平”的幌子，于 1921 年 11 月 12 日至 1922 年 2 月 6 日在华盛顿召开了一次新的国际会议，史称“华盛顿会议”。会议签订了《九国公约》，确认美国提出的“各国在华机会均等”和“中国门户开放”的侵略原则，使中国又回到被几个帝国主义国家共同宰割的局面。为了揭露帝国主义国家进行新的侵略扩张的面目，号召远东各被压迫民族开展反帝反封建的民族民主革命，共产国际定于 1922 年 1 月 21 日至 2 月 2 日在莫斯科召开远东各国共产党及民族革命团体第一次代表大会。

1921 年上半年，共产国际向中国、朝鲜、蒙古国、爪哇等国共产党或革命团体发出会议邀请书。中共中央对这次会议极为重视。1921 年秋，中共中央收到伊尔库茨克共产国际远东局关于选派代表参加会议的通知后，立即分派包惠僧和周佛海赴长江一带、刘仁静到北方各主要城市，物色、选派代表出席会议。10月，刘仁静来到济南，与王尽美等协商出席会议的代表人选问题。经研究协商，确定王尽美、邓恩铭、王象午、王乐平等人分别作为山东共产党、国民党及工人、青年等革命团体的代表参加中国代表团。最终出席会议的中国代表团成员由44人组成，其中，济南党组织派出了6名，是全国各地党组织中选派人员较多的一个。

为避开军阀的阻挠和破坏，出席会议的各项准备工作是在秘密状态下进行的，选择通往苏俄的路径借助了鲜为人知的红色“丝绸之路”。党的这条秘密通道的开辟源自潍坊昌邑的丝绸外销路线。昌邑地区盛产丝绸，那里至今仍流传着昌邑柳疃茧绸人“穷走南，富走京，死逼无奈下关东”的俗语。“走京”即有一定资金的绸商，将柳疃茧绸贩到北京，开门市卖绸赚钱；而就是“下关东”“下北洋”的柳疃人也是在东北地区多凭借丝绸手艺兴办丝绸工厂，或为技工师傅，还有专做丝绸商人固定在关东，或从关东远销入俄国，到莫斯科转欧洲各地，也有从中国张家口、蒙古国入俄国、欧洲等地，昌邑丝绸的畅销开辟出来一条从山东到苏俄的“丝绸之路”。为了远东赴会，山东党组织充分利用了这条商业路线。王尽美、邓恩铭、王乐平等人从济南买了一批昌邑丝绸，他们扮作小商人，出山海关，经奉天（今沈阳）、哈尔滨，到满洲里，在满洲里的一家旅馆中找到了预定的联络点，然后乘火车前往伊尔库茨克。当时，西伯利亚铁路虽然已恢复通车，但路基崎岖不平，火车跑起来剧烈地颠簸。火车没有煤烧，只能烧劈碎的木块，所以每次进站总要停十几分钟，加足了木块再开车。由于动力不足，火车走得很慢，走了三昼夜才到达伊尔库茨克（后会议地点改为莫斯科）。1921和1922年两次赴苏任务，王尽美都是以假扮昌邑背绸包的伙计为掩护，穿越层层关卡，借助这红色“丝绸之路”进入苏联。

1922年1月21日，远东各国共产党及民族革命团体第一次代表大会在克里姆林宫斯维尔德洛夫大厅隆重举行。大会由共产国际主席季诺维也夫宣布开幕。大会揭露了仍在进行中的华盛顿会议的反动实质及其瓜分中国的图谋，分析和总结了远东各国人民开展革命斗争的情况和经验。会议根据列宁关于民族殖民地问题的理论，阐明了被压迫民族所面临的反帝反封建的历史任务，讨论共产党人在民族和殖民地问题上的立场，以及共产党同民族革命政党进行合作的问题，同时强调吸收农民群众参加民族民主革命运动的重大意义。中国代表也在大会上也做了报告和发言。在中国工人代表所做的《中国近代产业下的工人的状况》的报告中，专门谈到了王尽美等领导下的山东工人运动的现状，指出：山东劳工会发行有《劳动周刊》，会员有500余人；山东劳工会是中国“几个较新的有实力的工会”之一。这次大会对于帮助中国共产党人认清中国国情和制定中国民主革命的纲领，起到了很大的作用。

会议期间，对中国革命非常关心的列宁从百忙之中挤出时间，亲切接见了中国代表团中的共产党、国民党和产业工人代表，王尽美亦在其中。大会闭幕后，王乐平、王象午等先行回国，王尽美、邓恩铭和一些代表留在苏俄继续参观学习。在莫斯科，代表们参观了克里姆林宫、历史博物馆和革命时代的地下工作纪念场所。在彼得格勒，代表们参观了

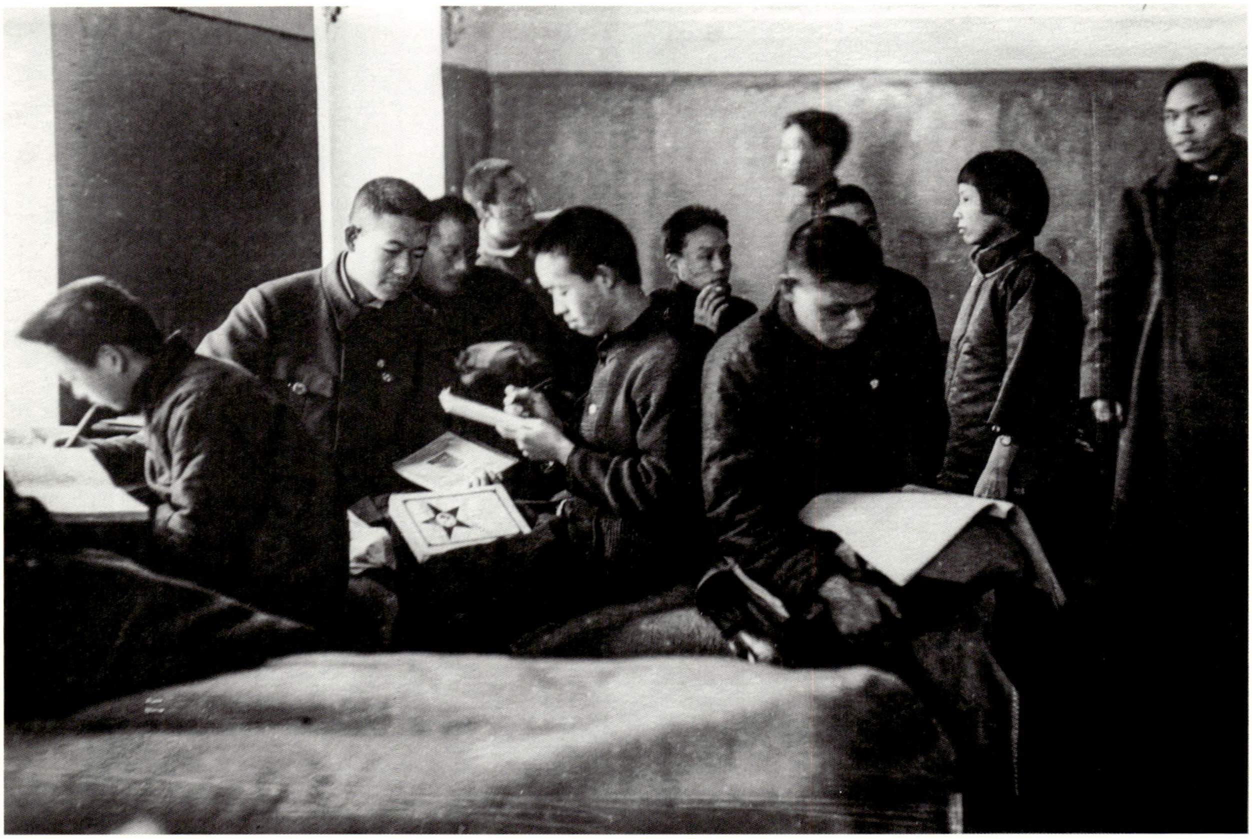

王尽美（前排左二）与邓恩铭（前排左三）在远东各国共产党及民族革命团体第一次代表大会期间的留影

帝俄时代沙皇的冬宫以及十月革命起义的总指挥部斯莫尔尼宫。济南代表团以及其他各国代表还一道参加了“共产主义星期六义务劳动”。

虽然在苏俄只有短短几个月的时间，但济南代表团成员从各个侧面观察和认识这个世界上第一个无产阶级掌握政权的国家，耳闻目睹了苏俄共产党人的工作，苏俄工人和各族人民积极投入战后经济恢复工作和忘我劳动的情景。当时苏俄因几年战争造成的创伤，经济十分困难，特别是粮食供应非常紧张，全国上下吃的一律是掺上了糠的极低劣的黑面包，给代表们留下深刻印象的是每日面包分配标准——红军士兵 2 磅、工人 1.5 磅、机关人员 1 磅、共产党员 3/4 磅，就连领袖列宁也毫不例外。代表团成员在参观列宁办公室的时候，看到在列宁办公的抽屉里有这种小块的黑面包。陪同参观的苏俄人员介绍说：“列宁同志在工作紧张、无暇去就餐时，就在办公室里一边吃这种面包，一边工作。有时，还未吃完，因必须马上出去办公，就把面包放在抽屉里，等回来后再吃。”苏俄虽处在严重经济困难时期，但给代表团却准备了丰盛的食品。代表们于心不忍，主动提出同样吃粗饭的要求。但到开饭的时候，一如既往，还是精美的饭食。在代表们的一再要求下，负责招待的人员才解释说：“这是国家领导人一致决定的。代表同志们如果坚持一定要换的话，也还有一个办法，就是请你们写一个条子，转赠给医院或幼儿园都是可以的。”于是，代表们商定后，将客饭转赠给了幼儿园。

短暂的参观学习经历，王尽美深入地了解了苏俄社会主义革命取得的伟大成就，开阔了眼界，更加丰富了王尽美对无产阶级革命和社会主义建设的认识，更加明确了中国革命道路的方向。此后，王尽美便脱离了学校的学生生活，成为一名职业革命家。1922 年 7 月，王尽美从苏俄回国后，参加了在上海召开的中共二大。这次大会第一次明确了反帝反封建的民主革命纲领，提出了中国革命的目标。会后王尽美和邓中夏一起负责中国共产党劳动组合书记部的工作，领导制定了中国工人运动的第一部纲领《劳动法大纲》。王尽美先后领导了山海关铁路、胶济铁路全线、青岛四方机厂等工人大罢工，亦是开滦五矿总同盟罢工指挥部成员之一。长期的忘我工作和艰苦生活，使王尽美患上了严重的肺结核病。1925 年 8 月 19 日，年仅 27 岁的王尽美溘然长逝。

徽我同胞觉悟之猛进

——王尽美起草的《山东反帝国主义大同盟会宣言》

〔文〕刘宁

山东博物馆珍藏着1924年8月26日《山东反帝国主义大同盟会宣言》（以下简称“宣言”）。宣言由山东党组织创始人、早期领导人王尽美起草，宣言的发表是山东早期共产党人发动山东人民反对帝国主义和封建军阀的历史见证，更是中华民族伟大觉醒的充分彰显。

近代以来，由于西方列强的入侵和封建统治的腐败，清政府被迫与西方国家签订了一系列丧权辱国的不平等条约，中国逐渐沦为半殖民地半封建社会，中华民族遭受了前所未有的苦难。山东人民遭受帝国主义和封建势力的双重压迫，社会秩序混乱，经济停滞，苦难深重。1919 年，为收回山东主权，在巴黎和会开始后不久，山东人民即掀起反帝爱国斗争，成为五四爱国运动的先声。巴黎和会上中国代表拒绝签字以后，为反对日本帝国主义占领山东，山东人民持续发动抗争，直到 1922 年 12 月收回青岛主权。山东人民反帝爱国运动是五四时期一股强大的洪流，运动锻炼和培养了革命青年，唤起了千百万工农群众的觉醒，促进了马克思主义在山东的广泛传播。

国共合作开始后，革命浪潮遍及全国。1923 年 9 月，苏联政府发表对华宣言，声称愿意废除沙俄与中国政府签订的不平等条约，放弃沙俄从中国夺取的一切领土和其他利益。经过双方谈判，1924 年 5 月，北洋政府和苏联在北京签订《中俄解决悬案大纲协定》，规定废除沙俄与中国或第三国所签订的一切有损中国主权及利益的不平等条约，放弃沙俄时期在中国的一切租借地和庚子赔款，取消治外法权、领事裁判权，取消中东路商业事务以外的一切特权。鸦片战争以来，清政府屡屡与外国签订丧权辱国的不平等条约，严重损害了中国的主权、领土完整和国家利益。《中俄解决悬案大纲协定》的签订，极大地鼓舞了中国人民反对帝国主义斗争的信心和勇气，激发了人民群众强烈的爱国主义热情。

1924 年 7 月，北京国会、学生联合会等 50 多个团体代表和各界人士举行集会，决定成立反帝国主义大同盟，废除一切不平等条约，在国家平等基础上建立新的国际关系。废约运动得到全国各地、各界、各阶层群众积极响应，各地纷纷成立反帝国主义大同盟，一场以废除不平等条约为中心的大规模的反帝废约爱国运动迅速在全国展开。在山东，1924 年 8 月 23 日，青州商学联合会首先发表宣言，呼吁废除帝国主义的一切不平等条约；8 月 24 日，济南各界联合会与 10 多个团体召开山东反帝国主义同盟会成立大会，王尽美亲自为大会起草了《山东反帝国主义大同盟宣言》，并在 1924 年 8 月 25 日出版的《十日》第 33 期上全文发表，至今读来仍令人振聋发聩！

《宣言》全文如下：

自鸦片战争至今，这八十余年的期间，我中华民族之受列强欺辱压迫，无所不至其极！在此期间之内，帝国主义列强对我国用兵者数次，强迫订约者数十次，每次无不劫夺我巨大权利，加我以重大的耻辱。沿江沿海重要港口，是我出口要地，外人则强取之以为租界；内地矿山交通，乃我生产命脉，今亦强半在外人占据保管之下。甚至关税不独立，输出输入任听外人之操纵；举吾国之经济重要命脉，今都已在外人掌握之中了！而犹（尤）有甚者，沿海及内江要隘，外国兵船可以任意横行，首都所在亦驻外兵，今更连我国之独立外交，亦明目张胆出头干涉了！安格联不啻北京政府之财政弱與混亂之原因；在此二種原因存在的情形之下，一切救國要圖俱無實施之可能。而此二勢力中最好頑而毒害最烈者，又莫過於帝國主義！二年以來，國中前進份子號召國民革命，最近各地又有反帝國主義大同盟之組織，全國一致，風擁雲起，此足徵我同胞覺悟之猛進，亦惟有此才是救國的惟一道路！

我山東各界人民，不敢放棄國民之責任，用是追隨全國同胞之後，組織此山東反帝國主義大同盟，期與全國同胞一致奮鬥，以求達到吾民族之完全獨立。今於成立之初，敢以所見縷述於左，以爲努力之依歸：

(一)吾人反對的是帝國主義，不能於帝國主義國家間强分此厚彼薄之界限，以爲反對分量輕重之區分；凡爲帝國主義國家，不論其爲英爲美爲日爲法，皆在我們反對之列。

(二)我們反對帝國主義，絕不限於只反對帝國主義過去的侵畧結果，或只反對現在正進行的侵畧；凡是帝國主義的侵畧；不論其爲過去或是現在及將來，都要一律反對。已成立之特權及不平等條約，我們要努力使他廢棄及收回；正在進行之借欵，販賣軍火，經濟及政治侵略，我們更要努力打破他！

(三)我們反對帝國主義，也絕不放鬆他在我國豢養下的代理人及宣傳者•帝國主義勢力能在中國發展，全靠我國有賣國賊和漢奸。軍閥和外交系，就是帝國主義在中國很忠順的代理人，基督教是他們的宣傳者。我們要不斷的監視帝國主義在華的代理人，學校，教會和報紙的言動，且要認識他們就是帝國主義在日常生活上夷滅我們的工具，猛烈的加以反對。

(四)帝國主義是世界的，他的媽家則在英美日法等國，我們在中國反抗帝國主義必須與英美日法等國內反對帝國主義的農工聯絡，才能使帝國主義倒的迅速•同時，凡是世界上反對帝國主義之國家和民族，我們也要和他親近聯絡，使我們的力量浩大澎湃如巨潮而不可壓抑。蘇俄是世上反對帝國主義的國家，我們中國反對帝國主義的運動，萬不可少了與俄國和印度安南高麗及其他弱小民族聯絡，形成一個國際的反帝國主義聯合戰線，以增厚我們的努力！

反帝國主義是費我們努力的工作，他的組織和計劃是非大規模不可的，我們惟望愛國的同胞都參加此種運動，一致與我們向帝國主義戰鬥！蓋今日之勢，不奮鬥以求解放，只有投降帝國主義爲永世之奴隸；二者將何所擇，惟在我國民之自決！

大中華民國十三年八月二十六日

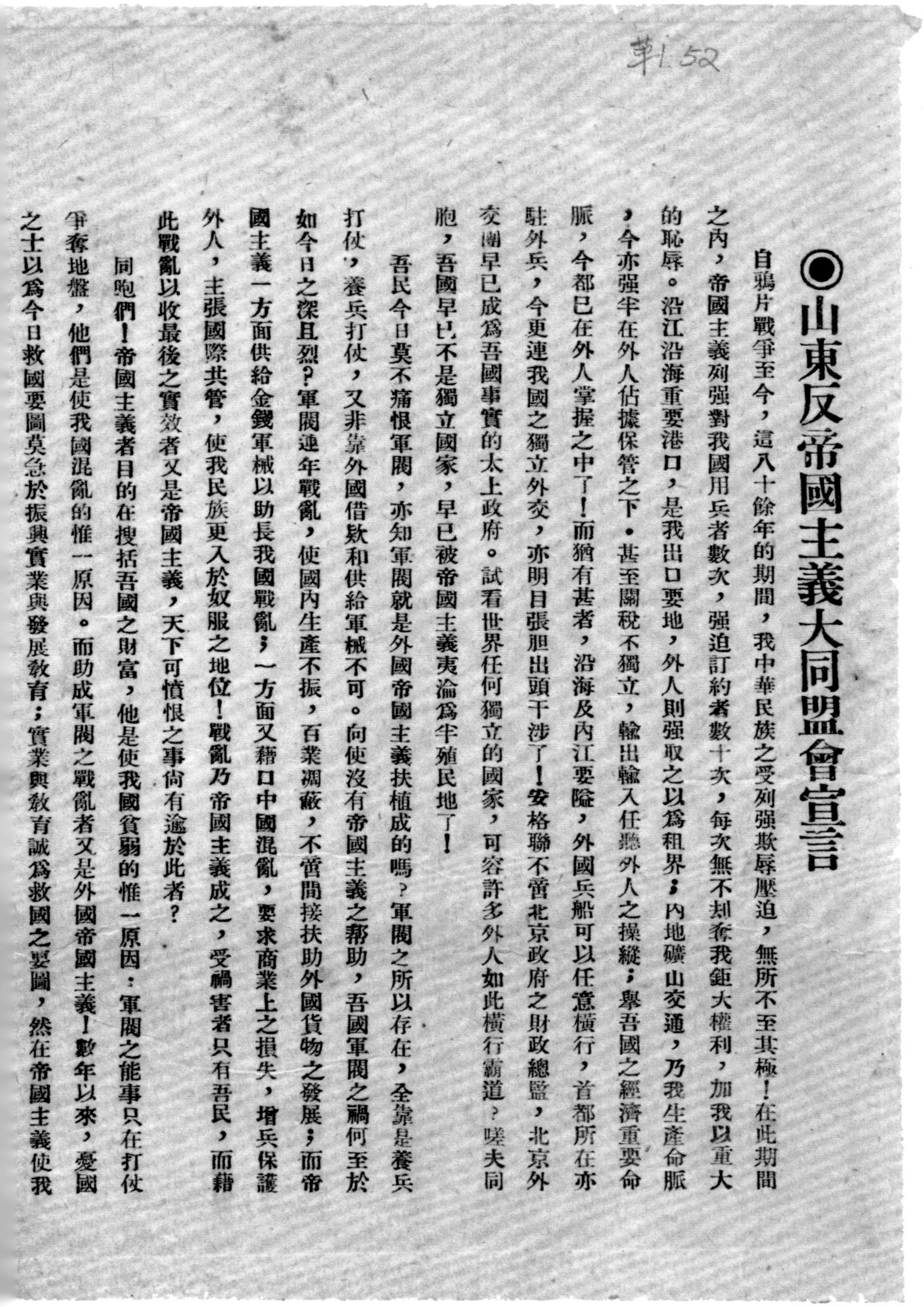

革1.52

◉山東反帝國主義大同盟會宣言

自鴉片戰爭至今，這八十餘年的期間，我中華民族之受列强欺辱壓迫，無所不至其極！在此期間之內，帝國主義列强對我國用兵者數次，强迫訂約者數十次，每次無不刦奪我鉅大權利，加我以重大的恥辱。沿江沿海重要港口，是我出口要地，外人則强取之以爲租界；內地礦山交通，乃我生產命脈，今亦强半在外人佔據保管之下。甚至關稅不獨立，輸出輸入任聽外人之操縱；舉吾國之經濟重要命脈，今都已在外人掌握之中了！而猶有甚者，沿海及內江要隘，外國兵船可以任意橫行，首都所在亦駐外兵，今更連我國之獨立外交，亦明目張胆出頭干涉了！安格聯不啻北京政府之財政總監，北京外交團早已成爲吾國事實的太上政府。試看世界任何獨立的國家，可容許多外人如此橫行霸道？嗟夫同胞，吾國早已不是獨立國家，早已被帝國主義夷淪爲半殖民地了！

吾民今日莫不痛恨軍閥，亦知軍閥就是外國帝國主義扶植成的嗎？軍閥之所以存在，全靠是養兵打仗，養兵打仗，又非靠外國借欵和供給軍械不可。向使沒有帝國主義之帮助，吾國軍閥之禍何至於如今日之深且烈？軍閥連年戰亂，使國內生產不振，百業凋蔽，不啻間接扶助外國貨物之發展；而帝國主義一方面供給金錢軍械以助長我國戰亂；一方面又藉口中國混亂，要求商業上之損失，增兵保護外人，主張國際共管，使我民族更入於奴服之地位！戰亂乃帝國主義成之，受禍害者只有吾民，而藉此戰亂以收最後之實效者又是帝國主義，天下可憤恨之事倘有逾於此者？

同胞們！帝國主義者目的在搜括吾國之財富，他是使我國貧弱的惟一原因：軍閥之能事只在打仗爭奪地盤，他們是使我國混亂的惟一原因。而助成軍閥之戰亂者又是外國帝國主義！數年以來，憂國之士以爲今日救國要圖莫急於振興實業與發展教育；實業與教育誠爲救國之要圖，然在帝國主義使我

王尽美起草的《山东反帝国主义大同盟会宣言》

（山东博物馆藏）

总监，北京外交团早已成为吾国事实的太上政府。试看世界任何独立的国家，可容许多外人如此横行霸道？嗟夫同胞，吾国早已不是独立国家，早已被帝国主义夷沦为半殖民地了！

吾民今日莫不痛恨军阀，亦知军阀就是外国帝国主义扶植成的吗？军阀之所以存在，全靠是养兵打仗，养兵打仗，又非靠外国借款和供给军械不可。向使没有帝国主义之帮助，吾国军阀之祸何至于如今日之深且烈？军阀连年战乱，使国内生产不振，百业凋蔽（敝），不啻间接扶助外国货物之发展；而帝国主义一方面供给金钱军械以助长我国战乱；一方面又借口中国混乱，要求商业上之损失，增兵保护外人，主张国际共管，使我民族更人于奴服之地位！战乱乃帝国主义成之，受祸害者只有吾民，而借此战乱以收最后之实效者又是帝国主义，天下可愤恨之事尚有逾于此者？

同胞们！帝国主义者目的在搜括吾国之财富，他是使我国贫弱的唯一原因；军阀之能事只在打仗争夺地盘，他们是使我国混乱的唯一原因。而助成军阀之战乱者又是外国帝国主义！数年以来，忧国之士以为今日救国要图莫急于振兴实业与发展教育；实业与教育成为救国之要图，然在帝国主义使我国贫弱的高压之下，我国何能有自立之实业？在军阀使我国战乱的纷扰之下，又何能有教育之可言？乘欧战期内，列强不暇东顾之倾，稍得基础的纺织业，现在又被棉贵纱贱的现象挤倒了，又何遑有振兴之可言？而推究棉贵纱贱之由来，又完全是受赐于帝国主义！教育现象更是显见，不特经费全被军阀移作军用，毫无发展之可能，且全国各地教育都有停闭之危险。盖今日之事，唯有先铲除使我国贫弱与混乱之原因；在此二种原因存在的情形之下，一切救国要图俱无实施之可能。而此二势力中最奸顽而毒害最烈者，又莫过于帝国主义！二年以来，国中前进分子号召国民革命，最近各地又有反帝国主义大同盟之组织，全国一致，风起云涌。此足征我同胞觉悟之猛进，亦唯有此才是救国的唯一道路！我山东各界人民，不敢放弃国民之责任，用是追随全国同胞之后，组织此山东反帝国主义大同盟，期与全国同胞一致奋斗，以求达到吾民族之完全独立。今于成立之初，敢以所见缕述于左，以为努力之依归：

（一）吾人反对的是帝国主义，不能于帝国主义国家间强分此厚彼薄之界限，以为反对分量轻重之区分。凡为帝国主义国家，不论其为英为美为日为法，皆在我们反对之列。

（二）我们反对帝国主义，绝不限于只反对帝国主义过去的侵略结果，或只反对现在正进行的侵略；凡是帝国主义的侵略；不论其为过去或是现在及将来，都要一律反对。已成立之特权及不平等条约，我们要努力使他废弃及收回；正在进行之借款，贩卖军火，经济及政治侵略，我们更要努力打破他！

（三）我们反对帝国主义，也绝不放松他在我国豢养下的代理人及宣传者。帝国主义势力能在中国发展，全靠我国有卖国贼和

1925 年青岛四方机厂工人庆祝罢工胜利的合影

汉奸、军阀和外交系，就是帝国主义在中国很忠顺的代理人。基督教是他们的宣传者。我们要不断地监视帝国主义在华的代理人、学校、教会和报纸的言动，且要认识他们就是帝国主义在日常生活上夷灭我们的工具，猛烈地加以反对。

（四）帝国主义是世界的，他的妈家则在英、美、日、法等国，我们在中国反抗帝国主义必须与英、美、日、法等国内反对帝国主义的农工联络，才能使帝国主义倒得迅速。同时，凡是世界上反对帝国主义之国家和民族，我们也要和他亲近联络，使我们的力量浩大澎湃如巨潮而不可压抑。苏联是世上反对帝国主义的国家，我们中国反对帝国主义的运动，万不可少了与俄国和印度、安南、高丽及其他弱小民族联络，形成一个国际的反帝国主义联合战线，以增厚我们的势力！

反帝国主义是费我们努力的工作，他的组

织和计划是非大规模不可的，我们唯望爱国的同胞都参加此种运动，一致与我们向帝国主义战斗！盖今日之势，不奋斗以求解放，只有投降帝国主义为永世之奴隶；二者将何所择，唯在我国民之自决！

大中华民国十三年八月二十六日

《宣言》历数鸦片战争以来西方列强对中华民族的欺侮压迫，揭示封建反动军阀和帝国主义之间的共生关系，直言痛斥帝国主义是中国贫弱的根源。只有全民族觉醒、全国同胞一致奋斗，形成反对帝国主义的大同盟，才能实现民族的完全独立。《宣言》提出了反对帝国主义的四项主张，不但反对一切帝国主义国家和帝国主义国家的一切侵略，还要反对帝国主义的代理人——“卖国贼和汉奸、军阀和外交系”。同时指出中国的反帝国主义运动需要与世界上其他反对帝国主义的国家和民族联合起来，形成更强大的反抗力量，并呼吁爱国同胞广泛参与反帝爱国主义运动，寻求民族的解放，不做“投降帝国主义”的“永世之奴隶”。

《宣言》是山东反帝国主义大同盟会的纲领性文件，更是山东人民讨伐帝国主义的战斗檄文，充分展现了以王尽美为代表的山东早期共产党人对国际形势、国家现实以及帝国主义本质的清醒认识。《宣言》是反帝运动的冲锋号，字字背后是山东共产党组织带领各界群众反对帝国主义和封建军阀的不懈斗争。为呼应北京反帝国主义大同盟发起的全国“反帝国主义周”，1924年9月7日，山东反帝国主义大同盟在济南召集反帝国主义大会，各界人士六七百人参加。王尽美等人在会上再次发表了慷慨激昂的演说，号召人民群众团结起来，向帝国主义宣战。会后，青岛、青州等地的国共两党山东地方组织带领群众进行了多种形式的反帝废约运动。同年，山东济南、青州等地组织了“非基督教”大同盟，开展以反对帝国主义文化侵略为宗旨的“非基督教运动”。

在带领群众进行反帝废约运动的同时，中共山东党组织领导发动大规模的工人运动。1925年2月，胶济铁路和青岛四方机厂工人举行大罢工并取得胜利，在此基础上成立了胶济铁路总工会。山东工人运动犹如滚滚铁流，声势浩大，被中国早期工运领导人邓中夏称赞为“异军特起”“难能可贵”。山东成为大革命时期党领导革命运动最为活跃的地区之一。

雄文峻墨

——从革命文献看王尽美的为党初心

〔文〕

李娉

百年风雨兼程，中共山东党组织在党中央的坚强领导下，在内忧外患中建立，在磨难挫折中成长，在攻坚克难中壮大，在改革创新中发展，创造了彪炳千秋的伟大功绩。百年山东，英烈辈出，山东共产党人的革命精神光耀时空。百年山东，历史保留下大量革命文物和珍贵文献，见证了早期共产党人王尽美炽热的革命初心。

王尽美（1898–1925年），原名瑞俊，又名烬美、烬梅，字灼斋，山东诸城枳沟镇大北杏村（时属莒县）人。中国共产党创始人之一，山东党组织最早的组织者和领导者。为探求民族解放和人民幸福之路，王尽美在砥砺学行之初即积极致力于马克思主义、革命思想的宣传。在他短暂而又光辉的一生中，王尽美充分发挥所长，创办《励新》《晨钟报》等进步报刊，撰写论述文章，探索和传播革命思想，是山东最早研究和传播马克思主义的先进知识分子。在参加一大见证中国共产党成立之后，王尽美深入工人群众，在艰苦卓绝的时局环境中发展党组织、开辟工运阵地，从理论和行动上领导了轰轰烈烈的工人革命运动，是山东工人运动的最早开拓者和领导者。

迄今所见王尽美唯一个人像

（济南战役纪念馆藏）

组织学界联合
著文《泺源新刊》

早期共产党人在革命动员方面，尤为注重利用学生团体、工人群体和报纸刊物等阵地传播新思想、领导革命运动。王尽美青年求学时期，就在五四运动中以省立一师北园分校学生代表的身份参加济南学界联合会，领导了济南中等以上学校学生总罢课和省立一师学潮，提出“罢课乃求学之好机会”的口号，迫使省教育厅撤换了反动校长。至1924年山东当局强令取消一切学生团体组织，济南学生联合会活动停滞。1925年5月青沪惨案发生后，山东各界游行支援工人正义斗争。6月5日，济南学生联合会宣告恢复成立。联合会建制完备，成立之初即“选举二十五人为执行委员会委员，分总务、文书、交际、宣传等七部办事”。同时，联合会还决定以《济南周刊》宣传反对英日强权、民众组织、募捐捐款接济罢工同胞、抵制外货经济绝交等为运动方向。各执行委员就职后，即由王尽美领导发起援助青沪惨案的反帝爱国运动，参加学校有齐大、矿专、法专、农专、一师等29所，所代表学生达两万人。馆藏1925年济南学生联合会印章，见证了这一建制完全、规模浩大、影响广泛的学生团体组织。

在领导学生爱国运动的过程中，王尽美从理论上在教育改革、新思想启蒙等方面给予特别关注。1920 年10月，济南第一师范创办了《泺源新刊》，批评旧的教育制度。10月22日王尽美以王瑞俊的署名在该刊发表《乡村教育大半如此》一文，“对农村教育存在的种种问题和弊端进行了揭露和批判，认为乡村教育腐败黑暗，无论是办学的人、还是师资、编制、教学设备、教材都存在着各种问题”。不久，他在11月2日开始分三次在《泺源新刊》连续发表了《我对于师范教育根本的怀疑》一文，提出“教育是改造社会的工具”，“提高平民的知识水平非从教育着手不可，只有教育上去了，广大人民群众的知识水平才能得到提高，而师范教育和教师就在这个过程中发挥着无可替代的作用。”五四新文化运动对于反对旧的教育、文学、文化传统有摧枯拉朽之功。五四知识分子，无不强烈抨击旧教育。王尽美以指摘封建教育弊病为因由，重在以当时激进主义的新思想引领启蒙广大青年，瞻望将来的山东教育。

1925 年济南学生联合会木质印章

（山东博物馆藏）

创办《励新》启悟青年
出版《济南劳动周刊》

1920年11月21日，王尽美与邓恩铭等发起成立了进步学术团体“励新学会”，12月15日创刊《励新》半月刊。该刊大量登载有关山东教育、妇女解放及讨论社会改造问题的文章。创刊号发表《我们为什么要发行这种半月刊》的文章提到：“新文化运动后，思想界发生了空前的大变动，大多数青年一旦觉悟，便感到，‘老实读书’之外，个人、社会和人类尚有各种问题，即对旧制度、旧思想等怀疑，又满怀苦闷，希望解决各种问题。出版杂志的目的，就是根据学会的宗旨，研究学理，促进文化，将研究的结果交流。”创刊词既反映出当时进步青年一般的思想状态，也说明了创办刊物的目的。王尽美在创刊号上写的《女子装束问题》一文，宣传了妇女解放、男女平等的思想。励新学会虽还不是一个纯粹研究马克思主义的社团，但也在不同程度上宣传了一些马克思主义观点和社会主义思想。它是一个以青年学生为主体研究新思潮的进步学术团体，在济南青年学生中有较大影响，而且通过这个学术团体的活动也造就了一部分如王尽美、邓恩铭等开始研究马克思主义的进步青年。约在1921年春，王尽美、邓恩铭等在济南秘密建立济南共产主义小组，王尽美领导小组的工作。

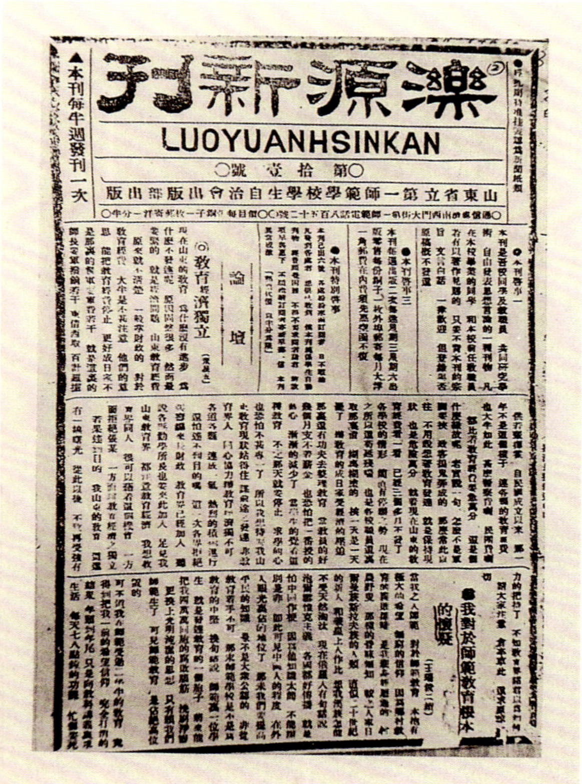
濼源新刊
LUOYUANHSINKAN
○第拾壹號○
山東省立第一師範學校學生自治會出版部出版
▲本刊每半週發刊一次

1920 年 11 月 2 日《泺源新刊》

济南共产主义小组是中共初创期的6个最早地方组织之一。成员有王尽美、邓恩铭、王翔千、王复元、王象午等人。共产主义小组的主要活动：一是通过励新学会宣传马克思主义，组织进步青年；二是接触工人，帮助建立工会组织；三是王尽美组织“劳动周刊社”，出版中国劳动组合书记部山东支部机关刊物《济南劳动周刊》，作为《大东日报》的副刊出版，王翔千任主编。《济南劳动周刊》旨在促进“提高劳动者的地位”、“改革劳动者的生活”的宣传，很明显这是一个对工人进行宣传教育的刊物，这和以前的励新学会和《励新》半月刊已有很大的不同，即它已不是一个“研究学理，促进文化”、宣传各种新思潮的学术团体和学术刊物，

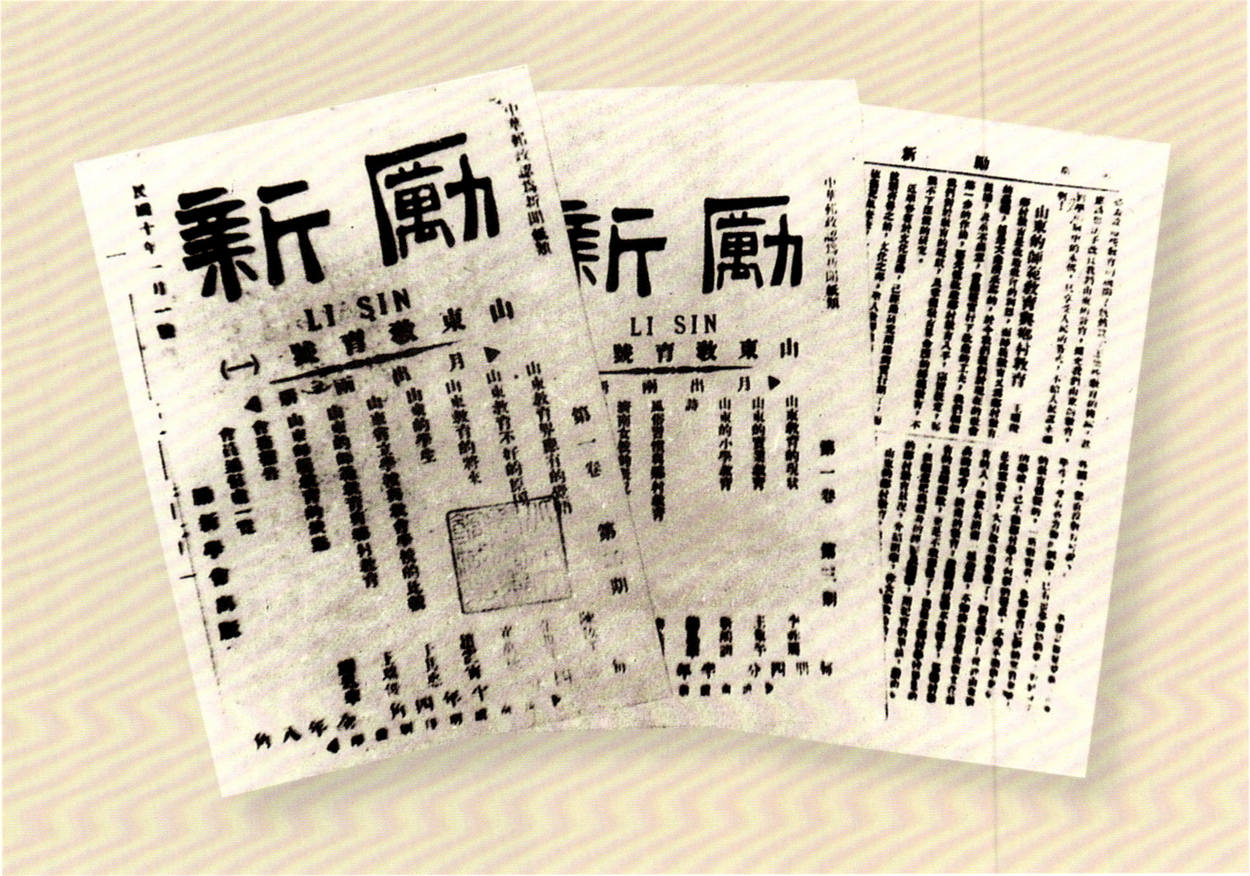

《励新》半月刊

而是一个宣传教育动员无产阶级，为无产阶级和广大劳动者谋利益求解放的社团，反映了马克思主义与山东工人运动实践的历史结合。

济南共产党早期组织的成立，在灾难深重的齐鲁大地上点燃了希望之火。1921年7月，王尽美作为济南共产主义小组代表参加中共一大，见证了中国共产党的诞生，也更加坚定了他的革命信念。就在这个时候，他的名字由王瑞俊改为王尽美，取为追求革命信仰“尽善尽美”之意。

主编《晨钟报》和星期副刊开展反帝废约罢工运动

为了加强革命宣传，中共济南地方组织，以极大精力筹办报纸。1923年8月20日，爱国人士济南电话局领班汝仲文，在中共济南支部的推动下创办了《晨钟报》，王翔千、王尽美等共产党员参加了编辑部，王翔千任主笔。该报四开四版，公开发行，每日发行量600份。王尽美时任中共济南地方

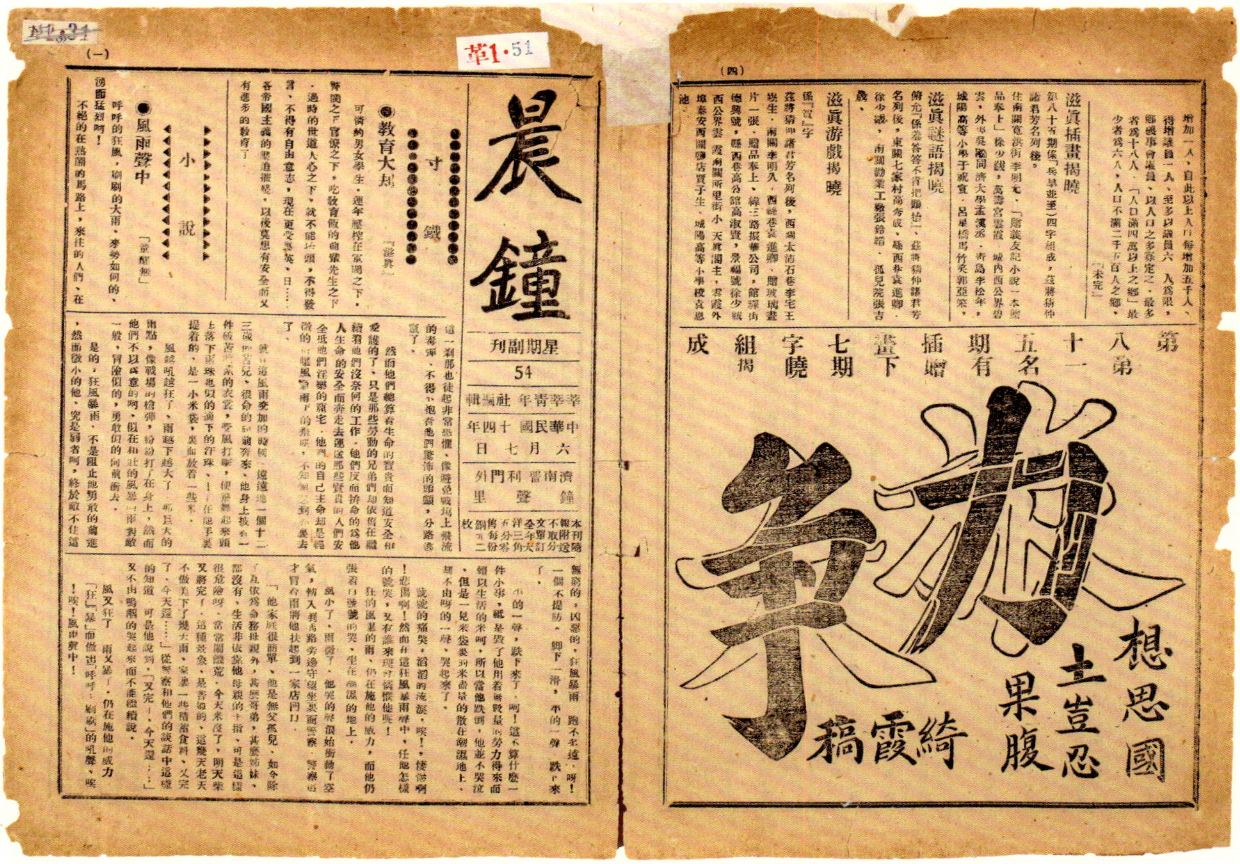

晨鐘

星期副刊

54

莘莘青年社編輯

中華民國十四年六月七日

濟南普利門外鐘聲里

寸鐵

教育大刦

小說

風雨聲中

滋眞插畫揭曉

滋眞謎語揭曉

滋眞游戲揭曉

第八十五期插畫七字組成

第一名有贈下期曉揭

想思國

土豈忍

果腹

綺霞稿

《晨钟 星期副刊》（1925 年 6 月 7 日第 54 期）

（山东博物馆藏）

委员会书记，彼时应邀参加了报社工作，不但为报刊亲自撰写文章，排版，还参加了秘密印刷和邮局发行等各种工作。山东博物馆珍藏有王尽美主编《晨钟报》的报头印模和《晨钟 · 星期副刊》，是目前关于王尽美的重要革命遗存。

与北京《晨钟报》积极宣传新文化运动精神，针砭时政的办刊宗旨看齐，王尽美与王翔千、张适斋等人利用《晨钟报》尤其是《星期副刊》这一思想阵地，发表了大量揭露黑暗时局、鼓舞青年奋斗、倡导民主人权的进步文章。《晨钟 · 星期副刊》是《晨钟报》的星期日副刊，由莘莘青年社编辑，编辑部设在济南普利门外钟声里。副刊随《晨钟报》附送，不取分文。《晨钟 · 星期副刊》以“群众、团结、努力、改造”和“奋斗、牺牲、平等、自由”为办刊宗旨和理念，刊登新体诗、宣传新教育思想、介绍西方法治思想和新青年生活的改变等，王尽美、张适斋等人写的许多社论和重要文章都侧重在随正刊附送的副刊上发表。王翔千在 1950 年的履历表中写道，《晨钟报》“系小型通俗报，但注重政治及社会问题，不采低级趣味作风，经由王尽美参加领导，为本党宣传时较多。在当时山东为仅有的进步言论……”

《晨钟报》的创办正值国民大革命时期，在大革命中，工人运动犹如滚滚洪流，山东成为党领导工人革命运动最为活跃的地区之一。《晨钟报》《现代青年》《十日》，在这些相继创办的报刊中，王尽美亲自撰写重要文章，从理论和行动上领导了轰轰烈烈的工人革命运动，是山东工人运动的最早开拓者和领导者。《晨钟报》创刊后，山东封建军阀张宗昌势力忌惮《晨钟报》在人民群众中的影响，多次派军警到报社寻衅，逼得报社三次迁址搬家，在1925年8月15日被当局查封。《晨钟报》封刊当年印报所用的报头印模，正是当时王尽美在舆论战线做领军先锋，以笔代戈在艰险时局下领导工运的历史见证，现为国家一级文物。

在国共两党共同努力下，国民革命思想在全国范围内广泛传播。1924年5月，中苏两国政府在北京签订《中俄解决悬案大纲协定》，极大地鼓舞了中国人民反对帝国主义、废除帝国主义强加给中国人民的不平等条约的信心和勇气。7月5日，王尽美以“烬美”署名在《十日》(第二十八期)上发表了《中俄携手后的蒙古》。有着光荣革命斗争传统的山东各界群众也迅速行动起来，1924年8月24日，王尽美在国民党临时省党部以各界联合会和国货维持会名义，在济南发起成立山东反帝大同盟会，领导开展反帝废约运动。王尽美为同盟会起草《山东反帝国主义大同盟会宣言》(以下简称《宣言》)，在1924年8月25日《十日》第33期全文发表。《宣言》中，王尽美深刻揭露受各帝国主义扶持的国内军阀给国家造成的严重战乱，号召国内广大同胞开启觉悟，反对一切帝国主义国家和帝国主义的侵略，呼吁山东各界人民负起国民之责任，与全国同胞一致奋斗，以求达到民族的完全独立，同时形成一个国际的反帝国主义联合阵线。9月7日，中共济南地委、团地委以反帝大同盟会名义，在商埠公园召开了30余团体、万余人参加的群众大会，王尽美再次在大会发表演说，鼓舞群众。

王尽美因为长期的忘我工作，不幸罹患严重的肺结核疾病。自1925年1月，即因连日宣传、演讲导致吐血不止，入济南商埠医院治疗。即便如此，在生命最后的七个月，他依然抱病为革命事业奔波终日，先后组织领导了胶济铁路全线大罢工和青岛四方机厂工人大罢工，带病坐镇指挥；期间又先后到青岛、淄博、张店组织国民会议运动，做长篇讲演；直到病危时，王尽美仍参与领导了青岛日商纱厂工人的反帝斗争。山东工人运动的高涨推动了全国工人运动的发展，得到中国早期工运领导人邓中夏的高度赞扬，认为山东能够在全国革命低潮时“异军特起”，“难能可贵”。

国民大革命期间，在王尽美、邓恩铭等人领导下，山东党组织得到迅速扩大和发展。1925年2月中共山东地方执行委员会成立，这是一个以“山东”命名的带有全省性的党组织领导机构。自从有了中共山东地方组织，山东的革命面貌焕然一新。

晨钟再现

——王尽美主编《晨钟报》原版报纸

〔文〕李娉

1924年9月13日版济南《晨钟报》为“一普”新发现的失传已久之珍贵文献，王尽美曾为该报主要编辑，为该报的创办、撰稿、发行等工作作出重要贡献。《晨钟报》也是迄今为止关于王尽美在思想舆论战线执笔作戈、唤醒民众的重要革命遗存。《晨钟报》定位通俗，正刊为规避反动当局视线，大量铺陈社会生活新闻和广告启事，而在三四版将直奉军阀混战、孙中山联合军阀北伐作战以及山东驻鲁陆军卷入直奉作战的史实详尽刊出。同时《晨钟报》着意把重要的论述文章刊登在随报附送的副刊，以鲜明的政治指向揭露时弊、为民发声、鞭策青年、追求民主和引导舆论，将反帝反封建的民族民主意识彰显于杂论、新体小说和法令专载中，凸显了早期共产党人的办刊风格、思想论说以及强烈的民主诉求。

《晨钟报》的创刊历程

《晨钟报》创刊于1923年8月2日，在中共济南支部的推动下，由济南电话局洛口领班汝仲文筹资创办。当时李容甫首任社长，汝仲文任营业和筹款负责人。汝仲文曾是济南电话局的接线工人，颇具爱国意识，在五四运动时期曾参加济南泺口镇北商学联合会，担任实际负责人。在运动中他结识李容甫，二人志同道合，在反对封建军阀统治方面思想趋同，遂共同决定从舆论宣传入手，创办报纸开展活动。时局艰险，办报事宜遭遇各种阻力，进展缓慢，终于在1923年共产党人王尽美回到济南后有了眉目。

王尽美自幼砥砺学行，能书善写，在他为党奉献短暂的人生中，先后创办了《励新》、《山东劳动周刊》、《现代青年》、《十日》等杂志，大量报道全国范围内的工人革命斗争形势，意在传播马克思主义，组织动员劳动大众，提高工人阶级的革命觉悟和战斗力。自1921年参加中共一大后，王尽美根据党的指示在山东广泛发展党组织和党员。除了济南、青岛外，在烟台、淄博、青州、潍县、寿光和广饶等地，他都帮助建立了党团组织。1922年7月，他又一次作为中共济南地方党组织的代表参加了中共二大。为迅速执行二大明确提出的反帝反封建的民主革命纲领，王尽美赶赴北京担任了北方劳动组合书记部秘书，积极奔走于北京和山海关一带，建立京奉路全路总工会，先后参加领导了京奉路全路罢工斗争和开滦五矿大罢工。“二七”惨案后，反动军阀大肆通缉和搜捕工人领袖。1923年上半年，王尽美接受党中央指示从山海关乔装回到山东，担任中共济南地方委员会书记继续领导革命活动。因汝仲文、李容甫二人在五四运动中与王翔千、王尽美等相识，《晨钟报》的创办有幸得到了中共济南支部的大力支持。报纸邀请王翔千任主笔，王尽美、张适斋等共产党人任主要编辑，使该报具备鲜明的革命特色，是济南革命宣传的有力阵地。

因受各种条件限制，《晨钟报》的创办和经营阻力很多。当时，汝仲文艰难筹集了部分资金，租定济南经二纬四7号楼上的三间房子，聘方子英负责排字。1923年8月2日，《晨钟报》第一期正式出版，四开四版，日发行600份。后由于报社工作困难重重，创刊俩月后，李容甫主动让贤，由汝仲文改任社长，并首先解决了报纸的印刷问题。因经费不能持续，汝仲文先后联系了商务部下属印刷厂、山东日报印刷所均未能代印，后在印刷局找了一台机器，才彻底解决了印刷问题，《晨钟报》经营走上正轨。后《晨钟报》的印刷基本采用印刷所代印的方法，目前发现的这份《晨钟报》刊头下即标识“济南同兴印刷所代印”。

在办报过程中，王尽美在报纸的星期副刊“寸铁”专论杂论等栏目撰写了大量时评文章，还参与报纸的排版、印刷和发行售卖等各种具体业务。《晨钟报》创刊期正值国共第一次合作的大革命前夕。据汝仲文回忆，创刊词中有一句记忆犹新：“济南替人民说话的报出来了！”王尽美等人深入基层领导发动工人运动和斗争的同时，时刻不忘在思想舆论战线执笔作戈，把时局剖析、革命思想寓通俗报刊之中，将文字变成武器，号召民众鼓舞民众。有了这些优秀的早期共产党人的襄助，《晨钟报》在建党之初复杂险恶的政治格局下顽强生存了下来。该报主笔王翔千在1950年的履历表中提及该报“系小型通俗报，但注重政治及社会问题，不采低级趣味作风，经王尽美参加领导，为本党宣传时较多。在当时山东为仅有的进步言论……”1923年11月，王振翼到济南调研党团组织活动时，在向团中央汇报中提到《晨钟报》的宣传时特别指济南学生运动的党团组织性，“学生分子现在无论做任何事情都与我们商议，这是由于我们同志努力宣传做事的结果，尤以我们同志主编的《晨钟》效（果）为著。”

《晨钟报》即便采用通俗刊文模式，还处在国共合作的大革命时期，其刊行内容仍受到主政山东的张宗昌封建军阀势力的敌视，在不断武力寻衅干扰下，报社为维系曾多次迁址，然终在1925年8月15日被查封终刊。《晨钟报》虽创办时间有两年，按未曾间断计算创办期内也发行了数万份，但国内一直未见实物流传和收藏。据王翔千在新中国成立后的回忆录记载该报已经失传，“经多次反动军阀的压迫及变乱后，原稿散失，事后搜集竟不能得。”山东博物馆此次的意外发现，关于中国共产党建党重要人物王尽美的革命遗物又添重量级的物证，价值意义无疑巨大。

解析1924年9月13日版《晨钟报》

《晨钟报》1924年9月13日原版报纸为四开四版，报头与我馆所收藏的《晨钟报》木质报头印模完全对应，同为端正大气的魏碑字体，字号大小和上下字距也完全一致。报纸发行日期为民国十三年（1924年）九月十三日（星期六）第265号，当日正是农历八月十五日中秋节。报社社址标注济南商埠普利门外钟声里路西，报头旁标注“济南同兴印刷所代印”字样。《晨钟报》正是建党初期王尽美以笔代戈、殚精竭虑领导工人革命运动的历史见证，也体现了中国共产党建党之初早期报人的办刊风格、艰险时局下排版布局的良苦用意和强烈的民主革命诉求。

从这期报纸刊文可明显看出，《晨钟报》为规避当局反动军阀视线求得生存，刻意在显眼的头版四版全部刊载各类广告启事，将当时军阀混战的电报、社会新闻和新诗小说等排版于反面的二版三版，且并没有明显的进步思想标题和工人群众斗争的文字内容。据馆藏三份《晨钟报》星期副刊的内容可知，报纸把进步的革命的思想重点宣传内容都放到几乎每日附送的副刊，用意良苦。

在《晨钟报》头版报头之下醒目位置分别刊登定报价目和广告价目，这基本也是当时这份报纸得以维持运营的重要经费来源，丰富多样的广告形式和宣传文字把报纸伪装为一份通俗的生活小报。报纸正面唯见进步思想的就是下方不起眼的《代派<民国日报>启事》，其中假借报社代售促销理由称赞该报“拥护共和、发扬民治，要唤起国民奋斗的精神。现在大加扩充，除每日原有四大张外，并有政治、教育、科学、平民、妇女、文艺、艺术、评论之评论、国学等各种周报，每日附送两种以上，实为现在中国材料最丰富的最有价值的报纸”，实

1925 年《晨钟报》木质报头印模（正视图）
（山东博物馆藏）

《晨钟报》报头印模（正面图）
（山东博物馆藏）

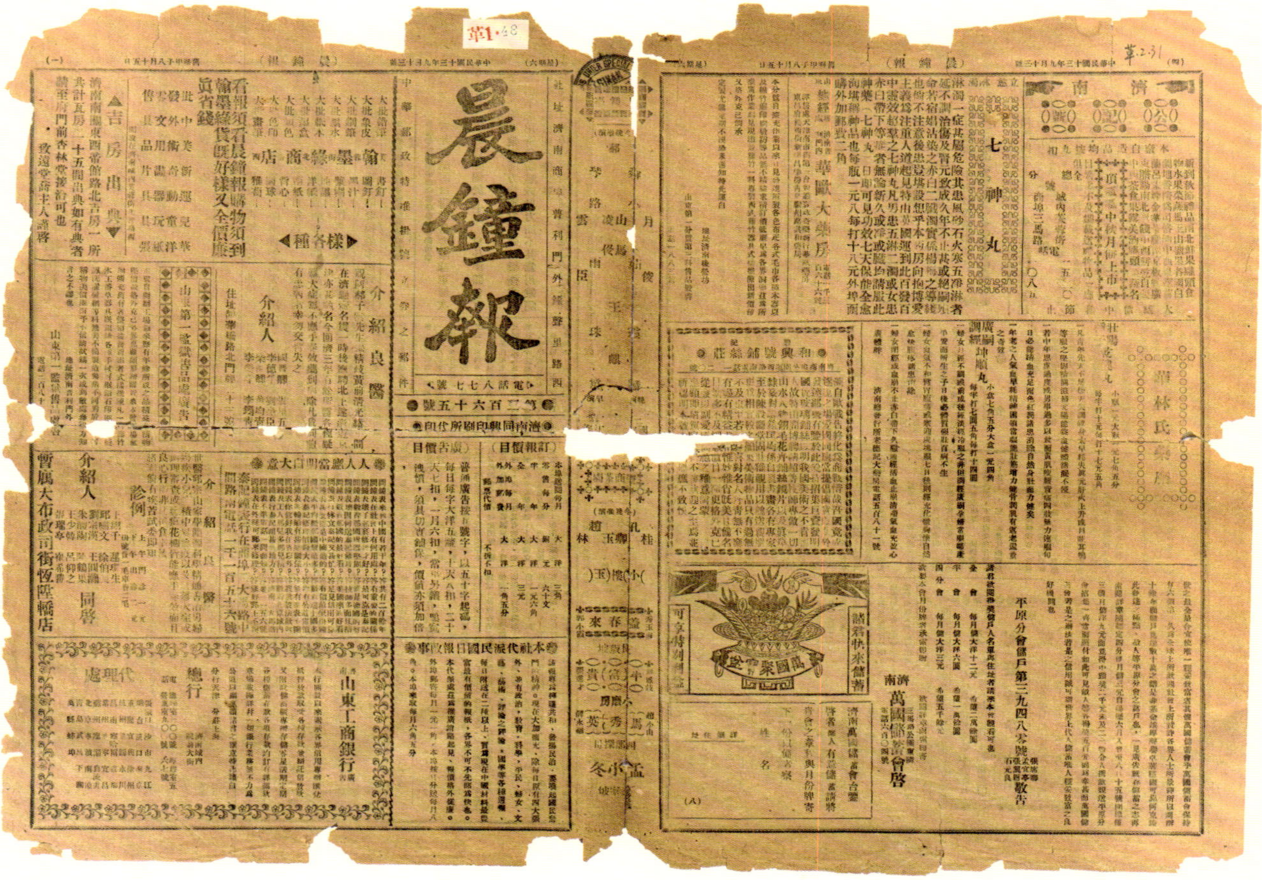
晨鐘報

1924 年 9 月 13 日版《晨钟报》（一四版）

（山东博物馆藏）

为鼓舞民众的巧妙宣传。

报纸的二版、三版因卖报时一般折叠在内里，故刊载较敏感的军阀内战新闻。四版以几乎一版的版面刊登“时事要闻”，即国内直奉皖派系大混战的电报和孙中山北伐战争的战况分析。与相关史书记载相印证，该份《晨钟报》出版时期（1924 年 9 月 13 日），正值二版小说里提及的江浙战事和第二次直奉战争混战激烈之时，补充力证的是大革命期间孙中山北伐联合奉皖抗直和山东的驻鲁陆军卷入江浙、直奉战争的史实。由于皖系卢永祥早与奉系张作霖有联合反直的协议，9 月 3 日江浙战争爆发后，第二次直奉战争随之爆发。第二次直奉战争牵动了国内军阀的大混战。虽在报纸电讯中单称奉系皖系一方为“江浙联军”，直系方为“苏军”，但直奉两方皆是集合多方军队势力联合作战。直系方面，江苏督军齐燮元联合苏、皖、赣、闽四省共同对付皖系浙江督军卢永祥，为争夺经济、军事价值巨大的上海地区控制权，爆发江浙前哨战争；奉系

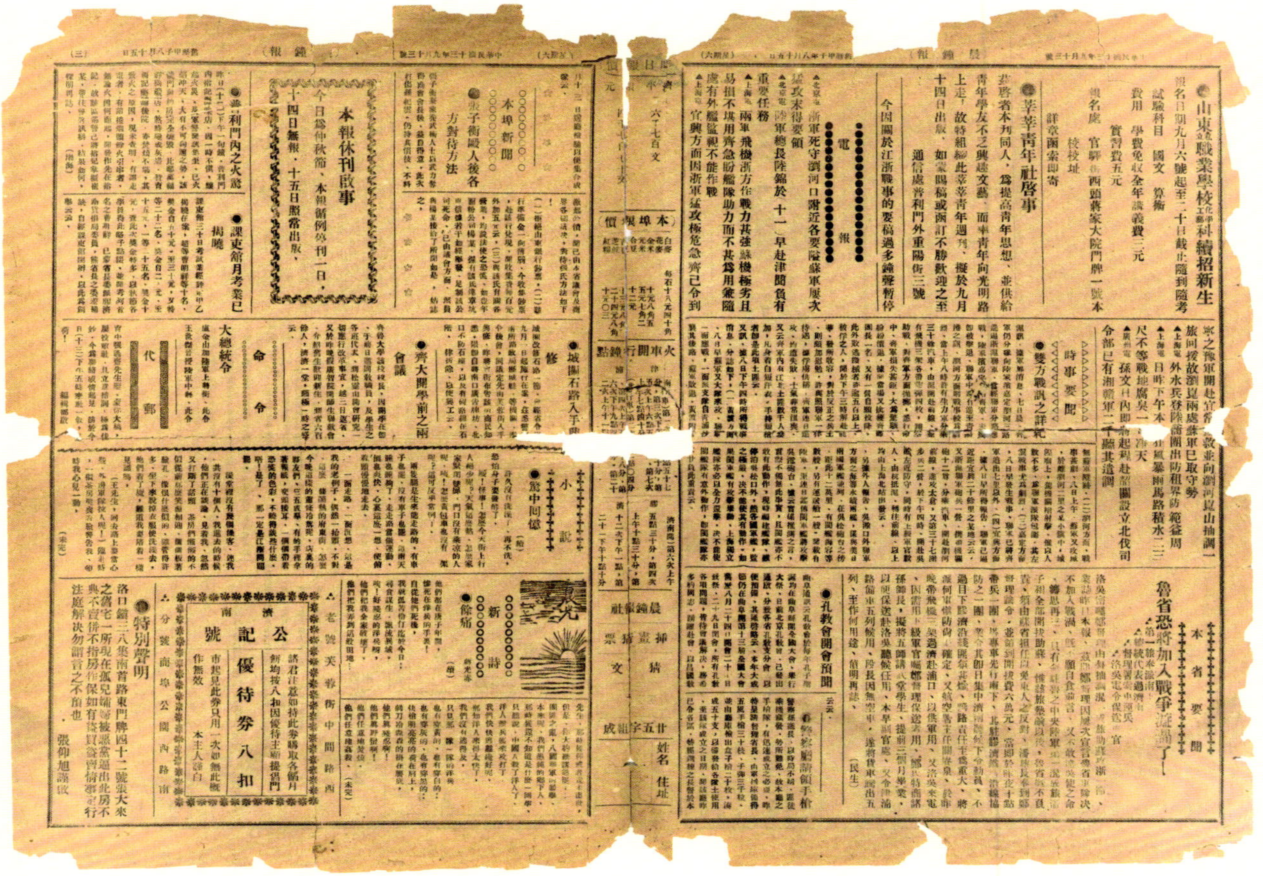

山東職業學校續招新生

莘莘青年社啟事

本報休刊啟事

魯省恐將加入戰爭漩渦了

特別聲明

公記優待券八扣

1924年9月13日版《晨钟报》（二三版）

（山东博物馆藏）

方面，江浙战争爆发后的次日（9月4日），张作霖即通电严斥直系曹锟，张当日晚决定组成镇威军，出兵讨伐曹吴。在张作霖通电的同一天，反直系军阀的南方孙中山在广州大本营召开筹备北伐会议，决定北伐，迁大本营于韶关，任命谭延闿为北伐军总司令，督率各军分路进入江西、湖南。此见三版电报摘录广州方面“孙文日内即将起程赴韶关设立北伐司令部已有湘赣军二军听其调遣。”遂张作霖与孙中山广东民主革命政权，以及孤立在华东的皖系残余势力卢永祥结成反直系三角同盟，共同对付直系军阀。

孙中山先生的一生为挽救辛亥革命，针对护法和反封建军阀共计组织发动了四次北伐（即1912年、1918年、1922年、1924年）。特别是该《晨钟报》报道提及的1924年9月这次北伐战争，孙中山吸取了前两次护法战争孤立作战失败的教训，采取了与军阀联合作战的方式进行北伐大业，目标是明确的反帝国主义反封建军阀统治。对此在1924年9月18日孙中山发表的《中国国民党北伐宣言》中就指出“国民革命之目的，在造成独立自由之国家，以拥护国家及民众之利益”，“统一全国，实现真正之民权制度，以谋平民群众之幸福。故国民处此战争之时，尤宜急起而反抗军阀，求此最少限度之政纲实现，以为实行三民主义之第一步。”然而，本次北伐开始不久即因10月份冯玉祥“倒戈”发动北京政变而停止，曹锟政权被推翻。孙中山在晚年时与中国共产党联合，实现了国共第一次合作，将旧三民主义发展为新三民主义，直接促成了第一次国共合作的大革命运动。在孙中山逝世后，1926年开始的北伐战争即是1924年孙中山北伐政治主张的延续和发展，而国共两党结成的统一战线是1926年开始的北伐战争胜利的根本保证。

《晨钟报》终刊与王尽美的逝世

1925年8月15日，《晨钟报》在发行两年之后终被山东反动军阀镇压终刊。而在大革命失败后的1933年底，《生活》周刊也遭国民党政府下令封闭，主编邹韬奋在最后一期发表的《与读者诸君告别》提到：“记者始终认为绝对不容侵犯的是本刊在言论上的独立精神，也就是所谓的报格。倘须屈服于干涉言论的附带条件，无论出于何种方式，记者为自己的人格计，为本刊报格计，都抱有宁为玉碎，不为瓦全的决心。”《晨钟报》背后的共产党人坚守的就是这样的报格精神，重压之下宁为毁刊玉碎、不为附势求全。在《晨钟报》终刊四日后的8月19日，王尽美因重病不治在青岛逝世，年仅27岁。《晨钟报》与王尽美共声同憩，而作为早期中国革命运动的播火者，王尽美的革命思想如同他在五四时期《省立一师周刊》发刊词中写到的“晨暮之钟鼓”，和《晨钟报》的“钟声”一样响彻华夏大地，“庶几使梦者醒、醉者苏，协力同心，共谋救国之策”，鼓舞着一批又一批后继之士为革命事业不屈前行。

海蓝之上 红旗漫卷

——吴亚鲁与《山东红旗报》

〔文〕

吕健

1930年底，吴亚鲁临危受命，接受党中央调派来到山东工作，并创办了省委机关报——《山东红旗报》。《山东红旗报》积极宣传报道国内国际斗争形势，宣扬武装斗争、红军活动和农村革命等，充分发挥了地方性党报作为党和人民群众喉舌的作用，为指导山东地区反对帝国主义、反对军阀、反对资本主义作出了重要的历史贡献。

吴亚鲁和山东的结缘是在大革命失败后的1930年。国民大革命失败后，山东党组织接连遭受重大破坏，白色恐怖的阴霾笼罩齐鲁。1930年底，吴亚鲁临危受命，接受党中央调派来到山东工作，先后任省委秘书长兼宣传部部长、省委常委等职。在任期间，吴亚鲁创办了省委机关报——《山东红旗报》。

1933年吴亚鲁不幸被国民党反动派逮捕，他坚守信念，任凭敌人严刑逼供仍旧坚不吐实，到抗战前夕才被释放。1938年初，吴亚鲁由八路军驻湘办事处派往平江县任湘鄂赣特委委员、秘书长。1939年6月12日下午，国民党反动派在抗日统一战线政策之下，仍制造了震惊全国的“平江惨案”。反动派派兵包围新四军平江嘉义留守通讯处，吴亚鲁为掩护其他同志，与敌英勇搏斗壮烈牺牲，年仅41岁。同年8月1日，延安举行追悼“平江惨案”被害烈士大会，毛泽东作了题为《必须制裁反动派》的著名演说。中共中央送的挽联中写道：“在国难中惹起内讧，江河不洗古今憾；于身危时犹明大义，天地能知忠烈心”，高度褒扬吴亚鲁为共产主义事业英勇献身的大无畏精神。

《山东红旗报》的前身是《青岛红旗》。《青岛红旗》是中共青岛市委的机关报，创刊于1930年，初创刊名为《青岛工人》，不久之后改名《青岛红旗》。由时任中共青岛市委副书记的马恒德（1908-1931）主持编辑出版，1930年10月出版第一期。

1930年12月中共山东临时省委在青岛重新组成，12月28日，将原青岛市委的《青岛红旗》改为临时省委机关报，定名《山东红旗》。1930年12月28日，《山东红旗》在青岛地区秘密发行。第一期油印，周刊；第八期后改为每星期二、五出版两期，在报头的左侧注明《山东红旗报》为：中国共产党山东省委员会机关报。后来由于国民党的破坏，到1931年4月14日停刊，一共仅出版22期。

山东博物馆珍藏了五期《山东红旗报》，这是我馆弥足珍贵的文献资料。

“二七纪念特刊”
1931年2月7日出版

1931年2月7日是“二七惨案”发生八周年的日子，《山东红旗报》以“二七”大罢工周年纪念为契机，出版特刊，刊载了《二七的经过》《纪念二七的死者——施洋同志》《纪念二七烈士——工人领袖林祥谦》等文章。其中关于“二七”大罢工事件的经过，文章是这样记述的：

> ……在二七以前，京汉路工友都明白了自己工钱少、工作时间长。时常几个月欠薪不发，军阀战争一起，强迫工作，不让休息，只有大家一致团结起来，去和军阀资本家斗争，才是唯一办法，所以各站各厂工人自己的工会都一齐组织起来。
>
> 等到各地代表、各铁路代表，都到了郑州，开京汉路总工会成立会的时候，军阀吴佩孚就感觉到工人是他的强敌，是打倒他的先锋队。露出他本来面目，派了大批军队，强迫解散开会，扯碎了各路代表送给的匾额，与代表起了

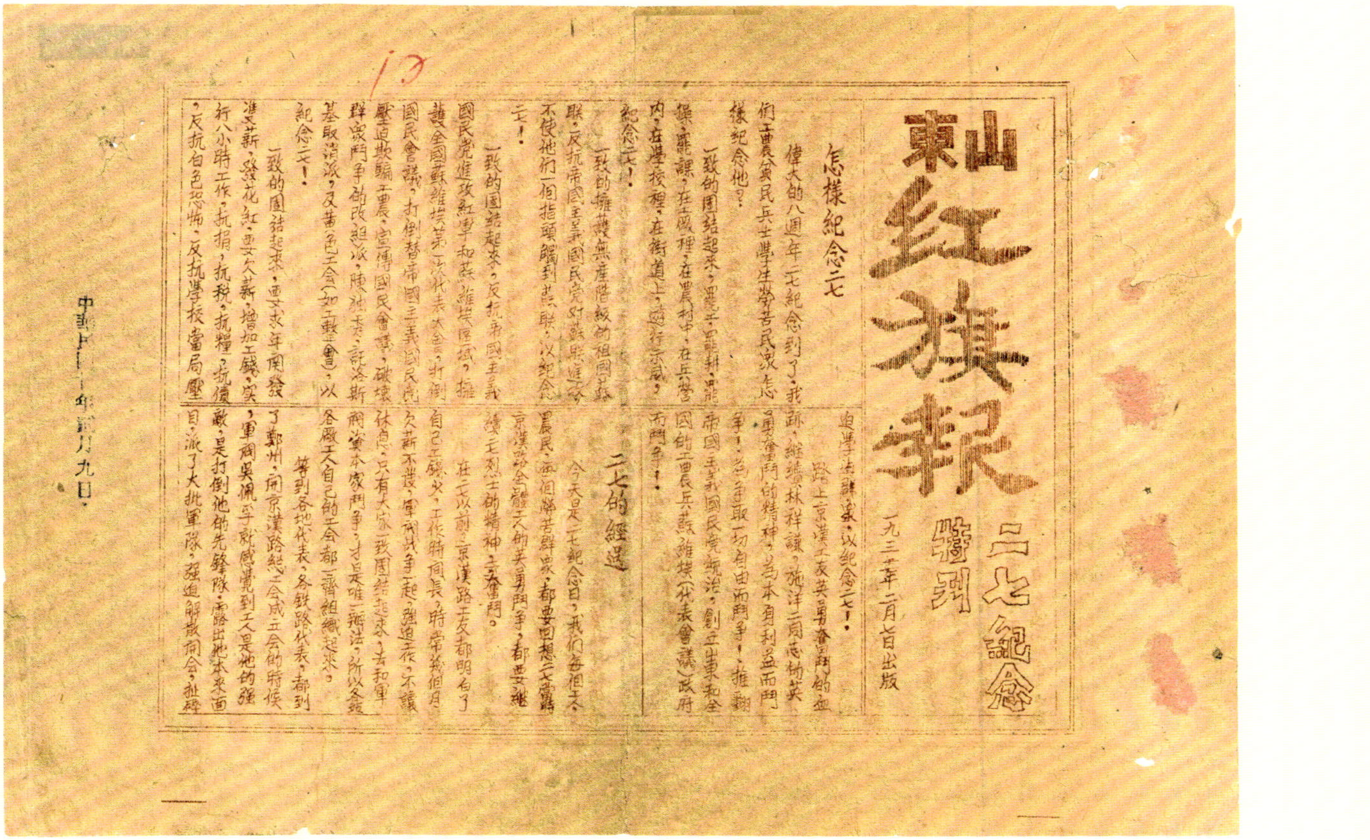

山東紅旗報

二七紀念特刊

一九三一年二月七日出版

怎樣紀念二七

偉大的八週年二七紀念到了，我們工農兵貧民兵士學生勞苦民眾怎樣紀念他呢？

一致的團結起來，罷工、罷耕、罷課、罷操，在工廠裡、在農村中、在兵營內、在學校裡、在街道上，遊行示威，紀念二七！

一致的擁護無產階級的祖國蘇聯，反抗帝國主義國民党对蘇聯進攻，不使他們一個指頭觸到蘇聯，以紀念二七！

一致的團結起來，反抗帝國主義國民党進攻紅軍和蘇維埃區域，擁護全國蘇維埃第一次代表大會，打倒國民會議，打倒替帝國主義國民党壓迫欺騙工農、宣傳國民會議、破壞群眾鬥爭的改組派、陳獨秀、託洛斯基取消派，及黃色工会（如工整會），以紀念二七！

一致的團結起來，要求年關發雙薪、發花紅、要大薪、增加工錢，實行八小時工作，抗捐、抗稅、抗糧、抗債，反抗白色恐怖，反抗學校當局壓迫學生群眾，以紀念二七！

路上京漢工友英勇奮鬥的血跡，繼續林祥謙、施洋二同志等英勇奮鬥的精神，為本身利益而鬥爭！為爭取一切自由而鬥爭！推翻帝國主義國民党統治，創立山東和全國的工農兵蘇維埃（代表會議）政府而鬥爭！

二七的經過

今天是二七紀念日，我們每個工人、農民、每個勞苦群眾，都要回想二七當時京漢路全體工人的英勇鬥爭，都要繼續二七烈士的精神去奮鬥。

在二七以前，京漢路工友都明白了自己工錢少，工作時間長，時常幾個月欠薪不發，軍閥又拿起強迫工作，不讓休息，只有大家一致團結起來，去和軍閥資本家鬥爭，才是唯一辦法，所以各鐵路各廠工人自己的工会都一齊組織起來。

等到各地代表、各鐵路代表，都到了鄭州，開京漢路總工会成立会的時候，軍閥吳佩孚就感覺到工人是他的強敵，是打倒他的先鋒隊，露出他本來面目，派了大批軍隊，強迫解散開会，扯碎

中華民國二十年貳月九日

1931 年 2 月 7 日版《山东红旗报》

（山东博物馆藏）

冲突，兵士一齐开枪，当场死伤了数十个工友代表！

大会虽是被武力解散了，可是工友反抗吴佩孚的气焰却一跃千丈，每个工友都奋不顾身，一致要打倒他。这时京汉路总工会决定全路总罢工，以反抗吴佩孚的压迫。罢工命令一下，全路立刻一致罢工。一列火车也不能开了，全路各样工作都停止了。全国各铁路工友（如胶济、津浦）都打电援助，并且准备罢工响应。

万恶的吴佩孚这时恐慌极了，更感觉工人力量的伟大，团结的坚固，凶恶地用白色恐怖来压迫，禁止工人集合、开会、拘捕勇敢工人，惨杀工人领袖，京汉路工友的鲜血从北京、长辛店，一致流到汉口江岸，这场轰轰烈烈的斗争，就被武力压迫而结束了。

“二七”大罢工受到了以吴佩孚为首的反动军阀的残酷镇压，有五十二位烈士壮烈牺牲，其中就

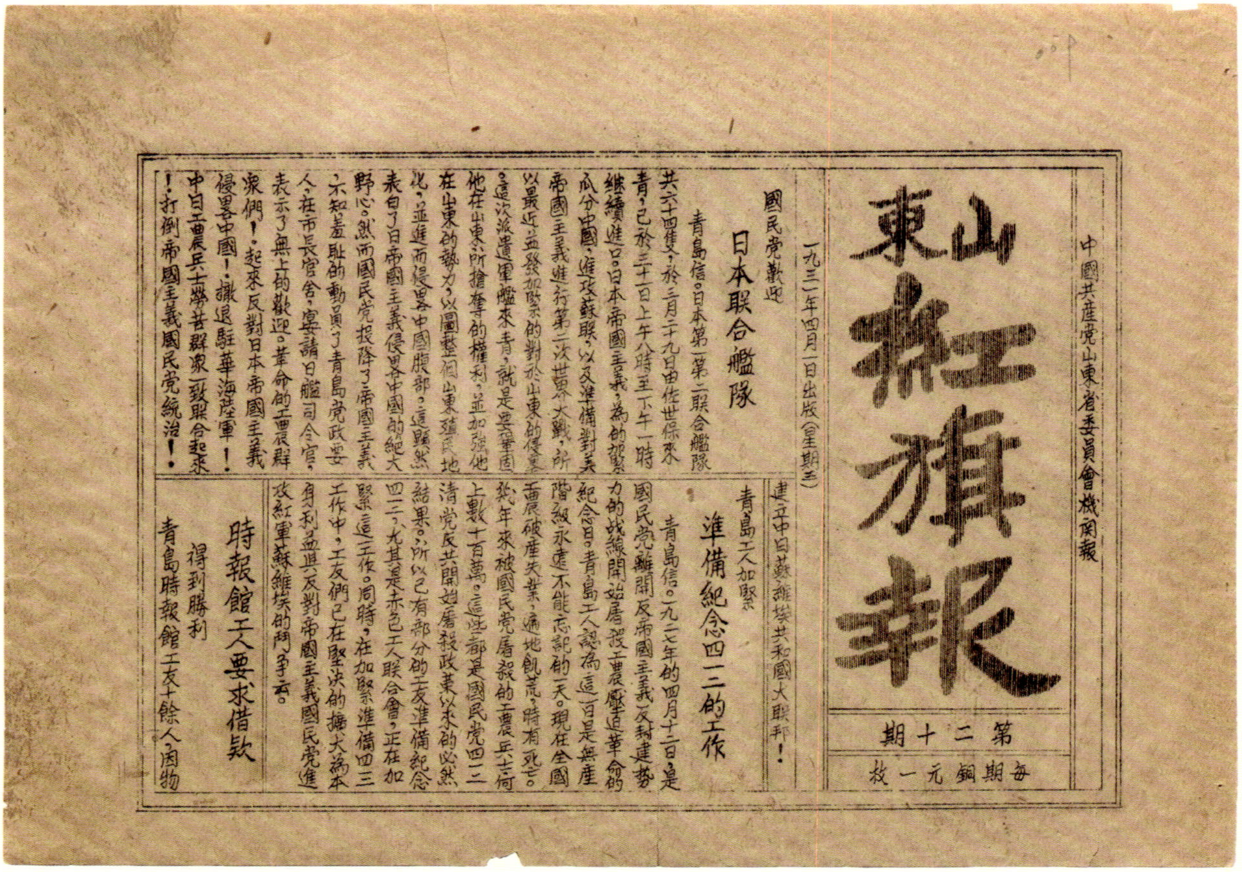
中國共產党山東省委員會機關報

山東紅旗報

一九三一年四月一日出版（星期三）

第二十期

每期銅元一枚

國民党歡迎日本聯合艦隊

青島信。日本第一第二聯合艦隊共六十四隻，於三月二十九日由佐世保來青，已於三十一日上午八時至下午一時繼續進口。日本帝國主義，為的瓜分中國，進攻蘇聯，以及準備對美帝國主義進行第二次世界大戰，所以最近益發加緊的對於山東的侵略。這次派遣軍艦來青，就是要鞏固他在山東所搶奪的權利，並加強他在山東的勢力，以圖整個山東殖民地化，並進而侵略中國腹部。這顯然表白了日帝國主義侵略中國的絕大野心。然而國民党投降了帝國主義，不知羞恥的動員了青島党政要人，在市長官舍，宴請日艦司令官，表示了無上的歡迎。革命的工農群衆們！起來反對日本帝國主義侵略中國！驅退駐華海陸軍！中日工農兵士學生群衆一致聯合起來！打倒帝國主義國民党統治！

建立中日蘇維埃共和國大聯邦！

青島工人加緊準備紀念四一二的工作

青島信。一九二七年的四月十二日，是國民党離開反帝國主義反封建勢力的戰線，開始屠殺工農，壓迫革命的紀念日。青島工人認為這一日是無產階級永遠不能忘記的一天。現在全國工農破產失業，遍地飢荒，時有死亡。幾年來被國民党屠殺的工農兵士何止數十百萬。這些都是國民党四一二清党反共開始屠殺政策以來的必然結果。所以已有部分的工友準備紀念四一二，尤其是赤色工人聯合會，正在加緊這一工作。同時，在加緊準備四一二工作中，工友們已在堅決的擁護為本身利益與反對帝國主義國民党進攻紅軍蘇維埃的鬥爭云。

時報館工人要求借款得到勝利

青島時報館工友十餘人，因物

1931 年 2 月 8 日《山东红旗报》

（山东博物馆藏）

有京汉铁路江岸分工会委员长林祥谦、劳动律师共产党员施洋。中国工人阶级早期的革命运动虽然受到重创，但广大工人和革命群众的斗争情绪并没有消极低落。特刊专门刊发文章“怎样纪念二七”，号召大家团结起来，“罢工、罢耕、罢操、罢课，在工厂里、在农村中、在兵营内、在学校里、在街道上，游行示威”；“拥护无产阶级的祖国苏联，反抗帝国主义国民党进攻红军和苏维埃区域”；“拥护全国苏维埃第一次代表大会”；“打倒国民会议，打倒替帝国主义国民党压迫欺骗工农、宣传国民会议、破坏群众斗争的改组派，陈独秀、托洛斯基取消派及黄色工会”等，鼓舞、动员人民群众起来参加革命斗争。

《山东红旗报》第七期 1931 年 2 月 8 日出版

1931年2月8日《山东红旗报》刊载“沈阳日军演习野操，国民党只有口头反抗，实际只是投降帝国主义”。在1931年日军制造“九·一八”事变的前几个月，《山东红旗报》已密切关注到驻扎在伪满洲日军的动向，揭露国民党的不抵抗和不作为的投降主义。同期报纸中亦提及潍县文华中学反对美国教会教育的师生示威风潮、“反对帝国主义走狗日本社会党首领贺川欺骗工农”等报道，都是社会不同阶层力量积极进行反帝斗争的表现。面对国民党反动派的搜刮剥削，号召工农劳苦民众积极行动起来进行反抗：“刮民党的刮民方法真出不尽呀！国民党真是刮民党，他的刮民方法是越出越多，增加了许多从前没有的捐税。不但娶媳妇、生小孩要出捐，拉洋车要出捐，最近民众病了，开一个药方也要贴印花。你看这狗党的刮民方法，想得周到不周到呢！将来恐怕吃饭睡觉也都要出捐，所以我们工农劳苦民众一定要赶快一致起来反对刮民党一切捐税。”

《山东红旗报》第十九期 1931 年 3 月 27 日出版

1931年3月27日《山东红旗报》刊载“反对国民党的烧杀政策‘青天白日满地红’”。国民党在第

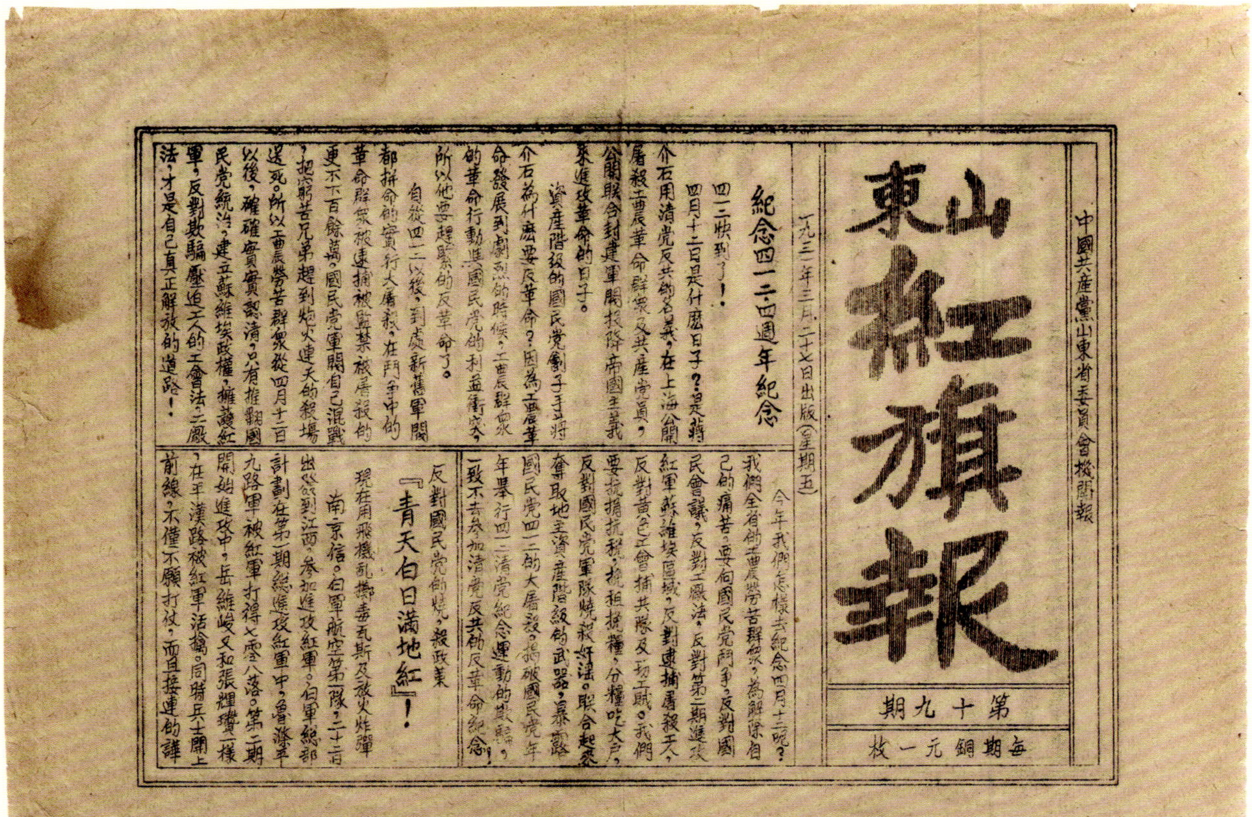
中國共產黨山東省委員會機關報
山東紅旗報
一九三一年三月二十七日出版（星期五）
第十九期
每期銅元一枚

紀念四一二·四週年紀念

四一二快到了！

四月十二日是什麼日子？是蔣介石用清黨反共的名義，在上海公開屠殺工農革命群眾及共產黨員，公開聯合封建軍閥投降帝國主義來進攻革命的日子。

資產階級的國民党劊子手蔣介石為什麼要反革命？因為工農革命發展到劇烈的時候，工農群眾的革命行動與國民党的利益衝突，所以他要趕緊的反革命了。

自從四一二以後，到處新舊軍閥都拼命的實行大屠殺，在鬥爭中的革命群眾被逮捕被監禁被屠殺的更不下百餘萬。國民党軍閥自己混戰，把窮苦兄弟趕到炮火連天的殺場送死。所以工農勞苦群眾從四月十二日以後，確確實實認清，只有推翻國民党統治，建立蘇維埃政權，擁護紅軍，反對欺騙壓迫工人的工會法、工廠法，才是自己真正解放的道路！

今年我們怎樣去紀念四月十二呢？

我們全省的工農勞苦群眾，為解除自己的痛苦，要向國民党鬥爭，反對國民會議，反對工廠法，反對第二期進攻紅軍蘇維埃區域，反對逮捕屠殺工人，反對黃色工會捕共隊及一切工賊。我們要抗捐抗稅，抗租抗糧，分糧吃大戶，反對國民党軍隊燒殺奸淫。聯合起來奪取地主資產階級的武器，暴露國民党四一二的大屠殺，揭破國民党年年舉行四一二清党紀念運動的欺騙，一致不去參加清党反共的反革命紀念！

反對國民党的燒、殺政策

『青天白日滿地紅』！

現在用飛機亂擲毒瓦斯及放火炸彈

南京信。白軍航空第一隊，二十一日出發到江西，參加進攻紅軍。白軍總部計劃在第一期總進攻紅軍中，魯滌平九路軍被紅軍打得七零八落。第二期開始進攻中，岳維峻又和張輝瓚一樣，在平漢路被紅軍活捉。同時兵士開上前線，不僅不願打仗，而且接連的譁

1931 年 3 月 27 日版《山东红旗报》
（山东博物馆藏）

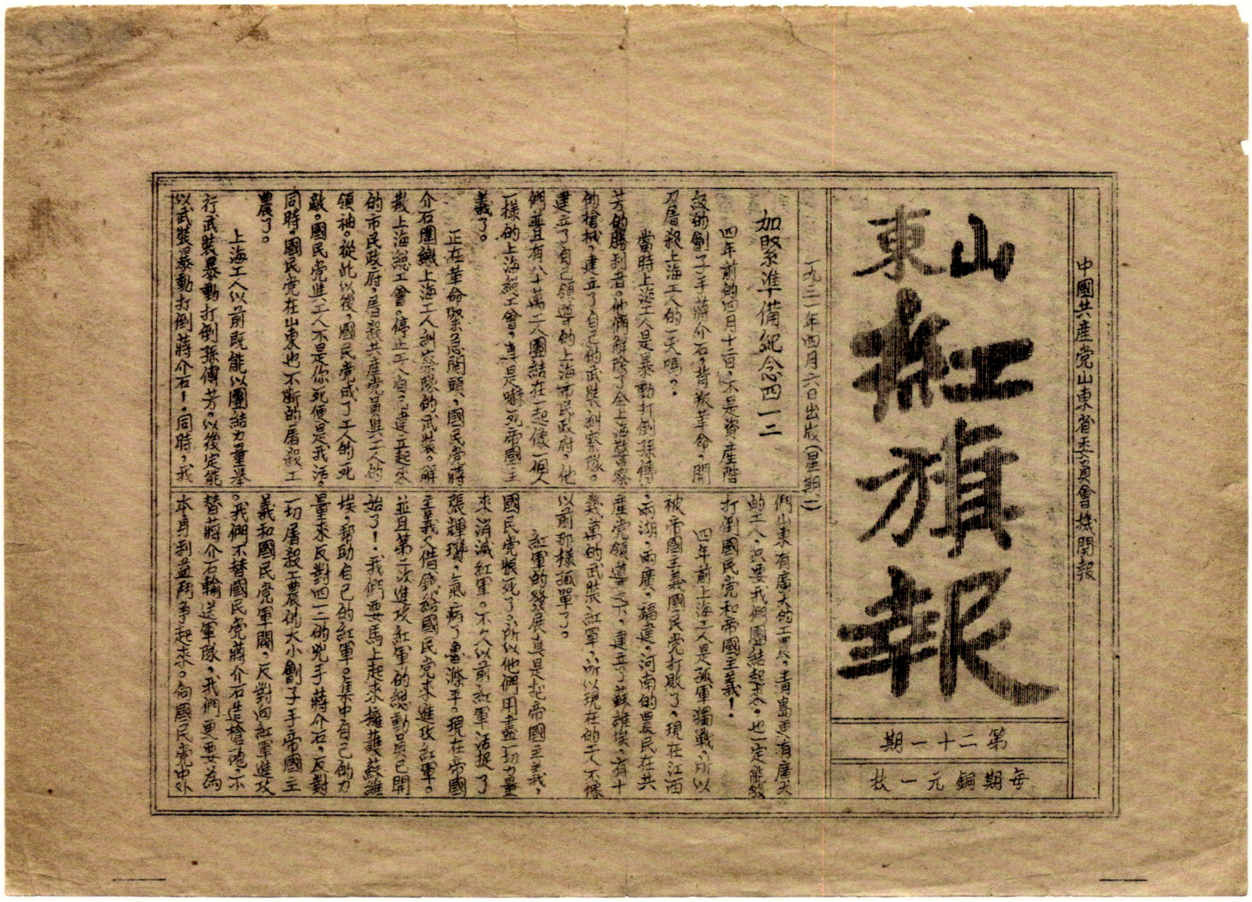

中國共產党山東省委員會機關報

山東紅旗報

第二十一期

每期銅元一枚

一九三一年四月六日出版（星期一）

加緊準備紀念四一二

四年前的四月十二日，不是資產階級的劊子手蔣介石，背叛革命，開刀屠殺上海工人的一天嗎？

當時上海工人是暴動打倒孫傳芳的勝利者，他們解除了全上海警察的槍械，建立了自己的武裝糾察隊，建立了自己領導的上海市民政府，他們並且有八十萬工人團結在一起像一個人一樣的上海總工會，真是嚇死帝國主義了。

正在革命緊急關頭，國民黨蔣介石團繳上海工人糾察隊的武裝，解散上海總工會，停止工人自己建立起來的市民政府，屠殺共產黨員與工人的領袖。從此以後，國民黨成了工人的死敵。國民黨與工人不是你死便是我活。同時，國民黨在山東也不斷的屠殺工農了。

上海工人以前既能以團結力量舉行武裝暴動打倒孫傳芳，以後定能以武裝暴動打倒蔣介石！同時，我們山東有廣大的工農，青島更有廣大的工人，只要我們團結起來，也一定能夠打倒國民党和帝國主義！

四年前上海工人是孤軍獨戰，所以被帝國主義國民党打敗了，現在江西、兩湖、兩廣、福建、河南的農民在共產党領導之下，建立了蘇維埃，有十幾萬的武裝紅軍，所以現在的工人不像以前那樣孤單了。

紅軍的發展真是把帝國主義、國民党嚇死了，所以他們用盡一切力量來消滅紅軍。不久以前紅軍活捉了張輝瓚，氣病了魯滌平。現在帝國主義又借錢給國民党來進攻紅軍。並且第三次進攻紅軍的總動員已開始了！我們要馬上起來擁護蘇維埃，幫助自己的紅軍，集中自己的力量來反對四一二的兇手蔣介石，反對一切屠殺工農的大小劊子手帝國主義和國民党軍閥，反對向紅軍進攻。我們不替國民党蔣介石造槍炮，不替蔣介石輸送軍隊，我們更要為本身利益鬥爭起來，向國民党中外

1931 年 4 月 6 日《山东红旗报》

（山东博物馆藏）

一次围剿工农红军失败后，又于1931年发动第二次围剿。在第二次围剿行动中，国民党实行了“青天白日满地红”政策，即“用飞机投掷一百磅二百磅三百磅的毒瓦斯及放火炸弹，将苏维埃区域及红军经过的地方烧杀得一个精光。”“国民党在青岛加紧白色恐怖”，国民党反动派在三八节逮捕了发革命传单的两名工友，旧历年关斗争后逮捕四方工友六名，逮捕参加“三·一八”纪念活动的工友三人，又因反对加重工作实行怠工而逮捕工友一名，等等，被逮捕的工友不知凡几。国民党为发动围剿战争及准备军阀之间的混战，大肆发行公债八千万，又没收土地不给代价，种种反动政策激化了矛盾，各地反抗斗争此起彼伏，“邵伯境内乡民，因反对国民党省道局没收田亩，不给代价，发生暴动。”陕西固原地区发生兵变，发生哗变的杨万清部与国民党军黄得贵部交战，结果杨万清部擒获黄，并缴获了黄部的器械。报纸还提到“西安一带国民党军队都有哗变形势，且甚紧张。”

《山东红旗报》第二十一期 1931年4月6日出版

钟渊纱厂是日本商人在青岛沧口建立的一座棉纱厂。1931年4月1日钟渊纱厂无故降低工人工资，引发工人的强烈不满。是日，工贼寻衅滋事，无故殴打一名童工，遭到5000余名纱厂工人的痛打。纱厂工人还关车罢工，并提出“把大小工贼一律开除出厂，被开除的工友一律恢复工作”“打倒工整会，建立工人自己的工会”等要求。4月6日出版的《山东红旗报》对这一事件向群众进行了详细报道。同期报纸中还刊载了“加紧准备纪念四·一二”一文，分析了1927年发生的“四·一二”反革命政变的前因后果，表达了共产党坚决与以蒋介石为首的国民党反动派斗争到底的决心，并最终能胜之的态度。

《山东红旗报》作为一份地方性的党报，充分发挥了党报作为党和人民群众喉舌的作用，及时宣传报道国内国际斗争形势，宣扬武装斗争、红军活动和农村革命等，为指导山东地区反对帝国主义、反对军阀、反对资本主义作出了一定的历史贡献。

摧不垮的战斗堡垒
——济南乡师党支部

〔文〕
李嫂

轰轰烈烈的国民大革命失败后，国民党反动派向共产党人、昔日的“同志”举起屠刀。山东省委机关连遭十多次破坏，各级党组织或被摧垮，或被打散，党在山东各地的革命活动沉寂下来。在白色恐怖的笼罩下，幸存下来的只有济南乡村师范和天桥新城兵工厂两个党支部，尤其是尚算完整的济南乡师党支部，犹如一叶孤舟在惊涛骇浪中坚持前行，在恢复发展济南党组织和重建山东省委过程中作出了重要贡献，被誉为“摧不垮的战斗堡垒”“白色恐怖下的一颗红星”。

济南乡师旧址

一、芳草萋萋 艰险与渡

山东省立第一乡村师范学校即济南乡村师范，成立于大革命失败后的1929年秋天，济南乡师党支部于当年11月便成立了。在共产党员于清书指导下，由于一川（原名于福臻）、杜继善和姜效骞三人筹建，于一川是第一任党支部书记，杜任宣传委员，姜任组织委员。时任济南乡师校长的是山东久负盛名的教育家鞠思敏，也是乡师首任校长。由于乡师学校是初建，头一年里没有发生大的革命斗争，但党支部的成立为以后乡师参加革命斗争打下初步基础。1933年在不到一年的时间里，济南乡师党支部就发展了20多名党员，并联系、恢复和建立了“省立济南乡师党支部、新城兵工厂党支部、省立济南高中党支部、省立济南第一师范党支部、省立济南第一中学党支部、惠商职业学校党支部、育英中学党支部、正谊中学党支部、华北中学党支部”等9个党支部，还发展了一部分分散零星的党员，恢复了100余人的党员关系。乡师首任校长是山东久负盛名的教育家鞠思敏。他思想开放，治学民主，倡导进步校风，从不开除进步学生，被后人誉为“山东的蔡元培”。据统计，中华人民共和国成立后，毕业于济南乡师的革命干部中有90多人担任厅、局、地、师级以上职务，其中省、军级及以上有30余人之多。难能可贵的是，他启用了不少进步教师，包括共产党员。大革命失败后乡师一度成为济南市和山东省党组织地下斗争的核心，这个阵地更是山东革命的摇篮。

在全国革命处于低潮之时，乡师最初由中共山东省委直接派人领导，于清书、曹克明、于辉等都先后指导乡师工作。在于一川后来的回忆录文献中也提到，在1930年中共山东临时省委书记吴丽实（1931年牺牲，“四五烈士”之一）曾到济南视察工作，指导乡师党支部向校外开展工作。吴丽实还建议于一川“以共青团济南特派员的身份，联系济南高中、育英中学和济南师范二部等学校十几个团员的工作”。

从1934年起，济南乡师党支部和之后建立的济南市委，在失去上级党组织领导的情况下，秉持共产主义信念初心不改，坚持独立开展工作，摸索前行，从未停顿。乡师吸取以往的教训，从实际出发，不搞如“飞行集会”之类形式主义的冒险活动，而是采用行之有效的斗争方式，不断提高斗争艺术和策略，从而摸索出了一套秘密斗争与公开斗争相结合、非法斗争与合法斗争相结合、慎重发展、积蓄力量等地下工作的成功经验，在实际中注意摆脱“左”倾错误的影响。

1982年在“在京山东老干部党史座谈会”上，从王路宾（时任北京大学党委副书记、副校长）、王文轩（时任中纪委专职委员）、姚仲明（原国家对外文委副主任）等老革命干部的回忆发言中，可以看到彼时山东党组织独立发展、寻党之路的艰辛曲折，更能看出乡师党支部在其中起的重要作用。

王路宾回忆抗战前在济南乡师、沭阳等地的情况：

> “我是第一年入校，是特科班，初中毕业报考，一年毕业……1930年秋天，由于党的组织联系中断，我和杜继善等人通过‘红色互济会’的跨党分子李灼亭的介绍，到苏北沭阳国民党杂牌军新编第二十七师工作，师长是大土匪头子孙美瑶的哥哥孙景泰。不久，蒋介石清除异己，派梁冠英的部队把新编第二十七师缴械了。我们流亡到哈尔滨，在‘九一八’事变的前四天，又到了北平，同杜继善会了面，在北平上学找党。”

王文轩回忆关于济南乡师党支部的活动：

> “我是1931年秋进入济南乡师的……九一八（事变后）学生卧轨截车、南下请愿回济后，韩复榘早已下令学校提前放假了，就用装甲车把回来的学生先送回家。但乡师党支部仍然继续战斗。整个寒假，在山东各地很好地开展了一次抗日救国的大宣传，揭露国民党的妥协投降路线。由南京回校后，我们马上办了一个刊物，先名《前冲》，后改《柔锋》，对回家的各地同学起了思想联系和指导作用。”

二、一片丹心向阳开

大革命失败后，山东党组织在寻找上级党组织的过程中，济南乡师赵健民发挥了重要作用。王文轩的回忆录文献也提到：“宋鸣时的叛变对山东党组织是个致命的打击，省、市、县的党团组织几乎全部被敌人劫了，我们与上级失掉了联系。在这一关键时刻，以赵健民为核心的乡师支部，并没有消极等待，而且继续组织起来进行战斗。一面积极找上级党组织，求得中央的领导；一面积极恢复和发展党组织。那时利用一切线索找上级党组织，是支部的一项经常任务。”

赵健民是1932年入省立第一乡村师范求学，同年冬天加入中国共产党，任济南乡师党支部书记。1934年5月，在白色恐怖最严重、与上级党组织失联的艰难局势下，赵健民等主动恢复重建了只有三个人的中共济南市委（还有支部委员王文轩和新城兵工厂支部委员陈太平）。即将熄灭的星星之火，重新在泉城燃烧起来。当时济南市委派遣学生党员利用假期返乡的机会，积极联络被敌人打散或与党组织失去联系的党员，恢复和发展山东各地的党组织。到1935年夏天，已联络省内各地党员500多人，为重建全省党组织起到了至关重要的作用。在党组织得到恢复和发展后，为建立一个统一的机构领导全省党的工作，1935年冬赵健民又主动来到莱芜县，促成济南市委和莱芜县委约定成立中共山东省工委，由刘仲莹任书记，统一领导全省除个别地区以外的党组织。

中共济南地方组织在与党中央失去联系的三年多时间里，冒着生命危险先后到北平、上海、泰安等地，一刻也未停止寻找上级党组织的步伐。有的党员甚至不惜卖掉家中的口粮，筹措路费外出找党，每次都失望而回。但大家从敌人的报纸上知道蒋介石“围剿”红军，知道红军还在，党中央还在，革命的红旗没有倒！由于济南乡师党支部牢记纲领使命，顾全长远大局，积极主动地坚持开展工作，使济南成为这一时期全省党的活动联络中心和指挥中心。姚仲明曾积极评价济南乡师：“1933年以后到黎玉同志到山东来这一段，积蓄的力量比以往几年任何时期都更为可观。拿乡师来说，那是有名的学校”。朱瑞回延安做报告时也提及“济南乡师是我们在白区的一个党校，培养了许多干部。”山东有名的教育家范明枢也高度评价乡师党支部的作用：“济南乡师是所好学校，好就好在有共产党人……我懂得革命道理开始于乡师，乡师是革命的熔炉。济南乡师好就好在党的堡垒支部始终未被敌人搞垮，根子没被拔掉。党的传统根深蒂固。”

三、“老掌柜已到”和两辆破旧自行车

与上级能否接上关系，对山东党的建设是个根本性的问题。直至1935年黎玉来到山东，山东党组织才结束了摸索前行阶段。1935年秋，济南乡师一党员给赵健民反馈消息说，家乡濮县有党组织，赵健民先后去了两次，费了不少周折，终在1935年收到濮县县委“老掌柜已到，请速来洽谈一笔生意”的来信。收到信件后的赵建民骑着

赵健民

黎玉

一辆破旧的自行车立即赶赴濮县，终于与中共河北省委代表、直南特委书记黎玉接上了头。1936年4月，黎玉受中共中央北方局委派到山东，负责恢复和重建山东省委。他在后来1982年5月华东七省市党史资料征集工作会议山东代表团小组会上的发言中也提到来山东的情况。“1936年的春天。原来北京的一些穷朋友们送了我一辆破自行车，我就骑这辆破自行车经邯郸、成安、大名、又经过徐庄，沿黄河大堤，奔向济南，按照事先规定好的联络暗号，和姚梦龄（即姚仲明）同志接上了头，第三天就和健民同志见面了。这算是关系接上了。5月1号，我和赵健民、林浩同志三个人，就在济南郊外的一个小松林里开了个会，传达了北方局的精神，分析研究了赵健民同志接收了的一些关系，乡师党组织能够坚持下来的经验，最后决定成立省委。但是为了缩小目标，对下面宣布是工委，一般也不发什么文件，口头传达。”1936年5月1日，中共山东省委在艰难的环境下重新成立。

姚仲明在评价黎玉对于山东党组织重建的重要作用时曾说道：“黎玉到山东，就标志着山东党是在北方局领导之下。按照中央的方针、政策，首先武装了党员同志的头脑，这是极为重要的一次大补课。过去看不到的文件看到了，听不到的也听到了”。根据山东实际情况，恢复后的山东省委制定了工作计划，决定在原有组织的基础上健全、发展，并结合抗战形势，对各方面的抗日救亡活动都作了部署和安排。山东党组织的重建、发展为迎接抗日高潮的到来，做了很好的思想准备和组织准备。到七七事变前，山东党员发展到了两千人，这是在长期曲折艰苦奋斗中积聚的有生力量。姚仲明在回忆录中对1933—1936年省委被破坏后山东党的工作给予充分肯定和评价："在最困难的阶段卓立不摇，以大无畏的精神，号召大家再接再厉。这是当时很可贵的力量，正是中流砥柱、希望之所在！"

1936年山东省委成立旧址（时称四里山，今济南英雄山）

黎玉来到山东后，和赵健民在革命斗争中也结下了深厚友谊。1936年9月，位于济南估衣市街路北东擀面巷的省委印刷机关突遭敌破坏，对敌斗争经验丰富的黎玉立刻意识到必须让赵健民马上撤离。然赵健民仍忙于处理未办完的党的工作。同月27日赵健民外出遇到叛徒（房春荣）后被捕。当时济南党员孙洪（1982年任湖南省国防工办党组副书记、副主任）在老干部座谈会上回忆，在赵健民被捕后关在普利门外的模范监狱——高等法院看守所。黎玉放不下心，千方百计通过各种渠道打听赵健民被扣押后的情况，委托孙洪去联系。在西安事变后的一个晚上，黎玉安排孙洪"买两斤咸菜疙瘩，带五块钱去看看健民同志，说他身体不大好"。后来，孙洪联系的人打听到了赵健民在狱中的情况："健民同志被捆到老虎凳子上，敌人用那鞭子把他胸部的白骨都打得露出来了。不招，就用电刑。昏死过去，再用凉水一喷。"黎玉知晓后，一面深怀对革命战友的痛惜，一面让孙洪到冠县赵健民的老家去看望其家人，"因他家里还有一个老母亲，这看出党的关怀。"孙洪在回忆中还着重提到了他们二人"比亲兄弟还亲"的深厚友情："健民同志每次出外回来，裤衩、背心、袜子都是黎玉同志亲自洗的。背心里虱子很多，一圈一圈的，一兜一兜的，袜子都是泥巴。那时革命同志之间的关系、感情是没说的。"

天地英雄气，千秋尚凛然。

一个有希望的民族不能没有英雄，一个有前途的国家不能没有先锋。百年来，齐鲁大地上无数革命先驱英烈矢志不渝，挥洒热血，奉献青春和生命。在白色恐怖笼罩下，中共山东省委机关遭到十次严重破坏，一度与党中央失去联系，大批共产党员惨遭杀害。但山东共产党人并没有失去革命信念，依然进行前赴后继、不屈不挠的斗争。从纸短情长的家书中、从血迹斑斑的纽扣上、从字字热血的手稿里，无不浸透着共产党人深厚的家国情怀，对党和人民的赤胆忠心。

经过血雨腥风的严峻考验和斗争—失败—再斗争的艰难困苦，山东党组织变得更加坚强，为迎接新革命高潮的到来奠定了坚实的组织基础。

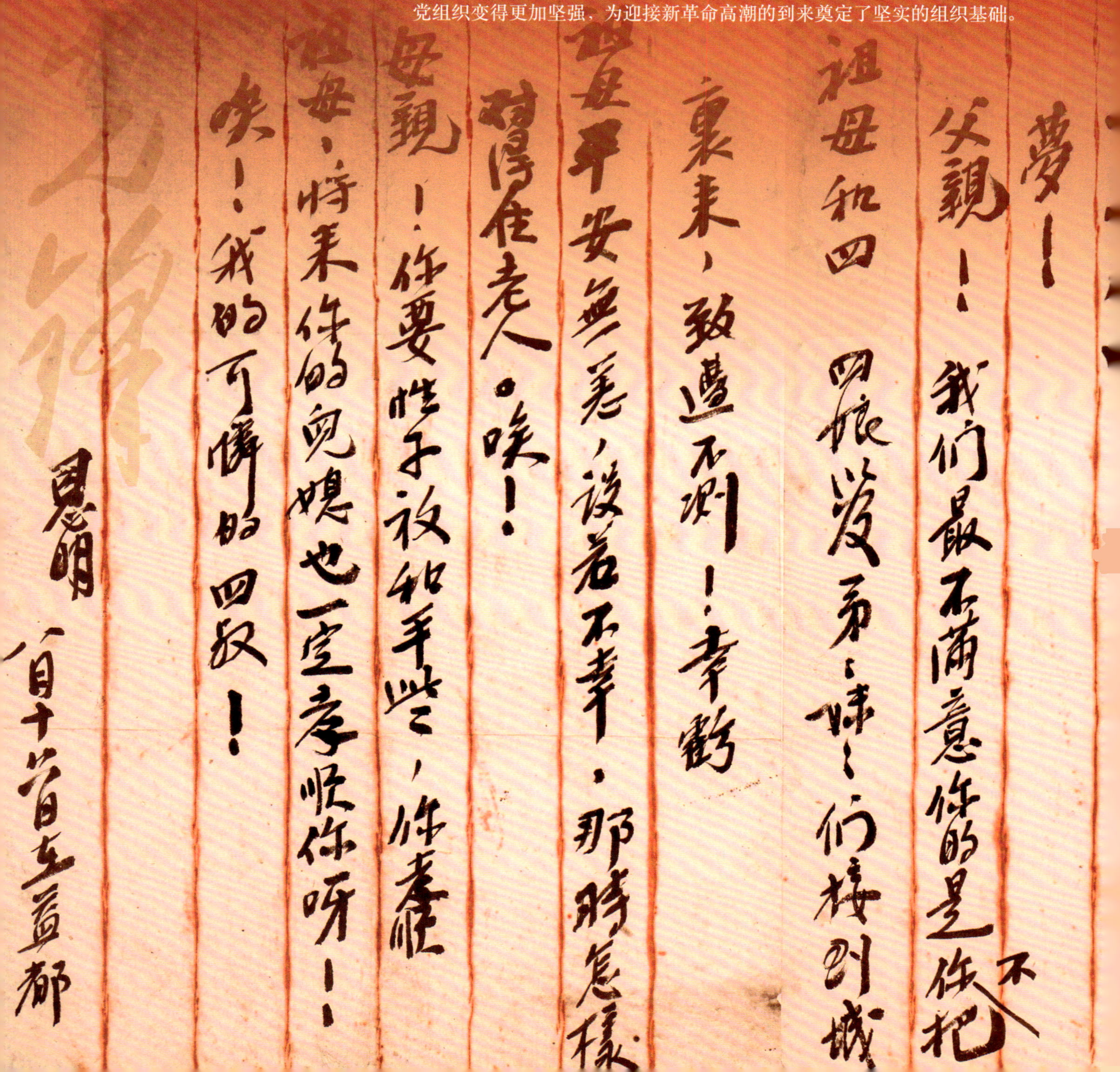
夢！

父親！我们最不满意你的是你不把

祖母和四叔及弟、妹、们接到城

裏来，致遭不測！幸虧

祖母平安無恙，設若不幸，那時怎樣

對得住老人。唉！

母親！你要性子放和平些，你奉侍

祖母，將来你的兒媳也一定孝順你呀！

唉！我的可憐的四叔！

恩明

一月十八日在益都

第二章 ★ 民族先锋

父親：
我昨天回来此地過中秋節，本想来團聚快樂，那曉得剛進门，李孺即送来印弟從柳州寄来一信，驚悉我那和平老実的四叔被匪害了！呵！四叔！一年前一見竟成了最後一次，此後永遠不得相見了！呵！！蒼天！！还有什么話可說呢！！呵！
父親！！你七月来信何以不告訴我呢？我实不知道這是什麽意思？我对家庭最痛心的是遇事不告訴我们，啊今遭遇這樣的事竟一字不提，唉！

纸短情长

——家书中的邓恩铭

〔文〕于芹

邓恩铭（1901年1月5日—1931年4月5日），中国共产党第一次全国代表大会代表，中共山东省组织早期的主要领导人之一。目前已知的邓恩铭家书，除《邓恩铭遗作集》所载收藏于贵州省博物馆等处的十三封家书外，山东博物馆收藏有邓恩铭家书两封。这些家书饱含深情，娓娓道来，让我们看到从事革命工作的邓恩铭烈士兼备重亲情、重教育、爱艺术、倡平等的优良品质。

一、重亲情

自从1917年年方16的邓恩铭离开贵州荔波县到山东求学，就没有回过家乡，诚如他离开荔波时给同学的留言“南雁北飞，去不思归”。在家信中，邓恩铭对家人表现出无限的牵挂。在每一封信末，他都会询问每个家人的情况，如1917年10月14日致父母亲信“六弟近来如何？来训亦未及提及。若四叔情况及寿同毛弟均未尝言及。三叔如何？亦未接获亲示，至于大姐好否？”一口气问及六弟、四叔、寿、毛弟、三叔和大姐六个人的情况。1920年9月14日致父母信，询问三姨妈、何舅爷、三叔、陈姐夫、大姐、小弟等的情况：“以上的事情男挂念得很。父亲有暇，详详细细的写给男知道，免得男天天想哩！”除了想念家人，邓恩铭还有很多关爱家人的实际行动。在几封信中，他托北京的朋友给家人寄狗皮膏和上清丸，还托人给母亲买阿胶，并嘱咐母亲要好好保养身体。山东博物馆藏邓恩铭家书，其中一封据推测可能写于1920年，信中劝父母善待祖母，对祖母和母亲的生活给予妥善安排。另一封大约为1925年在山东益都（今青州）写给父亲的信，谈到了他到叔父家过中秋节时得悉在柳州的四叔遇害，字里行间表现出对匪徒凶手的莫大愤慨，以及对亲人的不幸遇难表示深切的哀悼。信末请求父亲接祖母到城里来住，并规劝母亲善待祖母。邓恩铭也很体谅父母，对于自己在山东的情况，托姑丈在回老家时只“择佳者道之”，以免父母挂念自己。

二、重教育

邓恩铭的家信中，最关心的是弟妹的教育问题。邓恩铭在家中排行老二，上面有个姐姐，下面四个弟妹。几乎在每封信中，邓恩铭都叮嘱求学阶段的弟妹们要努力学习，1925年9月20日致弟弟信中说“你们都不小了，千万莫要太过于贪玩，要发奋

中华民国时期邓恩铭早期照片

（山东博物馆藏）

用功，我不久即给你们寄有趣味的书，以后来信要自说自写，不要请老人帮助，因为常了就会使你们养成依赖的习惯。”他也常给弟妹寄学习用书。

邓恩铭第三次被捕，在狱中也一直记挂着弟弟们的学习。当时，他的父亲已去世，家中欠有外债，但是无论家境多么困难，让弟妹也不要辍学。他在狱中给家人写信：“小弟、年弟、六弟都应照常读书，千万勿辍。”

三、爱艺术

邓恩铭为水族，出生在荔波县水浦，祖母是水族地区受人敬重的远近闻名的山歌手。邓恩铭也多才多艺，有文章介绍说邓恩铭1921年赴上海代表济南参加中国共产党第一次代表大会，以及1922年出席在莫斯科召开的远东各国共产党和民族革命团体第一次代表大会时，会余均吹笛演奏中国传统曲目。

邓恩铭尝致力于民谣的搜集。1922年，北京大学收集各地歌谣，准备出一本全国歌谣集。邓恩铭写信让父亲帮助搜集荔波的民谣，并告诉父亲采集的方法。“一，办一两桌酒席，约请本城年纪高的老太太们（黄婆吴大奶等），只要能唱歌就请，不管亲戚不亲戚。再请一位抄写。二，买一些花生、糕、果子之类，请各家的小孩子来，问他们能唱什么歌，就唱，也写下来。”邓恩铭也曾自己创作民谣，比如“来燕早起去上学，简简单单吃馍馍，一个铜板不乱花，过普普通通生活。”这是为劝二叔的养女节俭而作。

四、倡平等

邓恩铭认为，人是平等的：“世界上的人，无论那一种那一族，彼此都是一样的人。富贵贫贱等等也没有不一样的。”更进一步，邓恩铭曾考察山东女子的教育情况，于1921年1月15日亲自撰写《济南女校的概况》一文，主张妇女解放。这一主张在家书中体现在，邓恩铭建议父母把妹妹三菊送到省城贵阳女子师范去读书。“此刻比从前不一样了，男女都是一样，男子能做官做议员等等，现在女子都能做了，总而言之，叫做男女平权。”他也曾动员堂弟媳滕尧珍到济南黑虎泉职业学校学习技术。

由于长期从事革命事业，邓恩铭“不是东奔西跑，就是作囚坐牢，以致绝少写信。”从仅存的十几封家书中，我们看到一个对家人有着无限眷恋的邓恩铭。他终将小家之爱推及对人间世人的大爱并为之献身。1931年4月5日，邓恩铭等22位山东中共早期共产党人，高呼口号，英勇就义。

附：

父母亲大人膝下：

八月三日由省汇款百元，计到荔时父亲已来邕矣。家庭变故不知将来成何现象，今接父亲手谕，拟明春再来，正合男理想，至于接祖太一层，更不足道矣。男虽入学校二年，三舅虽已考取，若月内无变动，固善，否则男与三舅一同南返，亦意中事也。能否，尚不敢必幸，勿为外人道而讥笑也。黑货决不可再做，危险万分，少失即（得）成千古恨。在自己资本尚

父母親大人膝下八月三日由省滙款百元計到爲時
父親已來邕矣家庭變故不知將來成何現象今接
父親
手諭擬明春再來正合男理想至於接
祖太一層更不足道矣男雖入学校二年 三男雖已考取若月內無變動固善否則男與 三男一同南返亦意中事也能否尚不敢必幸勿為外人道而談笑也果貨決不可再做危險萬分少失即得成千古恨在自己資本尚且不可況借人之資本乎發財在命幸莫作意外之想而受不測之禍也家間生理太苦不可再作寄去之款可分一半給
母親餘一半分與
三叔俾
母親得支持家務
父親在外則無憂矣然廣西旱路危險希
特別保重為禱至於
祖太須常常奉養萬不可再如前時矣 三弟小印仍須照常上学是晚一本書不能畢家即有錢亂花可歎肅此敬請
慈安並祝
闔家清吉 男恩明謹禀

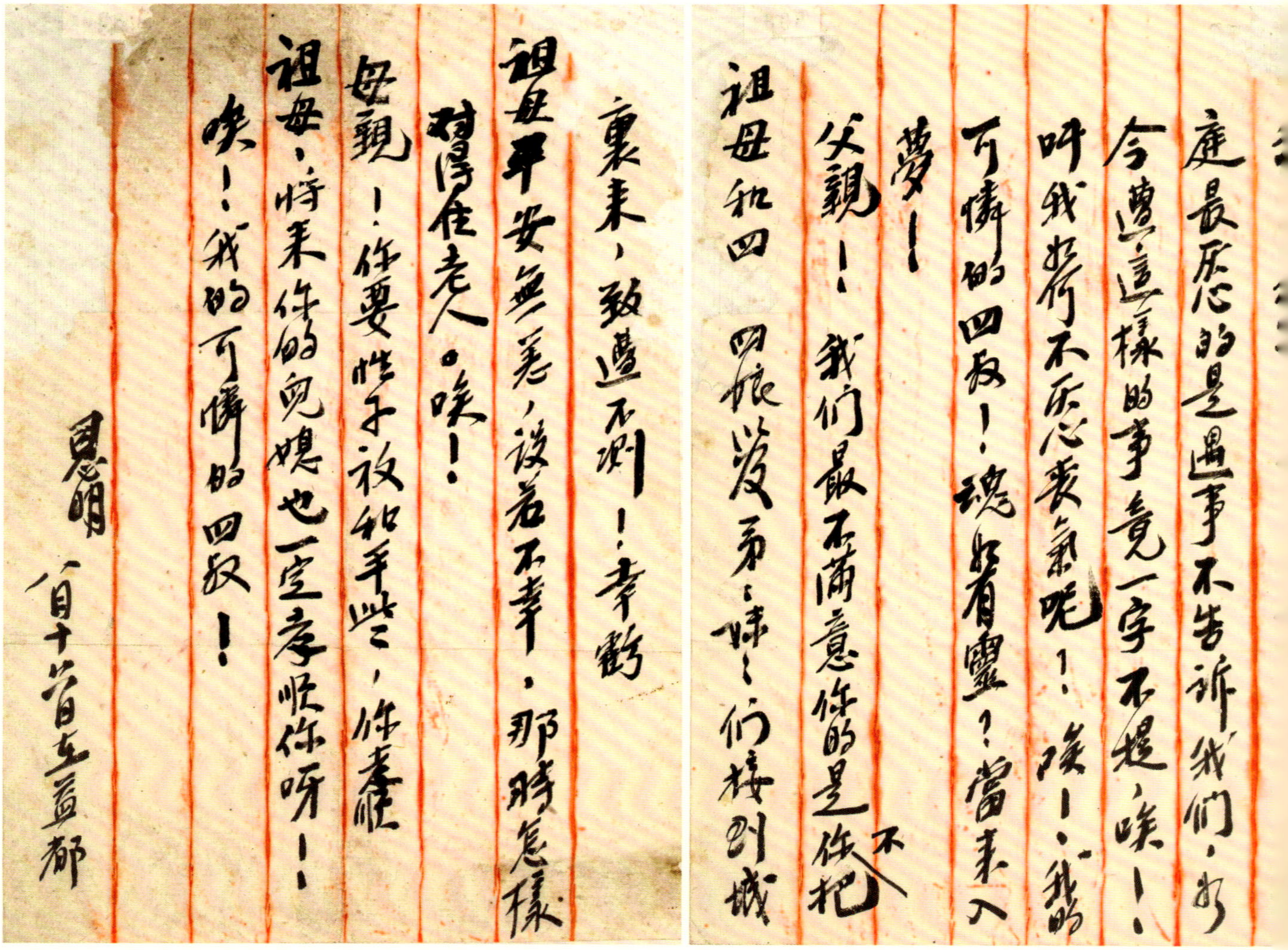

庭最痛心的是遇事不告訴我們，那今遭這樣的事竟一字不提。唉！！叫我將不痛心喪氣呢？、唉！、我的可憐的四叔！！總有靈？當來入夢！！

父親！！我們最不滿意你的是你不把祖母和四娘發弟、妹、們接到城裏來，致遭不測！！幸虧祖母平安無恙，設若不幸，那時怎樣對得住老人。唉！

母親！！你要[illegible]衣和手些，你奉養祖母，將來你的兒媳也一定孝順你呀！！

唉！！我的可憐的四叔！

恩明
八月十六日寫于益都

中华民国时期邓恩铭烈士的家信（1925 年阴历八月十六日，公历 1925 年 11 月 2 日）

（山东博物馆藏）

不可，况借人之资本乎？发财在命，幸莫作意外之想，而受不测之祸也。家间生理太苦，不可再作，寄去之款可分一半给母亲，馀一半交与三叔，俾母亲得支持家务，父亲在外则无忧矣。然广西旱路危险，希特别保重为祷。至于祖太须常常奉养，万不可再如前时矣。三菊、小印仍须照常上学，是盼。一本书不能寄家，那有钱乱花，可叹。

肃复敬请慈安，并祝阖家清吉。

男恩明，谨禀。

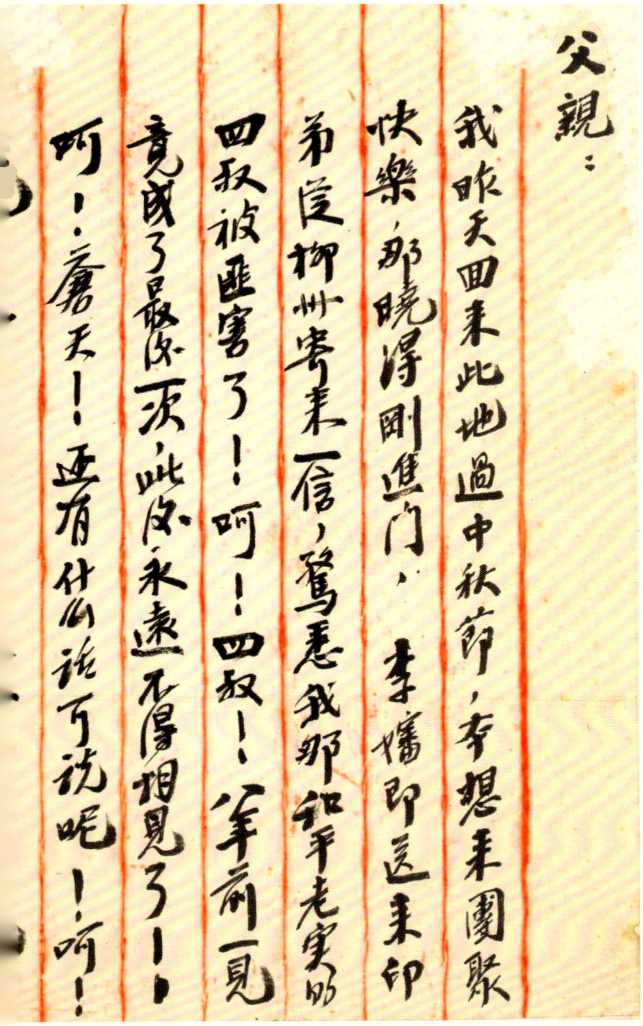
父親：
我昨天回来此地過中秋節，本想来團聚快樂，那曉得剛進门，李嬸即送来印弟從柳州寄来一信，驚悉我那和平老实的四叔被匪害了！呵！四叔！八年前一見竟成了最後一次，此後永遠不得相見了！！呵！！蒼天！！还有什么話可说呢！呵！

父亲：

我昨天回来此地过中秋节，本想来团聚快乐，那晓得刚进门，李婶即送来印弟从柳州寄来一信，惊悉我那和平老实的四叔被匪害了！呵！四叔！八年前一见竟成了最后一次，此后永远不得相见了！呵！苍天！还有什么话可说呢！呵！父亲！你七日来信何以不告诉我呢？我实不知道这是什么意思？我对家庭最灰心的是遇事不告诉我们，如今遭这样的事竟一字不提，唉！叫我如何不灰心丧气呢？唉！我的可怜的四叔！魂如有灵？当来入梦！

父亲！我们最不满意你的是你不把祖母和四（叔）四娘以及弟弟妹妹们接到城里来，致遭不测！幸亏祖母平安无恙，设若不幸，那时怎样对得住老人。唉！

母亲！你要性子放和平些，你孝顺祖母，将来你的儿媳也一定孝顺你呀！

唉！我的可怜的四叔！

恩明

八月十六日在益都

书生革命 踏遍青山

——党的好干部刘谦初

〔文〕李娉

刘谦初，山东平度人。在山东早期革命历史上，他既是文质彬彬、气韵斐然的东莱书生、燕大才子、岭南先生，又是戎装在身、踏遍青山的讨袁战士、北伐先锋、工农领袖。在刘谦初短短34年的灿烂青春里，他将“我欲我身济天下，我以我血荐中华”的决然壮志，砥砺践行了亘古不灭的初心信仰、正道之光。

书生意气盛　壮士从军行

1916年，“千年帝制已归去，四亿神州向共和”。然万民唾弃的窃国大盗袁世凯却在列强支持下，倒行逆施欲推翻共和，痴梦做皇帝。这一年，辛亥领袖孙中山派遣前国会众议员居正来到山东青岛，重整旗鼓组织讨袁军队。当时还在平度读书明志的刘谦初毅然投笔从戎。他和于乃镇、邵廷珍、刘维汉等13名同学步行百里赶到蓝村，连夜乘火车赶往青岛，加入了万人共襄的中华革命军东北军，并被编在了东北军五个支队中的第三支队炮兵团，担任团部司书。他作战果敢英勇，随团先后参加了攻克潍县和高密等地的战斗。东北军势如破竹，均获全胜。直至6月袁世凯暴病而死，山东讨袁战役取得最终胜利。待刘谦初返回学校后，遭到保守校方开除学籍的命令。直至次年校长更换，他们才在开明教员的帮助下重返校园。1918年夏，才思敏锐的刘谦初又考取了济南齐鲁大学文预科学习。求学次年，五四运动爆发。刘谦初与当时正在省立一师的王尽美、省立一中的邓恩铭以及齐鲁大学的同学们一起，积极投身到这场载入史册的革命巨流之中。

刘谦初参加讨袁战役时获得的“山东第三支队义勇奖牌”
（山东博物馆藏）

1925 年刘谦初执教岭南大学附中时穿的夏布长衫
（山东博物馆藏）

妙手著文章　铁肩担道义

1922 年，刘谦初凭借功底超群的文笔，获得了保送燕京大学深造的宝贵机会，并于 1925 年毕业。谦谦君子的奕奕神采、卓然气质，还有眉宇间的坚毅和笃定，在如今泛黄的毕业像上依然清晰可现。在燕京大学这个充满新文化、新思想的阵地，刘谦初如饥似渴地探求着科学与真理，并秘密接受了中共领导人李大钊的领导。马克思主义的学说、共产主义的火炬点燃了刘谦初埋藏内心的革命激情，更坚定了他投身革命的坚定决心。

燕大毕业后，刘谦初先后去了江苏镇江润州中学、广州岭南大学附中教书。在校园之外风起云涌的革命浪潮下，他更是以己之长、笔耕不辍创办刊

1925 年左右刘谦初在燕京所拍全身像

（山东博物馆藏）

刘谦初被捕入狱后周恩来同志辗转相送的毛毯
（山东博物馆藏）

物，撰写进步文章，热切向往革命。他经常穿梭于芳草萋萋的校园，一身长衫站在三尺讲台上，不厌其烦地教诲启蒙于莘莘学子。当他在广州执教时，刘谦初参加了那场抗议沙基惨案的群众大游行。队伍中他那些振聋发聩的有力演讲，为揭露帝国主义的暴行、鼓舞群众而高声呐喊。

1926 年，大革命的号角响彻大江南北。十年寒窗，难凉热血，刘谦初再一次脱下长衫、跨马扬鞭，成为国民革命军第十一军的先锋战士，为北伐前线冲锋陷阵，南征北战；为革命军《血路》刊物执笔作戈、撰文发声。在革命统一战线的旗帜下，各阶层的革命力量不断凝集，高歌猛进的北伐战争将北洋军阀反动政权迅速击溃。1927 年，历经革命考验的刘谦初在武汉光荣地加入了中国共产党。在经历了燕大求学、广州执教、武汉从戎，刘谦初在革命浪潮中自觉接受洗礼，从“掌灯苦读为黎民”的有志学子，逐渐锤炼成为一名坚强的共产党人。

秋水诉英魂　碧血铸殷山

1928 年，在白色恐怖笼罩全国的艰险时局下，刘谦初临危受命，与妻子先后来到山东，并肩作战。在险恶的政治环境下，刘谦初迅速恢复山东党组织，先后领导博山、潍县、青岛等地工人大罢工。1929 年在白色重压之下，党内叛徒层出，他们夫妻二人不幸先后被捕。在国民党济南警备司令部监狱，先后入狱关押的还有数十位中共山东省委的主要领导干部。一年多时间内，刘谦初遭受了无数次残酷刑讯仍坚不吐实。他遍体鳞伤，重疾在身，却仍以高度的革命乐观主义精神和布尔什维克战士的果敢置生死于度外。他把监狱当成了对敌斗争的另一个特殊战场，靠着惊人的毅力顽强坚持着狱中斗争。1929年冬，在山东省委多方营救下，张文秋作为“怀孕的嫌疑犯”获释出狱。

自刘谦初被捕入狱后，周恩来同志极为重视，党中央多方试图营救，并通过各种渠道为他秘密寄送衣物、书刊。这张墨绿色格子毛毯就是当时周恩来同志委托在上海工作的林育南购买后，千里辗转送进监狱交给刘谦初使用的。代表了党中央对于英勇顽强的共产主义战士的爱护，这份厚重的温暖更坚定了他一颗红心忠勇为党的信念。

1931年，在各种营救无果之后，刘谦初下定了为革命牺牲的决心，写下了那封著名的绝笔书：“我现在临死之时，谨向最亲爱的母亲和亲爱的兄弟们告别，并向你紧握告别之手，望你不要为我悲伤，希你紧记住我的话。无论在任何条件下，都要好好爱护母亲，孝敬母亲，听母亲的话！”这是他写给亲爱的妻子、也是写给党的绝笔信。饱含着浓厚的眷恋和不舍，还有对革命同志们无尽的期盼。

1931年3月2日，刘谦初的女儿刘思齐在上海出生。4月5日，她还未曾谋面的父亲却与21位共产党员英勇就义，永远离开了她。对于父亲的想象和思念一直萦绕于刘思齐的脑海中，她在后来的回忆中写到“很奇怪，过去有一段时间我经常梦到老家，梦中都是一样的情景：长长的胡同，然后是一个大门，多少次都是这样，后来当我回去，到了平度田庄，发现那房屋，那布局都跟梦中是一样的。”书生革命，踏遍青山，广袤的沃野山岗永远铭记了这位伟大的革命家。

结 语

著名剧作家曲直如是说：“人类历史上有两种人，对同时代人和后来者的精神世界和心灵产生巨大的影响。一种是烈士，他们忠肝义胆，为理想、为祖国和人民利益英勇献身；另一种是思想家，他们洞若观火，是社会的先知先觉。”我们的主人公刘谦初一身二兼，他的人生起于妙手文章、投笔从戎，盛于肩担道义、工农先锋，终于四五悲壮、英魂不朽。他34岁的生命绝响，承受的青春磨砺，留下的雄文峻墨和传承的精神光芒交相生辉、丰碑永存 。

永不磨灭的记忆

——吴苓生的血衣纽扣

〔文〕
董倩倩

吴苓生烈士于1931年4月5日牺牲在济南，是著名的“四五”烈士之一。他的一生短暂而光辉，他是中国革命的先驱、五四运动的参加者；他是我党在东北地区的早期领导人之一，为东北党组织的创建和发展做出了重大贡献；他是我党在北满地区工人运动的最早领导者，开启了党领导下的北满地区最早的产业工人运动；他为山东地区党的工作作出重要贡献，满腔热血洒向齐鲁大地。历经90余年岁月洗礼的血衣纽扣是吴苓生烈士四代家人珍藏的红色传家宝，是我们党百年历程精神力量的延续，更是见证烈士家国情怀的勋章。

2021 年 6 月 27 日，“让党旗永远飘扬——山东省庆祝中国共产党成立 100 周年主题展”的展柜中展出了这样一套特殊的展品：几枚业已风化的纽扣，只有两枚略为完整。纽扣为贝壳材质，上面依稀可见斑斑血迹。它们是 1931 年 4 月 5 日在济南英勇牺牲的吴苓生当时贴身穿着的衬衫纽扣，是他留下的唯一遗物。

吴苓生，字松仙，1899 年出生于江苏沭阳县一个富裕的地主家庭。1923 年 2 月加入中国共产主义青年团，1924 年 3 月 28 日加入中国共产党。在从事党的秘密工作期间，曾用过唐友仲、吴连生、吴莲生、吴丽实、吴力石、吴立时、赵云容、卢一之、张金德等化名。他曾受党组织委派赴苏联莫斯科学习，回国后先后担任中共哈尔滨特别支部书记、中共北满地委书记、中共东三省特派员、中共满洲省委组织部长兼农运部长、中共山东省委书记。1931 年 4 月 5 日，与邓恩铭、刘谦初等 22 名党的重要干部在济南被反动军阀韩复渠下令残酷杀害，年仅 32 岁。

吴苓生烈士早年受反帝反封建思潮和新思想熏陶，胸怀“救国救民”思想，曾因在镇江中学读书期间领导“反对封建教育”的学潮而被校方开除，后考入北京汇文中学（后改为汇文大学），奋身投入“新文化”运动，受陈独秀先生创办的《新青年》进步思想影响并在李大钊先生的直接领导下走上革命道路。1923 年 11 月 16 日，受党组织委派进入苏联莫斯科东方大学学习。

吴苓生是东北地区革命事业发展的先驱和开拓

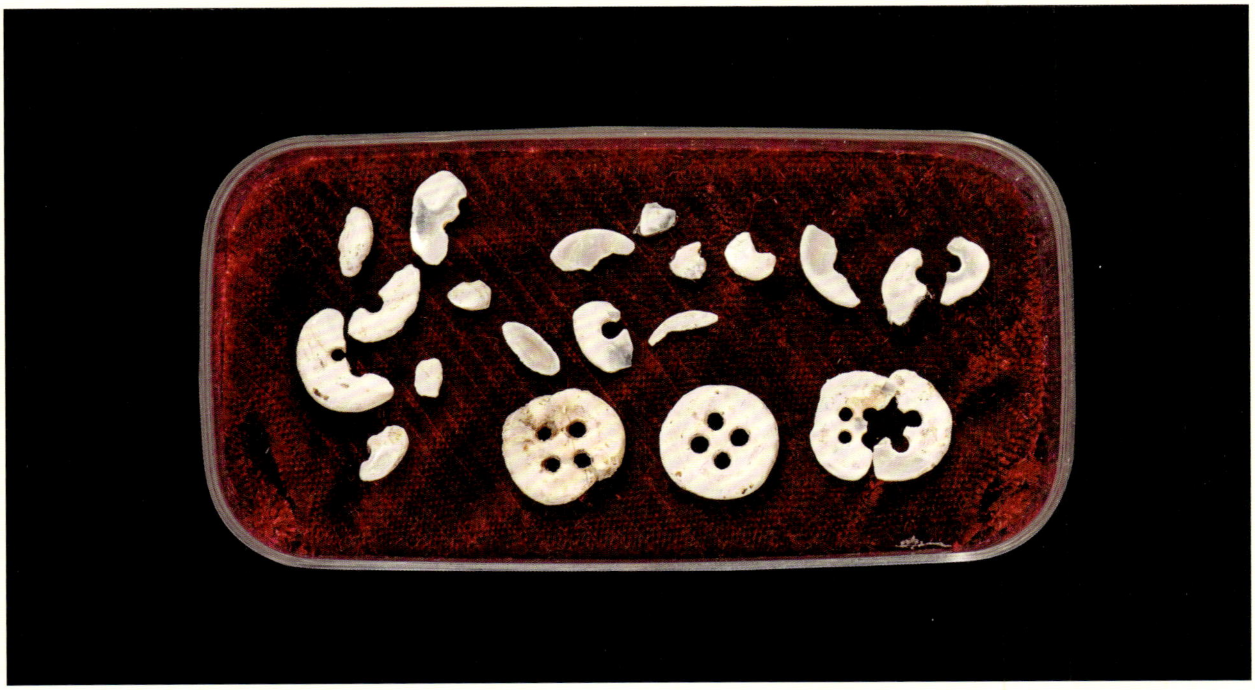

吴苓生烈士的血衣纽扣
（吴苓生烈士孙子吴永明、孙女吴明慧提供）

吴苓生烈士

者。1925年11月回国后，受党中央委派到达哈尔滨，化名“吴丽实”创建和发展东北地区党的组织。1925年12月，中共哈尔滨特别支部成立。通过对哈尔滨形势的调查分析，鉴于以往二作的经验教训，吴苓生决定首先到北满地区产业工人中间开展党的工作，发展党员建立组织，从而开始了我党直接领导下的北满地区最早的工人运动。他扮做“小工”，扎根工人群众中，办夜校，教俄语，培养工人骨干，成立中国工人工会“东铁青年协进会”，考察发展了张有仁等一批东北地区最早的产业工人党员，并于1926年1月建立了中东铁路第一个党支部；他同时重视在学校和青年学生中开展工作，利用哈尔滨道外基督教青年会等活动场所举办讲演会、报告会，宣传党的思想和主张，组织革命活动，发展党员建立组织，先后发展了吴宝泰、赵尚志等学生党员；他克服万难，积极创办报纸，宣传“抗日、救国”主张。1926年6月，地委机关报《哈尔滨日报》、《哈尔滨日报副刊》创刊，北满地委秘密印刷所“哈尔滨书店”创建，机关秘密刊物《北满工人》创办，党的影响进一步扩大，革命的火种在中东铁路沿线广泛播撒。

1926年4月，中共哈尔滨特别支部改组为中共北满地方委员会，1926年11月，党中央第四届委员会任命吴苓生为“中央特派员（驻东三省）”，同时兼中共北满地委书记。1927年10月，东北地区第一次党代会在哈尔滨召开，成立了中共满洲临时省委（1928年9月改组为中共满洲省委），统辖东三省党务工作，陈为人任书记兼宣传，吴苓生任组织部长兼农运工作，指导各地农村党的组织开展农民运动。1928年3月至10月，东北农村建立了20多个党支部，农运工作成效显著。

1928年12月23日，吴苓生和陈为人、王鹤寿等13名同志在沈阳大东边门外党员家中召开省委扩大会议时，突遭警察包围逮捕，后于1929年7月底全部被营救出狱。1929年8月，长期漂泊在外的吴苓生与家人短暂相聚20多天后，再次启程到山东重建省委，恢复党在山东的工作。

自蒋介石发动四·一二反革命政变后，国民党反动派向共产党人挥舞屠刀，山东党组织接连遭受重大破坏。一批批党员被捕牺牲，白色恐怖的阴霾笼罩齐鲁，省委书记邓恩铭、刘谦初等先后被捕，形势让人闻之色变。面对如此险峻形势，吴苓生

中国共產党前山东省委員会书记
吴苓生烈士之墓
中国共產党沭陽縣委員会
沭陽縣人民委員会 立
一九六三年六月一日

吴苓生烈士墓碑

毅然接受党中央的重托，义无反顾奔赴战场，1929年12月，吴芩生化名“卢一之”到达山东。吴芩生在短时间内迅速组建了“鲁临委”，在济南建立恢复了2个党支部及部分共青团支部，建立了共青团市委。不久又将“鲁临委”改组为“中共山东省委”。他对山东政治经济状况、工人队伍、党团组织等情况进行广泛调查研究，组织省委同志分析形势，总结经验教训，针对性地提出了省委新的斗争任务和策略，先后起草山东省委《山东职工运动决议案》和《中共山东省委关于全省政治、经济状况的报告》。同时，他有计划地调集东北骨干力量来山东协助开展工作。不到两个月时间，山东省的党组织工作恢复了正常。

由于叛徒出卖，1930年2月8日，吴芩生再次不幸被捕，山东省委遭到又一次大破坏。在狱中他化名“张金德”与敌人进行了百折不挠的斗争。1931年，时任山东省主席的反动军阀韩复渠下令将吴芩生、邓恩铭、刘谦初等一批共产党人以“红匪”名义杀害。4月5日5时，吴芩生等22位革命同志被押赴济南纬八路侯家大院刑场。他们身负镣铐，遍体鳞伤，一路上仍高唱“国际歌”，昂首高呼“打倒帝国主义”“打倒国民党反动派”“共产党万岁”，英勇就义。

在党组织的帮助下，吴芩生烈士的家人将其遗体拉回老家安葬。中华人民共和国成立后，沭阳县委、县政府将遗体迁入沭阳县革命烈士陵园。这些血衣纽扣历经吴芩生烈士父亲、妻子以及后人四代保存。1949年中华人民共和国成立后，吴芩生烈士之子吴以京将血衣纽扣保存在一个密封小木罐中珍藏。直至2019年山东电视台赴南京拍摄血衣纽扣，才将密封罐打开。近90年时间，纽扣已经风化，仅余一颗纽扣完好。为能长期保存，南京博物院专家对纽扣进行涂膜保护，并对一颗纽扣进行了拼接修复。这血衣纽扣铭记着烈士的名字，镌刻着绝境中的不屈抗争，鼓励一代又一代的年轻人在英烈精神照耀下砥砺前行，肩负起时代赋予的历史使命。

百年来，信仰在奋斗中淬火，一代代革命先烈秉承为中国人民谋幸福、为中华民族谋复兴的初心使命，赴汤蹈火、矢志不移，用鲜血和生命书写了气壮山河的英雄史诗，凝聚起亿万人民共创未来的磅礴力量。慎终追远，不忘来路。今天，继承烈士遗志，让信仰之火熊熊燃烧，将革命精神代代传承，一步一个脚印地把红色基因传承好、发扬好，是我们责无旁贷的责任，更是对先烈最好的告慰。

坚决勇敢　专诚不懈

——中国妇女解放运动先驱郭隆真

〔文〕刘宁

1931年4月5日，济南，被反动军阀韩复榘当局集体枪杀的22名优秀的共产党员，史称“四五”烈士。郭隆真，“四五”烈士中唯一的女战士，20世纪中国一位思想前卫、敢于追求自由的杰出女性代表，中国革命历史上妇女解放运动的先驱。郭隆真的一生，是为党的革命事业奉献的一生，勇敢而坚强，光辉而闪耀。

郭隆真

郭隆真（1894—1931 年），回族，河北大名人，又名郭林一，后自己改名为“隆真”，志在以一己之薄力促使民族“从落后中隆兴崛起，冲破封建礼教束缚，勇敢追求真理”。她的父亲郭荣桂思想开明，崇尚维新。在女儿郭隆真的提议下，1909 年郭荣桂办起河北省元城县第一家新式女子小学。15 岁的郭隆真担任教员，教授反对封建礼教的歌谣和新式课本。在父亲的影响下，郭隆真从小耳濡目染民主革命家、女英雄秋瑾的故事，思想开放，坚强勇敢，富有反抗精神。

郭隆真的反抗精神在她公开反对父母包办婚姻上表现得最为突出。1917 年夏，面对父母早已安排好的婚事，为了不让父母为难，一心想要继续求学的郭隆真决定自己出面解决包办婚姻。大婚当天，郭隆真身穿学生装，坐“亮轿”（轿子花门帘敞开，不遮蔽）出行。到了婆家，郭隆真自己走下轿子，在婚礼大堂上，面对亲友来宾们开始了掷地有声、从容不迫的演讲。她表示自己不同意父母已经安排好的婚事，宣传新时代男女恋爱自由的思想，反对封建家庭的包办婚姻。结婚现场俨然成为郭隆真宣扬女性独立与解放、倡导婚姻自由、救亡图存的大讲堂。郭隆真大胆的举动极为轰动，她所在的女子师范学校的师生得知她冲破封建婚姻的束缚才得以继续求学，无不对她钦佩、敬重。

1919 年轰轰烈烈的五四运动爆发之时，郭隆真正在天津直隶北洋女子师范学校求学。5 月 4 日五四运动爆发。5 月 5 日晚，郭隆真就主持召开了预备班积极分子大会，倡议立即行动起来。5 月 25 日，郭隆真和刘清扬、邓颖超等一起筹备成立了有 600 多人参加的天津女界爱国同志会，成长为出色的女生运动领导人之一。1919 年 8 月曾两次参加赴北京请愿。9 月 16 日又同周恩来、邓颖超等 20 余人成立“觉悟社”，出版《觉悟》杂志。她领导的女界爱国同志会组织了多次游行示威，郭隆真总是活跃在队伍的最前面。五四运动期间她曾三次被捕，每次出狱后都立即投入战斗。郭隆真英勇不屈的斗争精神，使她成为当时天津妇女运动和学生运动的著名领袖。邓颖超曾高度评价“她有火一样的热情，爱护着国家、民族；亦同样以火热的高度，憎恨当时的亲日卖国贼”。

五四运动的洗礼让郭隆真意志更加坚强，斗志更加昂扬，信仰更加坚定。为寻求救国真理，1920年11月，郭隆真与周恩来、张若名等190多人赴法勤工俭学。1924年秋，郭隆真与李富春、蔡畅等15位同志被中共旅欧支部派往苏联莫斯科东方大学进行短期学习。经过不断追求进步的学习，郭隆真在革命道路上迅速成长。1923年郭隆真经周恩来介绍加入中国社会主义青年团，同年转为中国共产党，成为河北第一位中共女党员。

1925年夏，李大钊调遣郭隆真回国主持缦云女校，作为党的地下活动机关，并主编革命刊物《妇女钟》《妇女之友》，影响颇大。此时奉系军阀大肆镇压残害北方的革命力量。1927年4月6日，李大钊、郭隆真同时被捕。郭被判处12年徒刑，经营救，于1928年底释放。之后被党中央安排调往东北哈尔滨、满洲从事工人运动。1930年任中共满洲省委委员、满洲省委职工运动委员会书记。同年再次服从党的安排来到齐鲁大地，担任中共青岛市委常委、宣传部长、中共山东省委妇委书记，主要领导工人运动。经过郭隆真与陈少敏等同志的共同努力，不仅重建了党组织，而且还连续发动了几次罢工。先后创办了《红旗报》、《海光报》等革命刊物。此时的山东正处在国民党白色恐怖之下。1930年11月初，山东省委机关遭到第六次破坏。11月2日，郭隆真在青岛市嘉禾路四方村100号林福昌家活动时，被敌尾随逮捕。1931年春，郭隆真被转到济南的国民党山东第一模范监狱。在狱中，郭隆真遭受了非人的酷刑折磨，遍体鳞伤极度虚弱，且患上支气管炎等疾病，一直得不到医治。在身心遭受禁锢折磨的境地下，郭隆真依旧意志坚定。她对狱友热情热心，在生活上积极帮助狱友，向他们讲解一些政治、哲学等知识。为让郭隆真交代问题，反动军阀韩复榘当局对她进行严刑拷打，郭隆真始终意志坚定、视死如归，不吐露半个字。在没有口供的情况下，郭隆真被韩复榘当局判处死刑。1931年4月5日，郭隆真与邓恩铭、刘谦初等22名共产党员在济南纬八路侯家大院被杀害，走完了她坚强而又壮丽的一生。

邓颖超在《纪念我们的女战士郭林一同志》一文中这样赞扬郭隆真："在五四运动中，在她的一生的革命工作中，都证明着她是一位坚决勇敢，不顾一切，专诚不懈的奋斗者。"作为中国妇女解放运动的先驱代表，郭隆真敢于反抗封建禁锢、争取女性自由，投身妇女解放和救亡图存的伟大事业中，她的浩然正气永在，伟大精神长存。

山东工运先驱

——『四五』烈士之纪子瑞

〔文〕
孙艳丽

纪子瑞，1931年4月5日，被敌人残忍杀害，“四五”烈士之一。他是青岛早期工人运动组织者之一，为党领导和组织早期工人运动发展做出了重大贡献；他是工人运动领导人之一，开启了青岛工运史上中国共产党领导工人运动政治罢工的先河；他短暂而辉煌的一生与工人运动紧密相连，在铁路工运史和中国工运史上留下了光辉的一页。

思想觉醒 参加工运

纪子瑞（1895—1931年），又名纪济民、纪玉夫，出生在山东胶县（今胶州市）里岔村一个以木匠为生计的家庭。1909年，年仅14岁的纪子瑞随兄长来到德国人占领下的青岛谋生，经“胶济铁路四方工厂徒工养成所”学习后，进入青岛四方机车厂当木工。

第一次世界大战后，日军占领青岛。纪子瑞先后目睹青岛遭德、日蹂躏景况，饱尝生活辛酸，逐渐萌发出强烈的反抗意识。1923年1月，纪子瑞加入圣诞会，并成为骨干之一。作为行会性质的工人自发组织，圣诞会在中国共产党的教育改造下，逐渐发展为“为工人着想，替工人办事，团结工人与统治者抗争”的工人组织，成为青岛早期工人运动的核心。期间，纪子瑞先后组织为声援京汉铁路工人的正义斗争而罢工、为胶济路局停发年终双薪而怠工、为维护工友切身利益而战斗。经过不断的斗争锻炼，思想观念得到彻底解放，逐渐成长为工人领袖，1924年加入中国共产党。

追求信仰 投身革命

1923年8月，中共一大代表邓恩铭建立了中共青岛第一个党组织。次年，经邓恩铭介绍，纪子瑞在青岛四方机车厂加入中国共产党。自此，纪子瑞有了终生为之奋斗的理想和信仰，信仰的力量引领纪子瑞逐渐成长为一名坚定的共产主义战士。此后，纪子瑞继续以机床厂工人的身份为掩护，开展党的地下工作。青岛市博物馆现藏有1925年之前，纪子瑞在四方机厂做木工时亲手做的小木座，其子纪同睦于1977年捐赠给青岛市博物馆。纪同睦出生的时候，纪子瑞已经光荣牺牲，这个小木座是纪子瑞留给孩子唯一的纪念。

1925年2月，胶济铁路管理局上层派系斗争引发胶济铁路员工大罢工。受中共青岛支部委派，纪子瑞等人利用敌人内部矛盾，有组织地开展工人运动。与铁路局和厂方谈判破裂后，在时任中共青岛支部书记邓恩铭和济南地委书记王尽美指示下，组织四方机车厂举行了声势浩大的工人大罢工，迫使厂方答应工人提出的条件，取得最终胜利。这次罢工，开启了青岛工运史上由中国共产党领导政治罢工的先河，为我们党将组织领导工人运动引向深入积累了宝贵经验。

受四方机车厂工人罢工胜利的鼓舞，邓恩铭、纪子瑞等人先后组织大康纱厂、内外纱厂等成立工会。之后，大康纱厂、内外纱厂、隆兴纱厂等日商纱厂工人在四方工人联合会领导下，组织第一次同盟罢工，并取得胜利。时任全国总工会副委员长刘少奇到青岛视察时听取了汇报，并当面向纪子瑞等工运骨干作出指示。刘少奇同志的殷殷嘱托，让大家备受鼓舞，更加坚定了革命方向。

之后，因日厂主拒绝兑现罢工复工条件，甚至加大对工人迫害，党组织先后组织了第二次、第三次日商纱厂工人同盟大罢工。奉系军阀张宗昌接受日厂主贿赂，武装镇压罢工运动，制造了震惊全国的“青岛惨案”，封闭了胶济铁路总工会和沪青粤汉惨案后援会，砸毁四方机车厂和各

1925 年纪子瑞烈士在四方机厂做木工时亲自做的小木座
（青岛市博物馆藏）

纱厂工会机关，并下令通缉邓恩铭、纪子瑞等 60 余名工运骨干。为保存革命力量，纪子瑞奉命转移，先后到开封、洛阳、上海、沈阳和济南等地开展工人运动。

1926 年春，纪子瑞受中共山东省委派遣，到枣庄煤矿开展工运、组建党组织。他以小工身份为掩护，白天和工人们下井挖煤、晚上一起食宿，借由矿工的悲惨生活讲解革命道理，组织积极分子学习革命理论和党的基本知识，得到工人们信任和拥护。同年 7 月，纪子瑞发展蒋福义、张福林等 19 名党员，成立了枣庄地区第一个党支部，建立枣庄矿区工会。通过开展工人运动迫使厂方接受矿工们提出的 16 条要求后，昔日沉睡的矿区如同火山爆发，矿工们第一次看到团结起来取得的胜利，感受到党组织的力量。不久，全矿 12000 名矿工中有 9000 余人加入工会。

誓死捍卫 慷慨就义

“四·一二”事变后，国民党与军阀勾结，枣庄矿区的工人运动举步维艰，暂时转入低潮。根据省委指示，纪子瑞离开枣庄，并于同年中共山东省委扩大会议上被选为省委委员。

1928 年春，白色恐怖笼罩大地，党的组织遭到敌人严重破坏。纪子瑞从上海辗转抵青，因敌人通缉，在上级指示下返回胶县、诸城、日照一带从事农民运动。同年冬，再次返回青岛四方机车厂开展党的地下工作，筹备迎接新的工运高潮。1929 年 6 月，因混入机车厂国民党特务告密，纪子瑞被捕，被关押在山东省高等法院第一监狱。狱中，纪子瑞与同狱关押的前省委书记邓恩铭秘密建立狱中党支部，并酝酿越狱计划。在与狱外党组织取得联系后，邓恩铭与纪子瑞指挥实施越狱行动，6 名同志脱险，邓恩铭、纪子瑞等 10 余人再次被捕。

1931 年 4 月 5 日凌晨，时任国民党山东省政府主席、反动军阀韩复榘，以所谓“供认加入共匪，意图颠覆国民党政府，阴谋暴动”的罪名，在济南纬八路侯家大院刑场将纪子瑞与邓恩铭等 22 名党的重要干部杀害。纪子瑞等人带着对党的事业的无限忠诚，对民族解放的执着追求，高喊着“打倒军阀！”“打倒帝国主义！”“中国共产党万岁！”，高唱着《国际歌》，昂首走上断头台，雄伟壮烈的旋律响彻云霄。

布尔什维克气节与世长存——任作民

〔文〕刘宁

山东博物馆的珍贵文献中，收藏了革命先烈任作民的手稿，系任作民于1940年追记的革命生涯中两次被捕入狱的经历。手稿详细讲述了他在狱中遭受的严酷刑罚，进行的一系列政治斗争，字里行间彰显了任作民临难不苟、坚守初心的不朽精神。

任作民（1899—1942 年），湖南湘阴县（今汨罗市）人。曾任中共河南省委宣传部长、中共山东省委书记、中共湖南特委书记，后被调至中共中央西北局工作。根据中共中央八七会议的指示和决议，中共河南省委决定组织武装暴动，加强了对武装暴动的领导。1927 年 9 月，任作民被党中央派往开封，任中共河南省委宣传部长。为镇压共产党领导的暴动，国民党当局加紧了对河南省委机关的破坏。1928 年 4 月 15 日，周以栗（中共河南省委书记）、赵天明（原名郑傑）、赵天明夫人等五人在开封被捕。随后，任作民也在前往河南省委秘书处的路上被捕。1930 年 1 月，任作民刑满出狱，几经辗转，与周以栗坐船回到中共中央所在地的上海，经过短期培训，继续投入战斗。

任作民

大革命失败后，国民党山东省党部指导委员会勾结济南的日伪警察，大肆逮捕共产党员，破坏山东省委。从 1929 年 1 月到 1932 年 10 月 5 日，中共山东省委接连遭到九次破坏，曲阜、青岛、泰安、益都、潍县、郯城、博兴、昌乐等地的党组织也被破坏和瓦解，山东省委和省委领导下的地方党组织处境艰难。

1932 年 10 月，中共中央派任作民到济南重组山东省委，任作民为书记。1933 年 1 月，日本扩大侵华，华北危急，山东省委广泛开展反帝爱国主义运动，进一步恢复了被破坏的山东党组织。1933 年 2 月间，中共山东省委在济南开办干部训练班，由于共青团山东特委书记陈衡舟（任作民手稿中写为陈洪舟）叛变，2 月 27 日，任作民第二次被捕入狱，这也是山东省委遭到的第十次破坏。被捕后，任作民先后被关押在地方法院看守所、看守分所，1934 年被投入济南第一监狱。

两次被捕，前后七年身系监狱，任作民临危不惧，临难不苟。狱中的任作民，带着沉重的手铐脚镣，遭受老虎凳、皮鞭抽脊背、鼻孔灌水、烙刑等酷刑。几度死去活来，几次重疾缠身，依然坚持斗争、坚持学习。坚持阅读历史、地理、生物学、哲学、自然科学、经济学等方面的书籍，借阅《世界史纲》《战后世界》《法国大革命史》《六十年来的中日外交史料》等名著。为争取权益，任作民团结和组织狱友进行斗争，在狱中秘密发展党组织。

任作民团结和带领狱友通过和平请愿、绝食斗

被捕情形

第一次被捕——在开封。

一、怎样被捕的。

1928年后在地方暴动的高潮中，河南省领导确山信阳暴动，布置江南商城开始的暴动。

省委负责人：周以栗——书记，張和尚——组织，徐作庚——宣传，侯俞立——在商城被捕杀，王克勤——在确山战斗中负伤死。

周以栗住的地方是秘书处，房保是在一个女教员馬蕊如，在馬女士来往信件中查出她有共党嫌疑被捕，搜出周以栗的住址。

1929年四月十五日黑早周以栗、赵天吗（原名鄭傑）馮某同志（馮X，厨夫）和赵的夫人两个小孩一同被捕，搜出大批油印品、手抄文件等。早饭后，我去那边，一进门就被抓住。当时守候的是三个警察，態度还不怎样粗暴，我想説服他们开放。其中一个老警察已经表现动摇，其他两个不肯，也许是不敢。十时后把我送到軍法處。那时候河南的统治者是馮玉祥，这就是馮玉祥总司令部的軍法處。

被捕后倒不慌，我就很沉静的準備自己的口供。最着急的就是没有見到周、赵，不知道他们的何供法。

一到軍法處把我一个人放在一个大房子裡，两个枪兵专看着，他们耳语着以为我是一个主要负责人。当下开饭白馍、米饭小菜，[illegible]。

二、开審。

下午三时许，一个最残酷的法官来審问我们。我把我的口供大略是：我姓張名德富，卅多岁，湖北沔水人，因为有些年朋友在我想跟他谋事。我是银号的店员，由漢口動身争等方式争取放风、准许通信、准许读书看报、改良伙食等权益。为发展党组织，任作民在狱中秘密开展了许多工作：通过新入狱的狱友传递政治消息，以各小号为学习小组，进行内部教育工作；统一会计，管理和分配政治犯的存款；指定意志坚定的同志作为通讯员，通过用暗码写条子，放条子，敲击墙壁等秘密方式训练通讯人才；建立党支部等。这些斗争大大地鼓舞了狱友的士气，坚定了必胜的信心，在狱中闭塞、阴暗的环境中营造了积极向上的氛围。通过秘密发展党组织，锻炼了党内同志的应对能力，培养了许多党员，在狱中保存了共产党组织的实力。

1937 年 10 月，任作民经董必武营救出狱。因在狱中长期遭受酷刑折磨，任作民身体备受摧残，重病缠身。1942 年 2 月 20 日，43 岁的任作民在延安病逝。在延安烈士陵园，矗立着任作民的墓碑，墓碑正面是毛泽东的题词——“任作民同志墓”，上面铭刻：“作民同志为党奋斗二十年如一日，临难不苟，大义凛然，入殓时全身烙刑伤痕宛然，布尔什维克气节与世长存。”

山东首位中共县委书记

——潍县庄龙甲

在山东博物馆的革命文物典藏中，收藏有一具曾沾满共产党人鲜血的铡刀。1928年，中共潍县党组织的创始人，山东首位县委书记庄龙甲就是在这具铡刀之下英勇就义，将大好青春年华永远定格在了25岁。庄龙甲作为中共一大代表王尽美的亲密战友，有着同样的革命追求和信仰。他组织建立潍县第一个党组织——中共潍县支部，创建山东省第一个农民协会，创建山东第一个县级党组织——中共潍县地方执行委员会，参与建立党在潍坊的第一支革命武装——潍县赤卫队，他为潍县的革命斗争流尽了最后一滴血。

〔文〕
张媛

王尽美同志的左右手

庄龙甲（1903—1928 年），字鳞森，山东潍县庄家村人。1921 年中国共产党成立之年，正是庄龙甲从潍县毓华高小毕业之时。他天资聪颖、勤奋好学，同年考入济南的山东省立第一师范学校。当时省立一师是全省爱国学生运动和新思想、新文化传播的阵地。由于志同道合，庄龙甲与同在一师的王尽美共同学习，并接受了马列主义思想，走上了革命的道路，是济南早期党组织的主要创建人之一。1923 年夏，他经王尽美介绍加入中国共产党，在学生中积极开展党的活动，协助王尽美做了大量工作，被称为“王尽美同志的左右手”。同年秋，庄龙甲担任中共省立一师第一任党支部书记。

在省立一师读书期间，庄龙甲成立了“书报介绍社”、“读书会”等宣传党的革命思想的进步社团，启发了不少进步青年的革命觉悟。积极发展学生党员，扩大党的基层组织队伍。1924 年五四运动五周年纪念，庄龙甲冲破齐鲁大学教会势力的阻挠，以济南学生联合会负责人的身份奔走于大、中学校组织学生参加纪念活动。

潍县第一个党支部创建者

1925 年初，庄龙甲遵照中共山东省地方执行委员会和国民党山东省党部派遣，以农民运动特派员的身份回到家乡潍县，开辟党的工作。从此，庄龙甲脱离了学生生活，成为一名职业革命者。

1925 年的潍县，归属统治山东的封建军阀张宗昌。对外投靠日本帝国主义，对内残酷压迫剥削山东人民，导致民不聊生。庄龙甲扎根在毓华高小，以代课教师的身份在学校老师和学生群体中宣传革命思想，在学生中发展党、团员。1925 年 2 月成立由中共山东地方执行委员会直接领导的潍县支部，也是潍县第一个党组织，庄龙甲任书记。庄龙甲为革命事业不辞辛劳地奔波，很快就在当地工人、农民、教师和学生中，培养了大批党员和积极分子，潍县城关和东关乐道院、广文中学、坊子和二十里堡车站及南屯、茂子庄、曹庄、北乡牟家院、小庄子等村镇，相继建立了党的组织。经过一年多的活动，到 1926 年春，全县党员、团员发展到 200 多人，成立党团支部 11 个，在昌潍安丘边境地区的广大群众中，奠定了坚实的群众基础。1926 年 6 月，中共潍县第一次党员代表大会在茂子庄村召开。会议由庄龙甲主持，他向大会传达了中共山东地执委关于建立潍县地执委的指示，汇报了潍县党组织的发展情况。会议选举庄龙甲为书记。中共潍县地方执行委员会的诞生，是潍坊党组织发展史上的一个新的里程碑。

山东第一位中共县委书记

1927 年 7 月，庄龙甲在潍县全县召开党的活动分子会议，他深刻预见到蒋介石发动的“四·一二”反革命政变给山东带来的影响。会上，他驳斥了参会的丁君羊（后叛党）“国共合作牢不可破”的右倾论调，提出共产党的阶级性和革命任务，明确我

庄龙甲就义时敌人用的铡刀
（山东博物馆藏）

党与国民党的阶级区别，指出当时代表资产阶级的国民党的两面性，为应付新的更加恶化的形势做了思想准备，进一步使潍县党组织认识到依靠群众、发动群众的重要性。1927 年 12 月，中共潍县地方执行委员会改为中共潍县委员会，隶属中共山东省委，庄龙甲担任书记。庄龙甲成为山东第一位县委书记。

大革命失败后，庄龙甲积极贯彻中央“八七”会议精神，开始筹建潍县最早的一支红色革命武装。潍县党组织克服困难，动员自己家人出资购买，或是从散兵游勇手中夺枪，或是策反军阀士兵带出枪支等办法，至 1928 年春终于集中了 40 余支枪，成立了一支革命武装特工队，不久发展为潍县赤卫队。按照省委指示，在 1928 年庄龙甲领导开展了多次抗税抗租、打土豪抢粮食的武装斗争。1928 年 5 月，国民革命军二次北伐入济南，奉系张宗昌弃城逃走，中共山东省委号召趁机夺取败兵武器，建立农民革命武装。

受党内“左倾”冒险主义错误路线影响，革命形势愈加恶化。而此时，庄龙甲因常年为革命事业夜以继日地奔波忙碌，积劳成疾，身染肺病。按照县委的决定，1928 年秋，庄龙甲被转移至安丘杞城村治病，躲避搜捕。期间，庄龙甲仍带病走村串户奔忙，从未间断对县委同志各地工作的指导和安排。由于叛徒告密，庄龙甲不幸于 10 月 10 日被国民党潍县党部的王有德、国民党南流区分部的宋法玉和国民党营长朱昌荣抓捕。面对敌人的残酷刑讯和凌辱折磨，他毫无惧色。10 月 12 日，正逢安丘南流大集，国民党反动派将庄龙甲押赴刑场杀害。在生命的最后时刻，他仍高呼口号：“共产党人从不怕死！”“今天你们杀了我一个，明天会有千百万人站起来”。庄龙甲英勇就义，年仅 25 岁。

庄龙甲牺牲后，他的战友牟洪礼写了一首藏头诗：“老子英雄儿好汉，庄家不收年年盼。死而复生精神在，在与不在何必言。南北东西人知晓，流芳百世万古传。”将噩耗转告战友及亲属，悼念“老庄死在南流”。庄家村派人前去打探消息，并在遗体掩埋处做了记号。中华人民共和国成立后，人民政府将庄龙甲遗体迁葬至潍坊市革命烈士陵园，永远缅怀这位英勇的革命烈士。

星星之火，可以燎原。在潍水河畔，庄龙甲播下的共产主义星火点燃了受压迫被奴役的人们的希望。在庄龙甲的影响下，他的家人和乡亲们陆续走上了革命道路。在轰轰烈烈的革命运动中他们以庄龙甲为榜样，继续发扬着英勇顽强的革命斗志和无惧无畏的民族精神。

红色热土的英雄之子

——威海地区最早的共产党员于子聪

山东胶东，一方红色热土，一座英雄之城。于子聪，胶东地区英雄儿女的典型代表，威海地区最早的共产党员。他宣传革命道理，秘密发展党员，培养革命骨干，播下的革命火种为后来的胶东革命活动打下了坚实的基础。在山东博物馆的珍贵革命文物典藏中，一双他在狱中穿过的棉袜，见证了他作为一名坚定共产党员的初心和使命。

〔文〕

孙艳丽

于子聪，又名于智敏，1900年出生于山东乳山县南黄镇归仁村一个地主家庭，殷实的家庭条件给少时的于子聪接受良好教育提供了机会。1924年，于子聪考入“俄文法政学校”，因与苏英法等国有着频繁的外交活动，较早受到十月革命、中国共产党活动和马列主义的影响。于子聪受到较大触动，萌发了民主主义思想和救国救民的志向，并逐步走上革命道路。

1926年，于子聪考入济南军官学校读书，并于1928年毕业。时值大革命失败，革命重心从城市转向农村，于子聪毕业后接受党组织安排，回到家乡开辟党的工作。他以冯家区南汉村小学教员身份，在当地秘密发展党员，培养革命力量。自1931年起，于子聪先后调九区（现冯家镇、下初镇范围）、十区（现南黄镇、徐家镇及文登小观镇西部）任民兵军事教练，并在学员中秘密发展党员，为革命事业播撒火种。在此期间，于子聪的思想也产生了飞跃性进步，逐渐由一名进步知识分子转变为一名真正的马克思主义者。根据乳山市党史档案记载，1932年8月，于子聪加入中国共产党，成为一名信念坚定的共产主义者。同年，他调任瑞泉中学任教，向学生介绍苏联十月革命，传播马克思列宁主义，激发学生们追求真理、参加革命的热情。为了适应革命斗争的需要，以于子聪为代表的进步人士倡导成立“学生自治会”，进一步提高了学生们的革命觉悟，一批学生从此走上了革命道路。之后，为规避国民党的搜捕，他又先后到上册区八里甸村、夏村的水井、崖子的地口村教学，发展多名党员，为当地革命事业奠定了坚实基础。

1933年于子聪被羁押于济南第一监狱时所拍照片
（山东博物馆藏）

1933年，中共牟平县委在归仁村建立，为掩护革命工作，于子聪在家里办起夜校，党员借夜校活动开会交流，成为重要秘密联络点。于子聪的母亲和妻子也成了革命的坚定支持者。1933年11月，因叛徒告密，于子聪、宋绍九等相继被捕。面对敌人的严刑逼供，于子聪不屈不挠，展现了一名共产党员坚贞不屈的英雄气概，后被关押到济南的“反省院”。期间，他与其他六名党员建立临时党小组，

于子聪狱中穿过的棉袜

（山东博物馆藏）

坚持党的政治生活，秘密组织活动，开展绝食等反抗苛待等狱中斗争活动。恶劣的牢狱生活并没有消磨掉于子聪坚强的革命意志，他利用每天放风时间获取狱外党组织的指示精神，传递情报，鼓励狱友坚持斗争，坚定革命信念，坚信在共产党的领导下，中国人民总会迎来当家做主的那一天。

1937 年 7 月 13 日，因国共合作，济南反省院释放在押革命人士。此时，5 年艰苦的牢狱生活几乎透支了于子聪年轻的身体，因严重胃病和腿疾无法正常站立和行走，革命必胜的信心却更加坚定。他继续同胶东特委保持密切联系，积极开展革命工作。正值党组织酝酿天福山起义，他积极投身于组织、策划天福山起义工作，以自己的家为掩护建立交通联络站，为天福山起义胜利打响胶东革命队伍抗日战争第一枪，付出了常人难以想象的艰辛，做了大量保障工作。

1938 年 2 月，疾病缠身、积劳成疾的于子聪逝世。去世前，他用仅有的力气向组织交代了所有的工作，安心离去。受于子聪生前影响，叔兄于慎斋、叔弟于智海、于智言都纷纷走上了革命道路。之后，于子聪的妹妹、女儿、儿子、孙子先后加入中国共产党，一代代传承红色基因，一步步跟随他的红色足迹，在一条光明、正确的道路上继续奋勇前行。

血火岁月，百炼成钢。

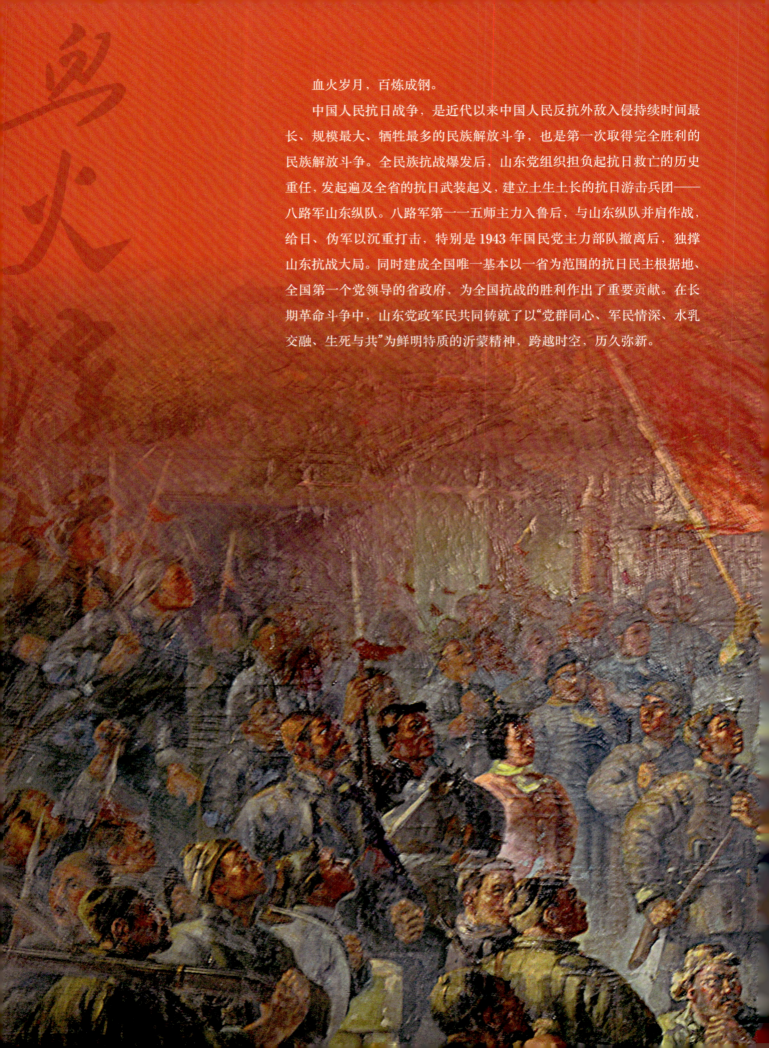

中国人民抗日战争，是近代以来中国人民反抗外敌入侵持续时间最长、规模最大、牺牲最多的民族解放斗争，也是第一次取得完全胜利的民族解放斗争。全民族抗战爆发后，山东党组织担负起抗日救亡的历史重任，发起遍及全省的抗日武装起义，建立土生土长的抗日游击兵团——八路军山东纵队。八路军第一一五师主力入鲁后，与山东纵队并肩作战，给日、伪军以沉重打击，特别是1943年国民党主力部队撤离后，独撑山东抗战大局。同时建成全国唯一基本以一省为范围的抗日民主根据地、全国第一个党领导的省政府，为全国抗战的胜利作出了重要贡献。在长期革命斗争中，山东党政军民共同铸就了以"党群同心、军民情深、水乳交融、生死与共"为鲜明特质的沂蒙精神，跨越时空，历久弥新。

第三章

血火淬炼

昆嵛传奇

——于得水

于得水在战火纷飞的年代出生入死，屡建奇功，为建立和发展胶东革命根据地做出了卓越贡献。1937年12月24日，他带领华北地区唯一的红军队伍——昆嵛山红军游击队，挥师天福山，打响了胶东抗战第一枪。他一生七次负重伤、十三次受嘉奖、九死一生的战斗经历，让他始终不忘自己从人民群众中来，为了人民的幸福生活而出发，“鱼水情长”永不分。

〔文〕张小松

于得水（1906—1967年）山东省威海市文登区铺集镇洛格庄村人，原名于作海。他自幼喜欢武术，并通过自己的刻苦用功，练就了一身的好功夫。在旧社会各种反动势力压榨下的贫苦生活中，于得水慢慢地产生了为穷苦人争取权利的念头。

1931年6月，于得水通过熟人结识了中共秘密党员邹青言，经他的介绍加入了农民协会。此后，在与邹青言的交往中，于得水逐渐感受到了共产党员伟大的革命精神，他对共产主义也有了深刻的认识，产生了想要加入共产党的想法。1933年春天，他正式加入了中国共产党，并拉起十多人的武装，秘密活动于牟平、文登、海阳一带。由于他频繁打击敌人，伪县政府几次悬赏通缉他。1934年，党组织为了于得水的安全，让他前往东北地区活动。于得水利用做工和当拳师的合法身份，继续进行革命活动，宣传党的主张。

“一一·四”暴动总指挥部旧址

1936 年胶东游击队领导人于得水使用的雨伞
（山东博物馆藏）

1935 年 1 月，胶东特委根据指示，决定发动农民武装暴动，并在昆嵛山东麓积极进行武装暴动的筹备工作。于得水在接到组织的指示后于当年的 6 月秘密返回文登进行暴动前的准备工作。1935 年 11 月 29 日（农历十一月初四），震惊一时的“一一・四”暴动爆发。暴动指挥部设在昆嵛山的无染寺。

暴动计划由文登、荣成、牟平、海阳四县联合行动。每县成立一个大队，加上特委的特务大队（三大队），共五个大队。于得水负责特务大队，任大队长。他带领特务大队部分队员一路疾行，通过化装和改扮商贩、走亲戚，躲过了敌人沿途的盘查，最终智取了人和镇公所，致使鹊岛盐务局和黄山、高村区公所的敌人也仓皇出逃，收缴长短枪支五六十支和几千发子弹。与此同时，其他大队也一路打土豪、分粮食，夺取地主枪支。“一一・四”暴动是土地革命战争时期中国共产党在胶东地区领导的规模最大的一次武装斗争。如火如荼的暴动引起了国民党的极大恐慌，国民党当局调集国民党第 81 师以及其他地方武装共三四万人对暴动队伍进行了疯狂的镇压。同时，由于暴动队伍的武器装备与敌人相差悬殊，人员也缺乏战斗经验，最终暴动失败了。

“一一・四”暴动队伍被打散后，于得水并没有因此而丧失对革命的信心。在他的带领下，队员开始有计划地进入昆嵛山区，并逐步会合其他幸存队员。经过简单的整顿并报胶东特委的批准，成立了昆嵛山红军游击队，由于得水任大队长。依托昆嵛山山高谷深，层峦叠嶂，游击队采取集中和分散，公开和秘密的方式不断打击敌人。1936 年初，他决定在昆嵛山的老蜂窝举办训练班，学习《苏联革命经验》与《中国工农红军游击战术》等小册子，对提高部队整体素质、鼓舞大家的斗志起到了积极的作用。

在艰苦的自然环境以及缺医少药的恶劣情况下，于得水始终秉持着崇高的革命理想以及高涨的革命热情和乐观主义精神，不断地在斗争中总结经验。昆嵛山红军游击队成为在土地革命时期山东唯一的红军武装、中国北方仅有的两支红军武装之一，是山东党组织在严酷环境中红旗不倒的重要标志，作为革命的火种保证了山东革命的延续和发展。

1937 年 12 月 24 日，胶东特委在天福山举行抗日武装起义，以昆嵛山红军游击队为基础组建“山东人民抗日救国军第三军”，于得水任山东人民抗日救国军第三军第一大队大队长。1938 年 9 月 18 日，山东人民抗日救国军第三军改编为八路军山东人民抗日游击队第五支队，于得水被任命为六十三团团长。1945 年 8 月，任东海军分区司令员兼烟台警备区司令员。1949 年 4 月，率部南下，任浙江军区第六军分区司令员。1955 年授大校军衔。

当民族陷入危难，总有一种精神，在磨砺中奋进，在艰难中进取。无数英雄儿女为了国家解放和民族独立，不怕牺牲、前赴后继，将“家国情怀”和“绝对忠诚”镌刻在红色的热土上。时空在变迁，英雄主义也被赋予了不同的内涵，但英雄精神必将代代相传。

天福英雄是理琪

天福英雄是理琪，献身革命国忘私。
当年猛打雷神庙，今日高标星宿旗。
万代东风吹海陆，一方化雨仰宗师。
文登多少佳儿女，接力还须步伐齐。

——郭沫若

〔文〕
孙芳

理琪是谁？他是天福山起义的组织者和领导者，是这支革命队伍的灵魂人物。

临危受命建设胶东党组织

理琪（1908—1938 年），原名游建铎，河南太康县游庄村人，16 岁赴开封圣安德烈中学读书，期间接受进步思想影响，1925 年加入中国共产党，受党组织的安排，回到太康县开展革命斗争。在党的国共合作方针下，理琪参加了国民党太康县党部的筹建工作；同年 9 月，理琪奉命考入冯玉祥在开封举办的西北军无线电学校，毕业后在冯玉祥部队任电台报务员，以报务员身份隐藏在国民党部队里从事党的地下工作。1931 年，理琪随部到江西，用自己的无线电专业技术为苏区红军提供情报，帮助红军成功粉碎国民党的军事“围剿”。1934 年理琪又被派往上海从事地下党工作。即使面对险恶的政治和生活环境，理琪从未放弃为党工作的信念。1935 年下半年，理琪与党组织失去联系，后经多方努力，他终于在 1936 年春与党组织取得联系，并接受河南省委组织部部长邓汝训的推荐，临危受命到山东胶东开展党组织重建工作。

胶东指胶莱河以东地区，东南北三面环海，处在山东半岛的最东端，与辽东半岛隔海相望，是拱卫平津的门户，战略地位十分重要。抗日战争初期，胶东地区共 22 个县， 800 万人口。此时的胶东正处在“一一·四”农民暴动被镇压后恶劣的政治环境中，胶东特委受到严重破坏，形势艰难严峻。理琪来到胶东后，便日夜不停地了解情况，听取汇报，同大家一起分析总结了“一一·四”暴动失败的经验教训。在整顿党的组织的基础上，成立了以他为首的胶东临时特委，领导胶东的革命斗争。理琪以胶东特委的名义亲自起草了《胶东特委给各级党同志的一封信》。这封信不但传达了 1936 年 5 月山东省委重建时确定的任务精神，而且对于胶东党组织的恢复建设和胶东革命事业的发展发挥了重大的思想指导作用，也为即将到来的抗日战争从组织上和思想上做了充分准备。直到理琪牺牲后的 1938 年夏季，中共胶东特委还重新印发这个文件供各级党组织学习。经过理琪和临时特委的努力，党内的思想得以统一，胶东各级党组织相继得到恢复和发展，扭转了“一一·四”暴动后的危难局面。

理琪画像

1936 年时任胶东特委书记的理琪起草的《给各级党同志的一封信》
（山东博物馆藏）

理琪曾使用过的墨盒
（山东博物馆藏）

虽然理琪在胶东工作战斗的时间只有22个月，但在他的努力工作下，恢复重建的胶东党组织成为地区抗日救亡的领导核心，并组织发动天福山抗日武装起义、建立抗日人民军队，为胶东革命斗争做出了历史性的重大贡献。

领导天福山起义树起胶东抗日人民武装的第一面旗帜

1937 年 7 月 7 日，卢沟桥事变的爆发标志着中国进入全民族抗日战争时期。经山东省委的组织营救，1936 年 12 月由于变节者出卖而入狱的理琪于 1937 年 11 月出狱，并被派回胶东担任原职。党组织要求他迅速恢复与健全胶东特委，在大力发展抗日救国会的基础上组织抗日武装起义，番号序列是山东抗日救国军第三军。肩负着党的重托，在胶东三百名党员和八百万人民的热切盼望中，理琪重返胶东，投身到为民族解放而献身的伟大事业里。

天福山因自古就有“天赐福地”之称而得名，位于山东省文登县（今文登市）城以东 20 公里处，平均海拔约 110 米，主峰老崮顶 369.3 米，与昆嵛山遥相对峙。80 多年前的那次抗日武装起义使地处文（登）荣（成）威（海）三地交界处的天福山声名远扬。

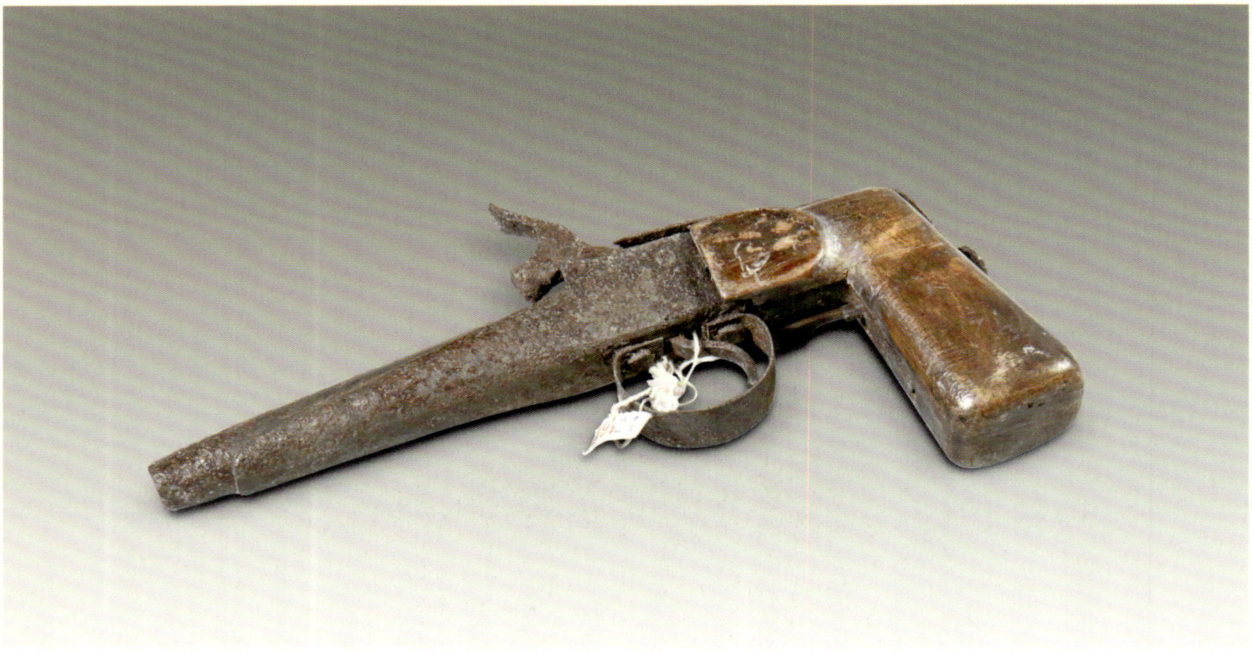

中共胶东特委书记理琪在领导天福山抗日武装起义时使用的手枪
（山东博物馆藏）

1937年12月，日军向胶东进犯，占领了青岛、烟台等地。根据北方局和山东省委的指示，中共胶东特委决定利用天福山的有利地形和良好的群众基础，立即举行起义。1937年12月24日，理琪领导中共胶东特委在天福山上发动的“天福山抗日武装起义”，创建了“山东人民抗日救国军第三军”，树起胶东人民武装抗日的第一面旗帜，为中国人民的抗日解放事业谱写了不朽的历史篇章。1938年9月18日，“第三军”在掖县沙河镇编为八路军山东人民抗日游击第五支队，正式纳入八路军战斗序列。这支英雄的武装在战斗中不断壮大，发展成为中国人民解放军原第27、31、32、41四个军，涌现出“潍县团”“济南第一团”“济南第二团”“塔山英雄团”“白台山英雄团”“塔山守备英雄团”等著名英雄团体。从此，抗战的烽火以燎原之势点燃，席卷胶东半岛，为全国抗战胜利做出了不可磨灭的贡献。随着这支武装不断发展壮大，从胶东半岛走出了一批又一批英勇善战、不怕牺牲的革命队伍，诞生了一支又一支会打胜仗、能打硬仗的英雄部队。从此，红色的基因在这些革命军队代代传承延续。

血洒雷神庙打响胶东抗击日军第一枪

在天福山首义的影响下，胶东各地党组织在特委领导和指导下，纷纷组织武装起义。莱阳、蓬莱、即墨等地先后起义，第三军的革命队伍不断壮大。1938年2月初，胶东军政委员会成立，理琪任主席，吕其恩任副主席，林一山任政治部主任。同时成立了由理琪任司令员的“山东人民抗日救国军第三军司令部”，胶东人民军队领导机关初见雏形。

1938 年雷神庙战斗保留下的
弹痕累累的庙门板
（山东博物馆藏）

1938年2月初，日军三千多人自青岛侵占烟台，在牟平成立伪政权。为了打击日军的嚣张气焰，理琪主持召开胶东特委紧急会议，决定攻打牟平城。2月13日拂晓，理琪率部队悄然来到城下，以100余人的兵力，突然对牟平县城发起袭击，将日军刚刚扶植起来的伪县长、伪公安局长、伪商会会长和维持会长等170余人全部俘获，缴获枪支100余支。战斗结束后，攻城部队陆续撤至城南雷神庙。晌午时分，特委领导正在庙内开会，驻烟台日军在飞机的掩护下，向雷神庙疯狂扑来。当时庙内只有与会领导及特务队22人。面对数十倍的敌人，理琪指挥部队英勇奋战，打退了敌人一次又一次进攻。在指挥战斗时，理琪不幸腹部连中三弹、血流不止，仍坚持指挥、全心迎敌。天黑以后，固守雷神庙的队伍在外围部队赶来支援下胜利突围，然而理琪却因伤势过重光荣牺牲，年仅30岁。雷神庙门板上的累累弹痕让我们不难想象当时战斗之激烈，也更加敬佩和怀念理琪这位党培养的优秀领导人和坚定的革命者！

雷神庙战斗在胶东人民革命斗争史上写下了光辉的一页，意义重大：打响了胶东抗击日军侵略的第一枪，鼓舞和坚定了胶东军民抗战必胜的信心，也使刚组建的胶东抗日武装经受住了严峻考验，用鲜血的代价换来对日实战的宝贵经验教训。

理琪与千百万胶东优秀儿女一起，以自己的鲜血和生命，铸造了不朽的胶东抗日精神。这种爱祖国爱人民、凝聚着崇高的革命英雄主义和爱国主义的胶东抗日精神，是我们中华民族的灵魂和脊梁。直到今天，它还在激励着每一个中国人自强不息、拼搏进取，为建设和平、幸福、美好的家园而奋斗。

碧血丹心 齐鲁『洪涛』

〔文〕
李娉

洪涛是抗战时期来到山东、发动徂徕山抗日武装起义的领导人之一。徂徕山抗日武装起义发挥了山东抗战的源头作用、山东抗日队伍的种子作用。无数像洪涛一样优秀的指战员、共产党员，为民族解放事业冲锋陷阵、身先士卒。他们是民族革命的先驱，在齐鲁大地铸就了不朽的历史丰碑。

洪涛（1912–1938年），原名洪迂（裕）良。江西横峰人，1930年2月加入中国共产党。徂徕山起义主要领导人之一，山东人民抗日游击第四支队司令员。

洪涛出身贫寒之家，自小为地主家放牛做长工，受尽凌辱打骂，苦难的经历亦磨炼了他爱憎分明的志向。1926年横峰县在共产党的领导下成立了农民协会，发起了土地革命运动。1927年洪涛加入共青团，担任团支部书记。1928年他参加了中国工农红军，从战士升为班长、排长、连长、营长。1933年组织派他到瑞金教导团学习深造。第五次反围剿时，洪涛任一方面军方志敏部团长。1934年10月随红军参加长征，于1935年到达延安。

洪涛

全面抗战爆发后，至1938年5月19日徐州失守，山东全境沦为敌后。日军铁蹄所至，山河破碎，生灵涂炭。为创建革命根据地，开展抗日游击战争，1937年11月，洪涛受党中央委派从延安来到山东。在中共山东省委领导下，他会同黎玉、林浩等人组织领导了徂徕山抗日武装起义。

1938年1月1日，来自省委机关、平津济南流亡学生和泰安县抗敌自卫团民众约160余名抗日志士，聚集在徂徕山四禅寺举行起义誓师大会。起义建立了八路军山东人民抗日游击第四支队和山东西区人民抗敌自卫团两支革命队伍。洪涛为司令员，黎玉为政委，林浩任政治部主任。1938年2月下旬，洪涛和林浩等人带领部队前往莱芜、博山、淄川一带活动，开辟以莱芜为中心的抗日根据地。自成立起，党领导的这两支革命武装不断发起交通破袭战，伏击日军，并陆续与新泰、临沂等地的抗日武装会合，不断发展壮大。

洪涛的事迹在文史资料中所载不多，但据林浩后来所撰的回忆录，为我们展现了当年这位共产党人的英勇不屈和果敢意志。回忆录载“洪涛同志不但能打仗，而且还善于做思想政治工作。尽管他是农民出身，识字不多，但讲起话来，寥寥数语，简明生动，针对性强，很能提高士气。每逢战前、战后，他总要讲上三五分钟，用铿锵有力的语言给大家以信心和力量。当时，四支队的同志们都很佩服洪涛的才能，就连支队里的大学生也很愿意听他讲话。作为一个指挥员，他更懂得言传身教的重要。冲锋陷阵他身先士卒，遇到紧急情况，他沉着冷静，挺身而出。部队撤退，他总是留在后面，担任掩护。

洪涛在徂徕山起义中使用的砍刀
（山东博物馆藏）

油画《徂徕山起义》
（山东博物馆藏）

当时经常与日伪军激烈作战，加上根据地医疗条件很差，洪涛肺部旧伤复发并急剧恶化，终日发烧咳嗽。洪涛躺在担架上，一边行军，还一边研究工作。一遇到敌情，他便挣扎着从担架上爬起来，让警卫员扶着一起观察敌情，商量对策。”

1938年5月初，四支队在莱芜城鲁西镇以东与日伪军展开激战。洪涛不顾伤病，亲临阵地前沿从容不迫指挥战斗，直到战斗胜利。战后洪涛的伤病更加恶化。5月25日部队行进到泰安劝礼村时，洪涛已几乎病重不治。当日深夜，洪涛大口吐血，当晚牺牲，年仅26岁。在林浩怀念洪涛的文章中他对那天晚上的描述：“深夜，天黑漆漆的，苍天和大地浑然一体，四野茫茫全都笼罩在一片悲痛之中……”

无数像洪涛一样优秀的指战员、共产党员，他们是民族革命的先驱。他参加的徂徕山抗日武装起义发挥了山东抗战的源头作用、山东抗日队伍的种子作用，打响了山东省委独立领导山东抗战的第一枪，揭开了山东省党组织独立自主领导抗战的序幕。

徂徕号令 群山响应

——程鹏使用的土手枪

1938年1月1日爆发的徂徕山抗日武装起义，是山东省委直接领导的抗日武装起义，也是山东全境影响最大的一次抗日武装起义。山东博物馆珍藏着一把土手枪，国家一级文物，是曾任泰安县县长程鹏在参加徂徕山起义时使用过的。这把土手枪见证了共产党领导山东人民奋起抵抗侵略，打响山东抗日第一枪的英勇壮举。

〔文〕杨秋雨

1937年10月，日军入侵山东，国民党军大肆溃逃，山东局势日益紧张。根据中共中央关于在敌后放手发动群众、开展独立自主游击战争的指示，北方局提出“脱下长衫，到游击队去”振奋人心的号召，山东党组织抓住有利时机，发起冀鲁边、鲁西北、天福山、黑铁山、徂徕山、泰西、鲁南、湖西等十余次抗日武装起义。从泰山南北到黄河两岸，从胶东半岛到鲁西平原，抗日烽火燃遍齐鲁大地。到1938年5月，这些抗日武装对敌作战100余次，攻克县城15座，赢得了广大人民群众的拥护。

徂徕山上揭竿起

徂徕山方圆160华里，地处山东中部，在泰安、莱芜、新泰、泗水四县之间，位于泰安县城东南30公里处，四周群山环绕，构成天然屏障。徂徕山的有利地形便于与全省其他各地区进行联系，战略位置非常重要。1937年12月31日，日军侵占了泰安。就在泰安城沦陷的第二天，即1938年1月1日清晨，在徂徕山上，一面绣有镰刀、斧头和“游击”二字的红旗，在初升朝阳的照耀下高高飘扬。

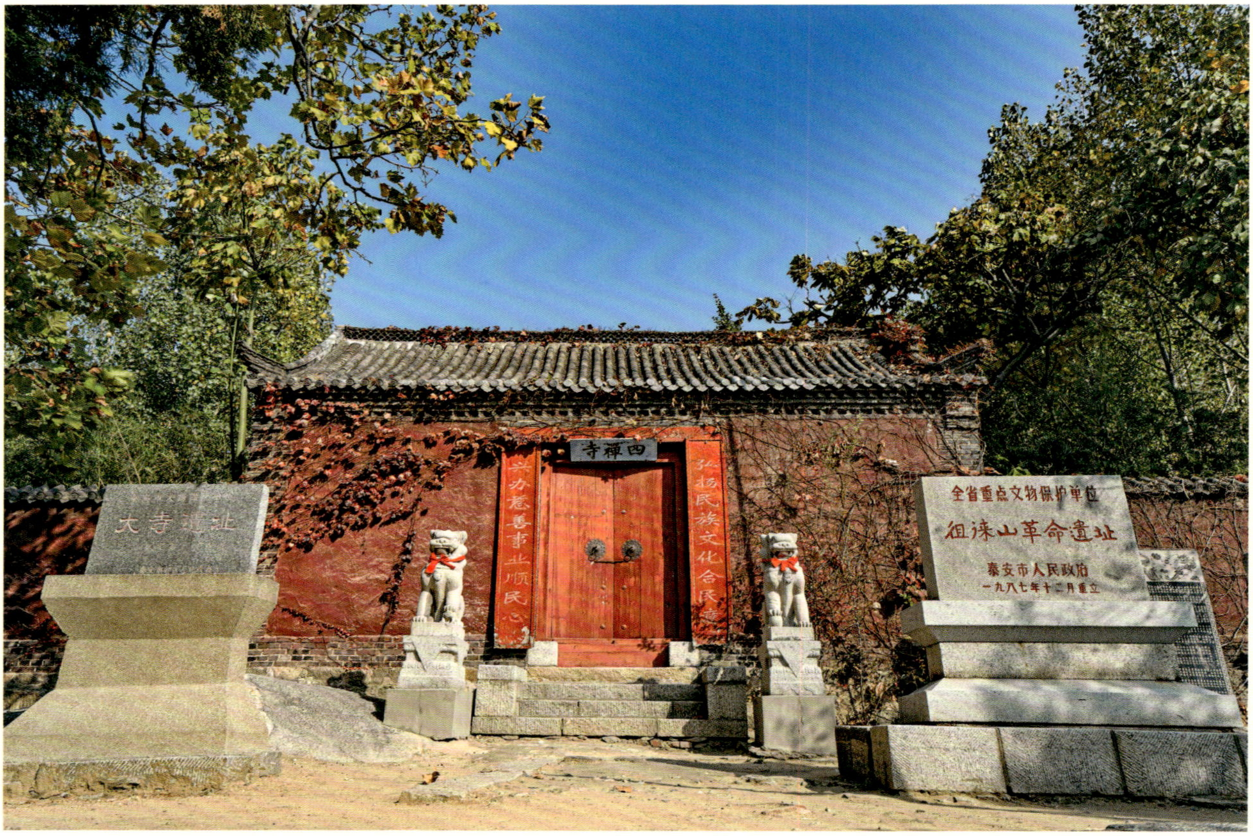

徂徕山抗日武装起义旧址（四禅寺）

各地赶来的160余名抗日志士，携带着五六十把各式枪支和长矛、大刀等武器，聚集在徂徕山西麓的四禅寺，举行庄严的起义誓师大会。中共山东省委书记黎玉代表山东省委正式宣布起义，成立八路军山东人民抗日游击队第四支队，洪涛任司令员，黎玉兼政治委员，赵杰任副司令员，林浩兼政治部主任。随后，参加起义的人员被编为两个中队：省委机关，平津、济南流亡学生和泰安县委，泰安县人民抗敌自卫团等共90余人编为第一中队；赵杰等在山阳、封家庄一带发动的50余人编为第二中队。参加起义的10余位女同志组成宣传队。一时间"誓死不当亡国奴!""坚决把日本侵略者赶出中国去!"的口号声、欢呼声响彻徂徕山。

徂徕山起义后，部队转移至徂徕山东麓的光化寺，莱芜、新泰等地起义人员纷纷赶来会合。1月8日，莱芜县委在莲花山发动起义的60余人前来会合，编为第三中队，新泰县委发动起义的50余人编为第四中队。经过广泛宣传和动员，起义部队迅速壮大，发展至400余人，成为一支初具规模的抗日队伍。拿起武器的广大人民群众在极其困难的条件下，与装备精良的侵略者进行了一场场殊死的战斗，沉重打击了日军的嚣张气焰。

土枪土炮立伟功

徂徕山起义参加者之一的程鹏，又名程子源，山东泰安县山阳村人。1924年参加冯玉祥部队任连长，1932年任泰安县六区区长。1938年参加徂徕山抗日武装起义，同年参加中国共产党。先后任八路军山东人民抗日游击队第四支队中队长、二团副团长、独立团团长，泰安县抗日民主政府县长，沂蒙专署专员兼支前司令。新中国建立后，先后任浙江省民政厅厅长、党组书记，省人民委员会视察室副主任等职。

泰安和新泰的公路是日军运送兵力的交通要道。1938年1月26日，第四支队决定在寺岭伏击日军。当天一早，赵杰副司令和程鹏就带着部队埋伏在寺岭村附近的公路旁，不多会儿，日军乘着汽车押着物资来了。一声令下，士气高昂的战士们用土枪和土炮猛烈射击和轰炸。战斗了不到10分钟，日军便把7具日军尸体拖上汽车逃走了。2月18日，第四支队又在新泰四槐树巧妙设伏，炸毁日军军车2辆，炸死炸伤日军40余人。在起义后的一个多月时间里，第四支队连战皆捷，连续取得寺岭伏击战和四槐树伏击战的胜利，进一步扩大了抗日游击战的声势，极大地鼓舞了山东军民的抗战士气。至1938年4月底，队伍发展到4000余人，成为鲁中地区乃至山东境内的重要抗战力量。

所谓土手枪，即指非制式生产的手枪。抗战期间，由于敌人的封锁，我方物资设备极度匮乏。这种土手枪即以外国制成手枪为模版，利用简单的车床工具进行仿制。虽然质量不及外国手枪，但在实战中能发挥较好的作用。在抗日战争中，这把土手枪一直跟随主人程鹏和战友们浴血奋战，见证了徂徕山下起义的齐鲁优秀儿女，顶着枪林弹雨揭竿而起，为民族独立、人民解放，毅然投身战斗洪流，奋勇杀敌。

程鹏使用的土手枪
（山东博物馆藏）

山东抗战源头聚

1938 年 12 月，八路军山东纵队成立，山东人民抗日游击队第四支队被编为八路军山东纵队第四支队。此后，徂徕山起义武装正式纳入了八路军序列，在党中央和八路军总部的领导下，在人民群众的爱护和支持下，在艰苦的抗日战争中，从弱到强，从小到大，不断发展壮大起来。

徂徕山抗日武装起义创建了“八路军山东人民抗日游击队第四支队”和“山东西区人民抗敌自卫团”两支革命队伍，成为山东抗战的重要军事力量。这支队伍北上南下，东征西战，为中国抗日战争和解放战争的胜利做出了重要贡献。徂徕山抗日武装起义是山东省委直接发动领导的起义，发挥了山东抗战的源头作用、山东抗日队伍的种子作用，在山东首次打出了八路军的旗号，打响了山东省委独立领导山东抗战的第一枪，揭开了山东省党组织独立自主领导抗战的序幕，也为今后陆续发动鲁东南、鲁南区和湖西（微山湖）等地区抗日武装起义积累了宝贵经验。

英雄·母亲——陈若克

“在各种纪念会上，都有妇女讲话，而且讲得很好。同时还发动了妇女进行帮助军队募捐慰劳等工作，像胶东的三套运动（耳套、手套、脚套）、献金运动、棉衣运动，都是光辉的例子……”1940年7月，在山东抗日根据地召开的山东省联合大会上，一位年仅21岁的女青年慷慨激昂地演说着。她就是山东抗战史上的巾帼烈士陈若克，她更是一位可敬可叹的英雄母亲。

〔文〕刘宁

陈若克（1919—1941 年），祖籍广东顺德，出生于上海普通家庭。因父亲病逝，11 岁时陈若克不得不承担起家庭重任，进入上海的外商纱厂做工。正是这繁重、艰苦的生活，锤炼了她的意志与品格，让她投身到风起云涌的工人运动中。抗日战争全面爆发后，她历任中共中央山东分局妇委会委员，山东省临时参议会驻会议员，山东省妇女救国联合会常务委员、执行委员等职务。陈若克从事妇女工作时，发动妇女参加抗日救国会、识字班和姐妹剧团，唤醒广大妇女投身抗日事业。她组织编写妇女刊物，培养、选拔妇女干部，对当时山东妇女工作起到积极推动作用。

陈若克与朱瑞（右）

在革命工作中，陈若克遇到了志同道合的爱人——随后担任中共中央山东分局书记的朱瑞。1939 年陈若克随朱瑞由太行山辗转到达山东沂水王庄，与丈夫一起并肩战斗。如今在山东沂蒙党性教育基地，人们可以看到这样一张泛黄的老照片。照片上，温煦的阳光下，陈若克与丈夫朱瑞席地而坐，一同笑对镜头。

1940 年，在日本侵略者对山东抗日根据地进行扫荡的艰难时期，山东省联合大会在沂南县青驼寺隆重召开了。大会选举成立了省级行政权力机关——山东省战时工作推行委员会（简称省战工会）和山东省临时参议会，标志着共产党领导的抗日民族统一战线的省级政权的建立，统一的山东抗日民主根据地的形成了！陈若克作为妇女界代表出席了这次重要的大会。大会选举产生了山东省妇女救国联合会，陈若克当选为山东省妇女救国联合会执行委员和常务委员，并作《山东妇女运动的新任务》的演说报告。她在报告中全面地总结了 1938 年至 1940 年山东妇女工作的基本情况，提出了新时期普遍深入地开展妇女工作，培养和选拔妇女干部，建立各级妇女组织、发动妇女参加抗战等项任务，对促进山东全省妇女工作的开展，起到了重要的指导作用。

翌年，大会的报告合集由大众印书馆出版，就是这本《山东省国大代表试选复选大会、山东省临时参议会成立大会、山东省工农青妇文化各界代表大会、山东省总动员委员会成立大会联合大会特刊》（简称《联合大会特刊》）。《联合大会特刊》收集了在联合大会上作报告的所有领导人的讲话稿，其中就有陈若可的这篇长达 2 万余字的报告，是她领导山东抗日根据地妇女运动的实践总结和思想结晶。《联合大会特刊》同时刊登了山东抗日根据地行政机关和群众团体所有领导成员名单，是山东抗日根据地政权的绝密资料。特刊发行量很少，山东境内收藏目前所知仅有两本。除已知的沂蒙母亲王换于冒死保存后捐赠给山东省档案馆的一本外，山东博物馆收藏了珍贵的另一本。

1941 年 11 月，日军集中约 5 万人对山东抗日根据地的中心鲁中沂蒙区进行扫荡，企图歼灭在沂蒙地区的山东党政军领导机关和主力部队。当时已有 8 个多月身孕的陈若克跟随山东第一旅二团的加强排隐蔽于蒙阴东北的大崮山。她与朱瑞结婚三年多，他们的第一个孩子生下时，正值鬼子“扫荡”，孩子因患重病无法医治而死。这次又赶上鬼子大“扫荡”，形势更加恶劣。面对日军的轮番轰炸，为保存实力，我军主力部队于11月7日晚自大崮山撤退。陈若克挺着孕肚挣扎着起身，因行动不便，在身边

1940 年 7 月山东省联合大会在沂南开幕场景

警卫员去找寻老乡支援时，不幸遭遇了搜山的日伪。正值初冬时节，陈若克因上身穿着沂蒙当地老百姓很少会穿的毛衣而引起日伪怀疑，很快被押送至位于沂水的日本宪兵司令部。

面对敌人的审讯，陈若克冷静自若，她态度决绝地表明自己的抗日身份和立场，并表示自己和丈夫都是抗日的，甚至不惜绝食以求速死。对此，朱瑞后来曾有过真实的叙述："因为她'十分无礼'，一开始便遭到了敌人的毒打。且从被捕之日起，她便立意绝食一直到她的牺牲。被捕后的两天或三天，孩子生下来了。曾为她接生的村里大娘说，她已遍体鳞伤，但她还是镇静、倔强，冰铁一般，默默无言。"对陈若克，日军采取软硬兼施的审讯策略，他们先是将柔弱的陈若克铐起来毒打，泼冷水，在她身上压杠子……几经残忍折磨，陈若克在牢中早产下了一个女婴，极度虚弱的她没有一滴母乳可喂婴孩。见陈若克油盐不进，日军又用利诱的方式企图让陈若克投降。他们利用母亲怜惜孩子的天性，拿来了牛奶，称只要说出党组织的秘密，就可以让陈若克喂养婴儿。孩子饿得几乎哭不出声，干瘪的小嘴一张一合地翕动着。面对嗷嗷待哺的女儿，陈若克心中万分的怜惜和疼爱。然而，陈若克清楚地明白，国家尚未独立，民族尚未解放，中国的土地上还有许许多多的母亲和孩子都在日本侵略者的蹂躏下丧命。作为一名党员，一名坚决抗日的革命者，无论如何都不能屈服和投降。她忍住悲痛紧紧地搂住自己的女儿，誓和敌人斗争到底。她打翻了日伪送来的牛奶，艰难地揽过孩子，咬破自己的手指，把流着血的手喂到女儿的小嘴里，说："孩子，你来到世上，没有吃妈妈一口奶，就要和妈妈一起离开这个世界，你就吸一口妈妈的血吧！"

面对英勇无畏、心坚如磐的陈若克，敌人审讯工作毫无进展。无计可施而恼羞成怒的日伪决计处死陈若克。临刑前周围有好心的老乡想收养她的女儿，陈若克婉言谢绝了。她紧紧抱着孩子，在她看来，整个民族都在苦难之中，落在残暴的日本人手中，孩子也难保住，更会成为敌人要挟丈夫朱瑞的砝码，索性拼上一块血肉，让日本人知道中华民族是不可战胜的！凶残的敌人在她和孩子身上连捅20多刀，甚至残忍地砍下了陈若克的头颅当街示众。陈若克为革命奉献的灿烂年华永远定格在了22岁。

1942年7月7日在抗战五周年纪念日，陈若克的丈夫、山东分局书记朱瑞撰写了《悼陈若克同志》，沉痛缅怀亡妻之辞字字泣血：

"她死得太早，是革命的损失！妇女的损失！也是我的损失！因为我们是衷心相爱的夫妻和战友啊！但她的死又是党的光荣！妇女的光荣！也是我的光荣！因为她和我们前后的两个孩子，都是为革命而牺牲了……"

"让我们的心里永远连结着亲爱与仇恨，一直斗争到最后的胜利吧！我们的一切流血牺牲，都将在最后胜利中取偿！让中华民族的一切好儿女，永远不要忘记被压迫民族长年累月苦难的深仇大恨，坚持地奋斗下去吧……"

一寸山河一寸血。陈若克将满腔爱国热血洒在了沂蒙的红色热土。正是有无数像陈若克一样

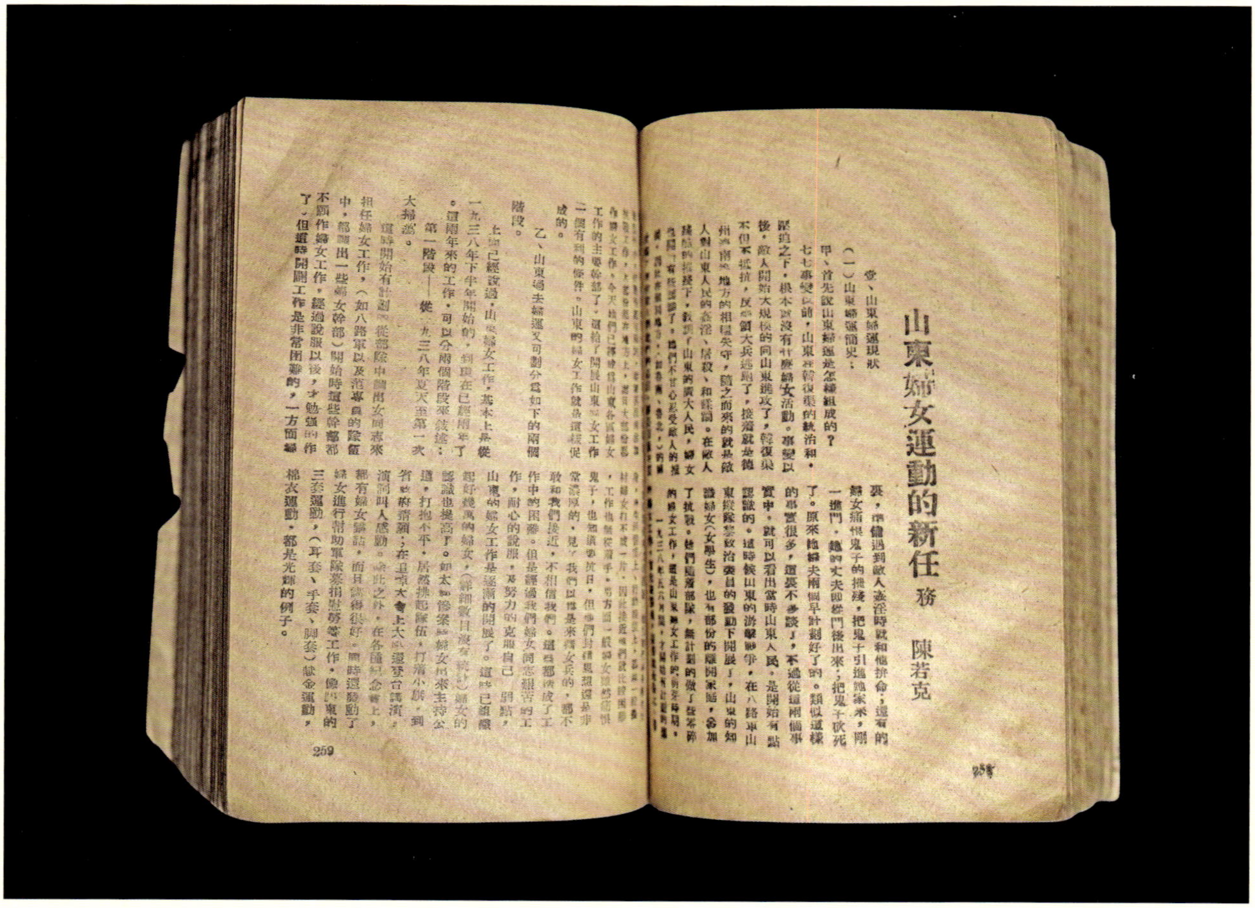

《联合大会特刊》
（山东博物馆藏）

坚毅刚强的英雄儿女，才有中华民族夺取抗战最后胜利的希望。1953年，陈若克的遗骨迁至沂南县孟良崮烈士陵园。2014年8月29日，陈若克被列入国家民政部公布的第一批在抗日战争中顽强奋战、为国捐躯的300名著名抗日英烈和英雄群体名录。

巾帼功勋

——沂蒙大地上的红嫂

在抗日战争和解放战争的峥嵘岁月里，在山东这片红色热土上，在风景秀丽的蒙山沂水旁，涌现出一批拥军爱党无私奉献的女性群体——沂蒙红嫂。“红嫂不是一个人的名字，它是时代赋予沂蒙女性闪光的称谓！”在革命战争年代，丈夫、儿子纷纷参军支前，她们柔肩担重任，以女性之躯，筑起我党革命事业的铜墙铁壁。

〔文〕
刘宁

大爱无言：沂蒙红嫂明德英

山东博物馆藏有池清泉创作的雕塑《红嫂》，表现的是沂蒙红嫂救治伤员的感人事迹。一位受伤的八路军战士倚靠在红嫂身旁，他耷拉着的脑袋无力地歪向身体的左侧，虚弱无力、奄奄一息。年轻的红嫂一边望着受伤的战士，一边侧身，右手端着碗，左手缓缓撩起衣襟，准备用碗接乳汁喂八路军伤员。这一雕塑作品创造性地打破了历来影视作品中有关沂蒙红嫂用乳汁喂伤员的情景，基于历史真实塑造沂蒙红嫂的艺术形象，凸显了艰苦年代感人至深的军民鱼水情，营造出庄严厚重的艺术氛围。

现实中沂蒙红嫂的原型为沂南县的明德英。明德英出生于1911年，小时候因病致哑，25岁时嫁给沂南县马牧池乡横田村家境贫寒的李开田。为维持生计，明德英和李开田在村子里看墓地，靠着耕种墓地上小块的边角地艰难维持生计。一个农村哑女和家境贫寒丈夫组成的家庭，可以想见明德英一家的生活并不宽裕，甚至可以说比较困难。1941年11月3日，为歼灭山东党政军领导机关和主力

池清泉创作的雕塑《红嫂》
（山东博物馆藏）

部队，日伪军5万人对沂蒙山区进行“铁壁合围”，正在哺乳期的明德英，发现了从日军“扫荡”中突围负伤的八路军战士，她将负伤的战士隐藏在墓地中的一座空坟里，幸运地躲过了日伪军的搜查。看到水米未进、奄奄一息的八路军伤员，身边又没有可以应急的食物，情急之下，明德英毅然决然地选择用自己的乳汁喂养八路军伤员。

乳汁是流淌在红嫂身体里的血液，是无私母爱的象征，是人间大爱的体现，是沂蒙红嫂无私奉献精神的彰显。一位年轻的妇女在危急关头毫不犹豫地用自己哺育子女的宝贵乳汁喂养伤员的事迹感动了无数人，著名作家刘知侠根据这一情节创作了短篇小说《红嫂》，这是“红嫂”称谓的来源，也是影视作品中红嫂乳汁救伤员这一情节的文学作品来源。

为创作这件雕塑作品，池清泉曾深入沂蒙山区进行实地走访。在广泛调研的基础上，基于对沂蒙红嫂人物的理解和对艺术张力的把握，为我们展现了一个纯朴、善良、富有奉献精神的沂蒙红嫂形象。与以往影视作品中所呈现的红嫂形象相比，池清泉的雕塑《红嫂》更加贴合30岁农村妇女的身份特征，贴合历史实际，符合人物的时代特点，既反映出危急关头沂蒙红嫂甘于奉献的人物形象，兼具很高的艺术水平。

革命和战争年代的沂蒙山区，户户有伤员，家家有红嫂。沂蒙红嫂不是对某一个人的称呼，它是一群人的称谓，是勤劳质朴、心怀大爱、一心向党、无私奉献的沂蒙妇女光辉形象的历史缩影。

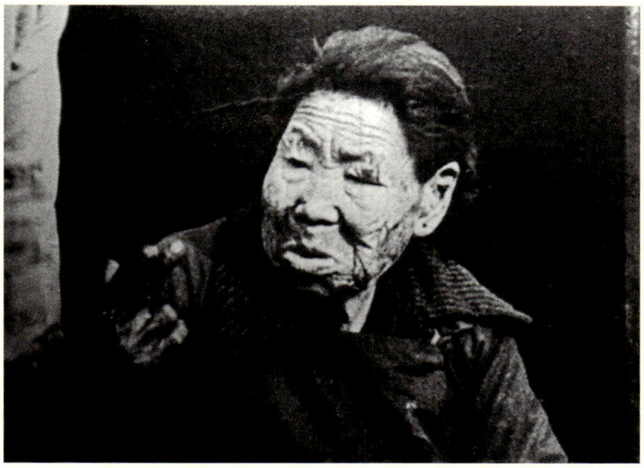

红嫂明德英

“母子”情深　生死不渝

在山东沂水县院东头镇桃棵子村，有一座沂蒙红嫂祖秀莲纪念馆，如今这个风景秀丽的小山村已经成为远近闻名的红色教育基地，在这片红色热土上演了一个军爱民、民拥军的感人故事。

在日伪军对沂蒙山区进行疯狂扫荡的历史关头，山东沂水的祖秀莲，冒着生命危险救护山东纵队伤病员郭伍士，为他治病疗伤，精心照料，奄奄一息的郭伍士最终身体恢复重回了部队。郭伍士复员后，一直忘不了给了他第二次生命的恩人，一心想要找到当年救他一命的那位沂蒙大娘，他历经八年，在沂蒙山区挨个村子里寻找，到处走访，几经波折，终于在沂水县的桃棵子村找到了当年的救命恩人祖秀莲。为报答她的救命恩情，郭伍士带领妻儿来到沂水县院东头镇桃棵子村，并在这里安家定居，为祖秀莲养老送终。

红嫂祖秀莲

红嫂王换于

《联合大会特刊》的秘密保护者——沂蒙母亲王换于

被誉为“沂蒙母亲”的王换于，山东沂南人，一个平凡又伟大的农村女性。在抗日战争和解放战争时期，她创办了战时托儿所，照料抚养八路军第一纵队机关工作人员和革命烈士的后代近百名；她悉心护理受重伤的大众日报社工作人员毕铁华，使其奇迹般地活了下来；她变卖家财收敛被日军屠杀的烈士陈若克母女；她秘密保存《联合大会特刊》38年。

1940年7月26日至8月26日，在日本侵略者对山东抗日根据地进行扫荡的艰难时期，山东省联合大会在沂南青驼寺召开。大会选举成立了省级行政权力机关——山东省战时工作推行委员会（简称省战工会）和山东省临时参议会，1941年3月，由大众印书馆出版《联合大会特刊》，里面收集了在联合大会上作报告的所有领导人的讲话稿，同时记载了参与大会的山东抗日根据地行政机关和群众团体所有领导成员名单，在与日军浴血奋战的战争年代，印刷数量不多，这本书是山东抗日根据地政权的秘密资料。

1941年冬，日本侵略者集合日伪军约5万人对山东抗日根据地政权所在地的沂蒙山区进行大扫荡，这本《联合大会特刊》一旦被日伪军查获，将对山东抗日根据地政权造成毁灭性打击。为确保《联合大会特刊》的安全，时任山东省参议会副参议长的马保三权衡再三，将这本《联合大会特刊》交到了王换于手中，叮嘱她一定要妥善保管好这份秘密文件。王换于双手接过《联合大会特刊》，这一保存就是38年，直到1978年王换于将这本珍贵的资料交给沂南县相关部门，几经辗转被收藏在山东省档案馆。这本保存完好的《联合大会特刊》是研究山东省第一次各界代表联合大会的宝贵资料。山东博物馆也珍藏了该特刊同版。

沂蒙精神代代传

为何沂蒙红嫂的事迹如此感人？回到那个炮火纷飞、朝不保夕的战争年代，我们或许更能体会到她们为革命事业无私奉献的可贵。明德英向奄奄一息的八路军伤员伸出援手，救命的乳汁是圣洁的甘霖，人间的大爱，是人性的光辉；为了党和国家革命事业的需要，王换于不遗余力抚养革命后代，自己的孙子却因饥饿和营养不良夭折；为了严守党和国家的机密，她小心翼翼地保管党的秘密资料 38 年。她的奉献和坚守，来源于她崇高的思想觉悟，来源于她对党的无限忠诚和信任，来源于她对党的革命事业的信心；祖秀莲倾尽所有悉心照料伤员，展现的是质朴的沂蒙人民对人民战士发自内心的爱戴，彰显的是对党的革命事业的衷心拥护和绝对支持。

“蒙山高，沂水长，军民心向共产党。炉中火，放红光，我为亲人熬鸡汤。续一把蒙山柴，炉火更旺，添一瓢沂河水，情深谊长……”一首《沂蒙颂》用朴素的语言道出了感人至深的军民鱼水情，道出了沂蒙人民对党的信任和对党的革命事业不计得失的无私奉献。

如今，战争的硝烟早已散去，沂蒙山区已实现整体脱贫，改换了新颜。沂蒙红嫂虽然离我们远去，她们的事迹永远被铭记，她们的精神一直被传承。

毁家纾难 赤心奉国

——著名抗日爱国民主人士刘佛缘

〔文〕
张丹丹

刘佛缘是沂南县刘家店子村人，父亲曾任清末湖北省巡抚。刘佛缘自幼生活富裕，工作后拥有体面的职业和可观的财产。但浊世当下，具有侠义风尚的刘佛缘并不以安享荣华富贵为毕生所求，封建军阀的反动统治和日本侵华的残忍暴行，激发了他内心深处的斗争精神。刘佛缘再无心潜心学问，更不忍家国被毁、百姓流离失所，他做出了伟大的创举——毁家纾难，保家卫国，在乱世中缔造了令人称赞的一生。

1938 年抗日自卫军发给刘佛缘的背包
（山东博物馆藏）

山东博物馆收藏着一件看似平凡的布包，在它朴素无华的外表下埋藏着令人难以忘怀的过往。与崭新时尚的背包相比，这件布包墨绿色的身上斑驳渐黄，蓝色的部分也褪色成灰，岁月的痕迹早已爬上肩头。经无数次手掌的摩擦与常年开合，受损的背包越来越脆弱，原本就普通的料子反复缝缝补补，更见岁月划过的沧桑痕迹。

这件布包对于主人刘佛缘来说作用不小，陪着他从二八年华走到迟暮之年，从赴日留学的翩翩少年成为一名外表朴素的“老农”，多年来跟着他斗争在黑恶与正义之间，活动在救国救民之路上。在对八路军的援助中，与敌军的对峙中，同国民党的抗衡下，这件布包出现在各种场合。或装入情报信，或放着真金白银，或存着学书文集，在残破的身躯中总是蕴含着无限力量。它就是被这双手紧紧攥住，冲进了抗敌卫国的洪流。这其中的故事，说不完，道不尽。

1886 年，刘佛缘出生在沂水县一个大富大贵的官僚地主家庭，家中拥有良田数十顷和多处庄园。就现在来说，这也是一笔令人难以置信的财富。家境优渥的刘佛缘在 20 多岁时去日本读书，在留学期间认识了革命先驱孙中山先生并加入了同盟会。侠之大者为国为民。留学期间，他就常利用寒暑假时间，以回家看望母亲为由回国进行革命活动。那时，争取平等自由、富民强国的新思想，就已在他内心深处悄悄扎了根。留学回国后，刘佛缘曾教过书，当过律师和省议员。他始终坚持反帝反封建斗争，经常利用省议会议员的合法地位，对封建军阀卖国求荣、贪赃枉法的行径痛加抨击。

1937年，刘佛缘看到日本侵略者高扬着铁蹄入侵国土，人民陷入水深火热的灾难里。面对日益沦丧的家国热土，“国家兴亡，匹夫有责”的责任感使他决定行动起来。他坚持拥护共产党“坚决抗日”的主张，做出了震惊世人的壮举：变卖大量田产，创建抗日游击队，救国救民！在混乱动荡的战争年代很多人都忙于避祸，自顾不暇，但是刘佛缘却挺身而出，卫一方国土，保一方平安。

刘佛缘生来富贵，却从不养尊处优、奢靡生活，反而艰苦朴素、布衣蔬食，过着克勤克俭的质朴生活。在战争年代，领导让他骑马他坚持步行，让他吃小灶他却和大家一起啃煎饼。他就是这样，不穿细布穿土布，不吸纸烟吸旱烟，穿着打扮也总是一副平凡朴实的旧式老农民的样子。这件布包就是在这样的情况下为他使用，见证了他勤俭节约的生活状态，见证了他毁家纾难、赤心奉国的热血行为。

这位日常粗茶淡饭、力求节约的人，在保家卫国的花销上可毫不吝啬。刘佛缘自己捐出枪支弹药和粮食、草料，先后组建过两支抗日武装游击队。第一次是在八路军还未到达沂蒙山区之前，他就把家乡的民团组建成了200人的抗日武装游击队。他带领这支游击队，在沂河两岸拆桥破路、阻敌南下。刘佛缘的这支游击队很有实力，国民党多次企图招纳收编，都被他严词拒绝。反动派恼羞成怒，在一个深夜突然包围了他的庄园，蛮横地抢走了游击队的全部武器。面对这次沉重的打击，刘佛缘毫不退缩，越挫越勇。他再次变卖了2000多亩良田购买精良的武器弹药，提供全部粮秣、服装和经费，把自己的家属、亲友、雇工等全部武装起来，再次组织了一支200多人的抗日武装队伍。这次，他一方面率部在沂蒙山区与日伪军、汉奸巧妙周旋，另一方面则主动与共产党驻沂人员互通敌情，事无巨细，倾其所有地付出着。

1939年，山东省各县的抗日爱国人士共同组建了国民抗敌自卫军。刘佛缘的队伍编为抗敌自卫军第一团第一营，刘佛缘任副营长，这一年他已经53岁了。年过半百的刘佛缘一再表示：摸索了半生，歧途彷徨，而今，才真正走上革命道路。1942年，队伍又编入八路军一一五师六八六团。至此，刘佛缘早年参加革命，企盼武装抗日、救国救民的梦想终于如愿以偿。

刘佛缘真可谓是一位仁志侠士。为了保家卫国，他做的远不止这些。他不光自己坚持革命，还把十几岁的孙子、孙女全部送到革命阵营；他不光自己毁家纾难，还动员儿媳妇变卖珠宝购买大宗军鞋，捐献给军鞋奇缺的八路军某部；他卖地为国，分地为民，党中央出台土地改革政策后带头将所有田产、宅院通过有关组织捐献给无地少地的农民。刘佛缘的壮举受到百姓的热切拥护，可本村的一些地主却嘲讽他的所作所为，说他是“疯子”、“败家子”，放着好日子不过一心想当土八路。面对这些风言风语，刘佛缘付之一笑。只有这颗忧国忧民、以国为先的赤子之心才更明白，在国家生死存亡面前，个人的利益又算得了什么呢？“舍小为大，先国后家”，刘佛缘对此做出了生动的诠释。

抗战期间，刘佛缘担任山东省临时参议会驻会委员；中华人民共和国成立后，他担任山东省政协委员、省文史馆馆员等职务。无论何时，他始终毫不犹豫地紧跟中国共产党前进的步伐。即便年逾花甲，他还经常走访基层，关心百姓的疾苦，解决人民的困难，为沂蒙的建设和发展提出了很多有价值的建议。从青丝到白发，从青壮之年到迟暮之年，刘佛缘的心从未改变，始终以气节和人格迈步，坚持走在为国为民的道路上。

我们或许会有这样的疑问，是什么激励着富甲一方的刘佛缘不图回报、不计得失地变卖家产为国为民？是什么力量引领他做出这般创举？我们也许可以在刘老生前常说的一句话里找到答案：“没有共产党就没有新中国，也就没有我刘佛缘的今天。共产党的阳光春风化雨，涤荡我旧的灵魂，抚育我成为真正的人！”我想，这鞠躬尽瘁的奉献精神与忠肝义胆的勇气力量，正是来自那保家卫民的殷殷之情和抗敌救国的拳拳之心！

刘佛缘的一生，坦坦荡荡、正直磊落，一颗热血沸腾的心兼顾着家国情怀。国任便是己任，他用实际行动书写了一段抗日爱国民主人士的传奇故事。这件布包陪伴主人一生，历经风雨，成为这段故事的亲历者、见证者。在主人百年之后入藏山东博物馆，继续用这满身的补丁和残破的身躯为大家讲述那段令人热血澎湃的故事。

『飞虎英雄』杜季伟

〔文〕
刘蕾

“西边的太阳就要落山了，微山湖上静悄悄……”这段传唱神州大地几十年的歌曲，出自电影《铁道游击队》。电影中的英雄形象和他们的抗战故事，深深影响了几代人。铁道游击大队，是抗日战争时期活跃在现山东枣庄微山湖一带的抗日武装，传奇般的英勇事迹及影响，在全国乃至世界都留下光辉篇章。但你可能不知道，在山东博物馆，也有着用文物见证的真实的“铁道飞虎”的英雄故事。

山东博物馆馆藏有20世纪80年代原济南军区移交的一个皮包。这件皮挎包由牛皮制作，带暗扣翻盖，十分耐用。皮质挎包，在抗日战争年代是不多见的，尤其在中国共产党领导的抗日军队里，在物资奇缺和战时条件恶劣的环境里，皮挎包一般是配属给承担一定职责的干部或特殊工作人员的装备。这件皮包的主人，就是曾经担任铁道游击队政委的杜季伟。包和时间一样，是一种容器，将主人的成长故事装下，然后向世人无声地诉说。

杜季伟

杜季伟原名杜成德，山东苍山人，在革命年代和中华人民共和国成立后，为国家和人民作出了很大的贡献。我们最为熟悉的，是他担任铁道游击队政委期间的诸多故事。抗战时期他带领队员先后战斗在临枣铁路和津浦铁路一带，截车破路，神出鬼没地打击敌人，多次配合根据地反“扫荡”，人称“飞军”。他领导队员在铁路两侧建立联络点线，安全护送返延安的干部近千名，其中就有刘少奇、陈毅、罗荣桓、肖华、朱瑞等党政军领导人等。

“瓜有秧，树有根。铁道游击队生长在山东的枣庄。枣庄，有个大煤矿，这儿的煤产量高、质量好。”1938年春天枣庄陷落在日军的铁蹄之下，工人在刺刀、皮鞭下度日。枣庄通临城的铁路线上，日夜跑着装满煤炭的列车；铁路两旁的人民，眼睁睁望着枣庄的煤一车车被运走，无比心痛：咱们山东一向是出英雄豪杰的地方，难道就没有人挺身起来，领导着赶走侵略强盗吗？

人民盼望中的英雄豪杰来了。1939年冬天，八路军一一五师到了鲁南，在枣庄东北的抱犊崮山区开辟了根据地。在共产党领导下，山里山外人民打起了抗日大旗。枣庄一带的老百姓日也盼，夜也盼，盼着八路军赶快出山。

杜季伟当时在苏鲁支队一个营里任副教导员。一天，他突然接到命令“出山”。出山，这是当时的一个专用词儿。因为根据地在山区，通称山里。从外边向根据地走叫进山，从根据地出去，叫出山。杜季伟被组织派去枣庄。

去枣庄干吗？杜季伟十分惊奇。原来，在枣庄有一支游击队，是由一些失业工人和‘吃两条线’（“两条线”是铁路的意思）的人组成的，这就是著名的“铁道游击队”，虽然人数不多，但有发展前途。这伙人有本事，有胆量，就是缺乏明确的政治方向。于是，组织上决定派杜季伟去当政委，领

抗日战争时期铁道游击队政委杜季伟用的皮包
（山东博物馆藏）

导这支队伍。

去铁道游击队当政委，杜季伟的工作可并不轻松。这支队伍内部非常复杂，杜季伟要千方百计地团结他们，把党的方针、政策贯彻到这个松散的队伍之中。任务紧迫，李主任谈话后的第二天，他换上一件旧棉袍，跟随引路的李景兰前往枣庄。傍晚，他们在枣庄西北的齐村落了脚，李景兰就去联络铁道游击队的洪队长。杜季伟把上级派他来的任务，向洪大队长一一说明。

所谓的铁道游击队虽然名声响，人手却只有八九个，洋枪也仅有一只。这伙人中除了少数是工人出身，多数是“吃两条线”长大的。有的从小是流浪儿，在火车跟前转，拣煤渣，扫煤沫。年龄大了，胆子也大了，他们就爬车去偷，渐渐地学会爬飞车的本领。特殊的生活环境，养成了他们天不怕、地不怕的胆量。但是，因为他们长期混迹于铁道沿线，过着“绿林好汉”式的生活，也养成了自由散漫、赌博酗酒的不良习气。杜季伟在刚进入铁道游击队时，就碰到了“钉子”。为了将这支刚刚成立的松散队伍打造成一支“利剑”，杜季伟按照之前在八路军学到的政工经验，制定了各项纪律条例，但是让他没想到的是，队员并不买账，就连开个会都要大队长“骂”着，才能准时到齐。

面对这样的局面，杜季伟考虑如果将管理正规部队的那一套方法，照搬到铁道游击队员的身上，很可能会适得其反，必须因地制宜地采用灵活的方法，对他们进行说服教育。工作中，杜季伟放下政委的架子，与队员打成一片。比如有人喝酒时，他就凑上去喝几口，然后在喝酒中讲述山区八路军的优良作风和铁的纪律。遇到有人犯错误时，他不会硬性批评，而是用“激将法”教育，语重心长地对犯错的同志说：“我们也是八路军，是不穿军装的八路军，我们肩上担负着特殊而光荣的使命。没有严明的纪律，万一出了事，牺牲自己事小，完不成上级交给我们的任务，我们有何脸面去见山里的老大哥呢？”经过杜季伟的政工教育，队伍的精神风貌和纪律有了很大提升。

俗话说“一根火柴也能点着一座山”。从杜季伟的故事中，我们开始对铁道游击队的印象更加鲜活起来。在百里津浦铁道日军运输线上，铁道游击队犹如飞虎下凡、神兵天降，他们扒飞车、搞机枪、撞火车、炸桥梁，为我们留下“巧截布车”“飞车夺药”“突袭解款专列”“击毙特务头目”等脍炙人口的传奇故事。

惊险、曲折、富有传奇性的故事，在铁道游击队身上，是说不完写不尽的。让我们再次打开杜季伟的皮包，原来它沉淀着齐鲁大地上这么珍贵的红色记忆。

海阳人民的抗日法宝——地雷战

〔文〕刘艳

抗日战争时期，海阳民兵研制地雷开展地雷战。地雷战战术不断发展，屡挫日军锐气，涌现出赵守福、于化虎、孙玉敏等全国民兵英雄。赵守福获奖的一面锦旗为我们讲述了那段血与火的历史，它所彰显的民族精神不但活在当下，更会代代传承下去。山东博物馆收藏的这件抗日战争时期的锦旗，承载了一段红色记忆，永远闪烁着不朽的革命光辉。

1940年日军的铁蹄踏入海阳，实行疯狂的“三光”政策，人民生活在水深火热当中。面对鬼子的暴行，海阳人民在中国共产党的领导下开展了以地雷战为主要形式的游击战争，赵守福就是地雷战中涌现出的民兵英雄代表。这面奖励赵守福的锦旗，无论材质和面料都很普通，但它承载了党和人民浴血奋斗的光辉历史，就像历史长河里的明灯，跨越了时空，照亮了波澜壮阔的峥嵘岁月。让我们走近文物，了解文物背后的故事，唤醒那段红色的记忆。

经典红色电影《地雷战》成为几代人的记忆。这是一部以抗战为题材的电影，讲述了山东海阳人民自制土炸药抗击日本侵略者的故事。电影成功塑造了英勇智慧的根据地民兵形象，民兵队长赵虎更是成为很多人的偶像。赵虎的原型之一就是海阳抗日民兵赵守福。赵守福出生于1919年，山东海阳行村镇赵疃村人，家境贫穷，从十几岁就给地主家做工，小小年纪受尽磨难。

1937年，胶东半岛陷于日本侵略者的魔爪之中。1940年日军的铁蹄开始踏入了海阳，并以行村为中心建立了很多据点，疯狂的日军对根据地实行“三光”政策，经常下乡扫荡，空前的民族灾难更加重了人民的苦难。赵守福亲眼看见了日军的暴行，于1941年加入本村的民兵组织，和根据地的人民一道英勇抗击日军。1943年，他毅然加入中国共产党，决心与凶残的敌人抗争到底。赵守福胆大心细，作战勇敢机智，被委任为民兵队长。面对日军的凶残，根据地人民在中国共产党的领导下，开展以地雷战为主要形式的灵活机动的游击战争。这时期的海阳县广泛流传这样一首歌谣：“海阳的铁西瓜，威名传天下，直把那日军，打发回老家”，“铁西瓜”指的是埋藏在土里的地雷。赵守福等民兵骨干力量善于研制地雷，与日军作战灵活机动，出其不意。抗战时期海阳的地雷战大展神威，涌现出赵疃、文山后等几个胶东特级模范爆炸村，造就了于化虎、赵守福、孙玉敏三名全国民兵英雄以及多名“民兵爆炸大王”。

民兵们一开始用的是铁地雷，但当时农村铁制品很少。他们想到放炮打石头的原理，反复琢磨多次试验，研制出石头雷，杀伤力挺大，民兵们就地取材，把满山遍野的石头利用起来，制造成石雷。这种娴熟的制雷炸雷方法被村民编成了顺口溜：“一块青石蛋，当中凿个眼，事先准备好，到处都能安，鬼子来扫荡，石雷到处响”。民兵们铁、石雷并用，爆炸威力大大增加，日军的每次扫荡都有死伤，他们轻易不敢再出动。

在与日伪军的较量中，民兵们地雷战战术的运用越来越灵活，地雷的品种也越来越多。从最初的单一埋雷等敌上钩，逐步发展为不见兔子不撒鹰，不见鬼子不挂弦等多种战术。例如有专门应对日军排雷的真假子母雷；打击敌人用无辜百姓探路的“长藤雷”；发现敌人行踪能迅速隐蔽的飞行埋雷；迷惑敌人，针对敌人走水路的水雷等。还有诸如拉雷、踏雷、夹子雷、头发丝雷、钉子雷、夹子雷、挂雷等等30多种地雷。原来单一的铁西瓜形成了独特的地雷盛宴。埋雷的地点也随机应变，可能在大路上村道上，也可能是在农田果园里，甚至是在水里树上，让鬼子防不胜防，进退两难。地雷设置的主动性和可控性也越来越强，勇敢的海阳人民用自己

民兵们埋雷的地点随机应变，让日伪军防不胜防。

胶东行政公署、胶东军区奖给海阳民兵模范赵守福“一等爆炸队”奖旗

（山东博物馆藏）

的智慧和勇气给敌人以沉重的打击。

1943 年冬，300 多名日伪军在赵疃村北的东村庄一带抢掠。赵疃村民兵闻讯在仗子山做好埋伏，并在鬼子必经之路上布好了地雷阵。敌人在离赵疃二三里路时，突然向西转走，赵守福等果断下令“麻雀组打枪，土炮手点炮，把敌人引过来”。敌人听到枪炮声果然上当，转头回来向民兵扑去。民兵们转到雷区方向继续放冷抢，敌人反扑，正好陷入了地雷阵，伤亡惨重。1945 年 5 月，行村据点的日伪军偷袭赵疃村。赵同伦、赵守福等得到情报后，率领民兵在村里村外都埋设了地雷，布好了地雷阵。敌人进入村北的小树林，碰响了“挂雷”，扑进村十字街口，又踩响了“箱子雷”。敌人走到哪儿，地雷就响到哪儿，地雷到处开花。日军就像热锅上的蚂蚁吓得到处乱窜，此次日军伤亡惨重。地雷战战术不断发展，更灵活机动，而且使游击战和地雷战相结合，随机应变，搅乱敌人的作战计划，把他们折腾得晕头转向，焦头烂额。地雷战成了海阳人民的抗日法宝。

海阳的民兵除用地雷保卫家园外，还积极配合胶东八路军主力，奋力投入到反扫荡斗争中去。1943 年冬根据上级命令，赵守福、于化虎等 60 余人组成胶东远征爆炸队，开赴莱阳，布雷城外，日伪军被封锁不敢出城。1945 年夏，各路日伪军集结莱阳，赵守福奉命带领远征爆炸队，奔赴莱阳城及东宣河，埋设地雷。次日，敌人被击伤 24 人。海阳的民兵骨干还为当地民兵和部队培训爆炸手，有力地支援了其他地区的抗战，胶东军区更是授予赵守福“一等爆炸队”的锦旗。

据统计，在抗日战争中和解放战争时期，赵守福参加大小战斗 200 多次，毙敌 180 多人，培养了民兵爆破手达 1.2 万人。他 6 次荣获胶东军区钢枪奖，1943 年被胶东军区授予爆炸大王的称号，1944 年被授予胶东军区民兵英雄称号，1950 年出席全国战斗英雄大会，荣获“全国民兵英雄”的称号。

文物无言，精神不朽。这面小小的锦旗，是一段难忘历史的见证。它为我们讲述着那段血与火的历史，传承着坚守初心永不忘本的时代精神，使生活在和平年代的我们感受到革命前辈们情感的真挚，精神的执着，信仰的坚定和斗志的昂扬。它所承载的民族精神不但活在当下，更会代代传承下去。

深藏功与名

——渊子崖战斗中民兵使用的单刀

〔文〕

王泽甲

山东博物馆馆藏的渊子崖战斗中民兵使用的单刀，是1941年渊子崖保卫战中保存下来的珍贵革命文物。渊子崖保卫战创造了中国抗战史上民众自发抗战的典范战例，渊子崖村民在敌我双方人员、武器装备差距悬殊的情况下，以不屈不挠的精神，英勇顽强抗击日本侵略者，并给予日军极大的打击，被毛泽东同志赞誉为“村自卫战的典范”。这把单刀正是这场战斗的见证者，更让我们时刻坚定跟党走的信念和取得胜利的信心。

在山东博物馆浩如聚星的革命文物当中，有这样一把单刀，简单的外表，普通的造型，锈迹斑斑的模样，这样一件普通得不能再普通的单刀，却是伟大的中国人民顽强不屈、同仇敌忾、奋勇杀敌最真实的参与者，也是中国共产党领导人民抗战的见证者。虽然这一件普通的单刀深藏功与名，但它却实实在在地承载着渊子崖村民不屈不挠的抗争史。

渊子崖村坐落于山东临沂莒南县板泉镇，紧邻沭河东岸，当时大约有350余户人家，1500余口人。渊子崖村周围有一道为抵御匪盗而修筑的围墙，高五米多，厚一米多，炮楼、枪眼一应俱全，俨然成为一道坚固可靠的军事防御工事。抗日烽火燃起，日伪军将他们的据点安在了沭河西岸的小梁家，距离渊子崖村不远。以沭河为界，西侧是日军的军事占领区，八路军游击队活动的区域则主要在河东岸。渊子崖正好处在双方中间地带，逐渐成为分割敌方军事占领区与我抗日根据地游击区之间的一个“拉锯区”。

1941年12月20日凌晨，1000余名日军到沂蒙山地区对八路军主力部队实施“铁壁合围”大“扫荡”，返回据点时，正好路过渊子崖村。小梁家的伪军队长梁化轩对渊子崖村不“上供”怀恨在心，命人在渊子崖村附近放枪吸引日军注意，并谎称村子里有八路、有军粮。日军联队长坂田军刀一挥，1000多日军向渊子崖包围过来。

面对日军正规部队的长枪大炮和几十挺重机枪的火力威慑，渊子崖村民不由得心惊。村长林凡义身先士卒举起长刀，大声吼道：“跑是没有用的，杀一个鬼子不亏，杀两个鬼子咱就赚了！咱们和小鬼子拼啦！”翻译官在坂田的命令下对村民们喊话劝降，但村民们不为所动。随即坂田下令日军对村子发起进攻。一时间，炮火齐鸣，机枪子弹像下雨一样射向城墙，硝烟弥漫了整个村子，不少当地村民也被密集的火炮炸死或炸伤。林凡义则赤膊上阵，沉着而冷静地组织指挥村民们展开反击。当敌人进入我方炮火覆盖区域时，阵地城墙上的“五子炮”发出一声冲天怒吼，土枪、土炮一齐喷出冲天火舌，炮弹打在日军队伍里生出滚滚黑色烟雾，打得日军惊慌乱阵，倒退了几十米。

被打退的日军发现城墙东北角有新修的痕迹，因此命令部队向东北角发起进攻，妄图打开缺口。村长林凡义急忙带人进行增援，誓死守卫着城墙，防止敌人冲进村子。敌人看一次不行又再一次发起猛攻，炮弹如雨点般打到城墙上，东北角城墙被炸开了缺口。许多自卫队员光荣牺牲，一个又一个自卫队员冲了上来，但依然没能够堵住缺口。日军冲了进来，自卫队员和村民们，男的女的、老的少的，有的拿着刀，有的拿着镢头，有的拿着镰刀，有的拿着菜刀，一场惨烈的巷战和肉搏战就此展开。惨叫声、怒骂声、砍杀声弥漫在整个村子的上空，上有六七十岁的老人，下有十几岁的孩童，没有人退缩，没有人害怕，他们用鲜血和生命守卫着村子，抗击着侵略者。

战斗从天亮打到太阳落山，因为怕夜间作战吃亏，日军悻悻地撤走了。残破的城墙，倒塌的房屋，没有熄灭的战火仿佛还在诉说着渊子崖村民自

革命战争时期渊子崖战斗中民兵使用的单刀
（山东博物馆藏）

卫反击的壮烈。整个渊子崖保卫战中，在敌我实力差距悬殊的情况下，自卫队员和村民有147人在战斗中壮烈牺牲，但也消灭日军112人，最终取得了战斗的胜利。

毛泽东同志曾盛赞过渊子崖村保卫战是中国“村自卫战的典范”，渊子崖也有了“中华抗日第一村”的美誉。2015年8月24日，民政部网站公布了全国第二批600名著名抗日英烈和英雄群体名录，其中“渊子崖抗日楷模村村民”显得尤为突出。

硝烟散去，这件不知道砍杀过多少敌寇的单刀已经锈迹斑斑，不复往日的光彩，但它身上的缺口反复在告诉我们：“轻伤不下火线，我还能战斗，我还能杀敌！”或许这就是渊子崖村民顽强抗争最真实的写照，是中国人民英勇不屈、反击侵略的革命斗志的物证彰显。

战友的鲜血染红了它

——高子亭的绝笔信

〔文〕孙艳丽

1945年9月，胶东军区取得攻克胶济铁路沿线顽固碉堡——平度之战的胜利，并创造了胶东大反攻以来的模范战例。硝烟弥漫的战斗间，高子亭留下烽火绝笔，信中坚定的战斗意志和无畏的革命精神彰显了革命英烈们的初心如磐，成为见证革命历史的宝贵精神财富。

1943年至1945年，世界反法西斯战争形势发生根本转变，国内抗战形势快速向有利于我的方向发展。1945年8月15日，日本天皇裕仁宣布无条件投降，蒋介石则命令日伪军仍坚守各城市，八路军、新四军“原地驻防待命”，其企图窃取革命胜利果实的野心昭然若揭。为夺取抗日战争的最后胜利，毛泽东同志发表《对日寇最后一战》的声明，号召中国一切抗日力量举行全国规模的大反攻。中共中央向各解放区发出大反攻命令，迅速向敌伪控制的各大、中城市和铁路沿线进军。

山东的战略地位决定了它历来是兵家必争之地，对日、伪军的最后一战能否取得胜利，山东战场十分重要。根据中央和八路军总部的统一部署，山东军区主力部队与各军区基干部队共约27万余人被汇编成山东野战军，组建成五路反攻大军。作为第三路反攻大军的胶东军区承担了控制胶济铁路东段和青岛市郊的重要任务。此时，美军已在青岛登陆，且日军猬集与此，导致青岛短期难以攻克，合围和歼灭胶东除青岛以外最大的也是最后一个反动堡垒——平度之敌成为第三路反攻大军的最后一战，山东军区定于9月7日打响平度之战。8日上午，日军突围逃往高密，解放军进攻部队继续向城内伪军攻击。

9月9日晚19时30分，随着许世友司令员一声令下，我军第五师和第六师一部分军队同时向平度城东、西、南三关发起猛烈攻击。半夜时分，我军即肃清外围，占领三关，兵临城下。此时，驻守平度城内的伪华北“绥靖军”第8集团军王铁相部2200余人犹作困兽之斗，加固护城河、城门、城墙的作战工事，烧掉城门附近的店铺和民房。顿时，平度城浓烟滚滚，明碉暗堡，密密层层。

9月9日晚上8点半，我军向平度城发起总攻。战前的作战部署会上，经过缜密分析，许世友司令员命令八路军组成东、西两个梯队，从东、西关对攻，以西关为主，以钳形攻势打击敌人。同时，命令营长高子亭率领第六师十四团三营攻打南门，发展纵深战斗。时间就是生命，时间就是胜利。接受紧急作战命令的高子亭立刻向营里传达和落实具体作战指示，会上即刻奋笔疾书，给教导员柳青写下了这封战地信件。

信件短短百余字，对战役的战术安排、地形侦查、兵力部署、后勤安排、总攻时间等一系列重大军事问题作了周密而详细的部署。在信件的最后，高子亭斩钉截铁地写道：**“今晚要坚决地打，一定要打下，打到最后一个人还要打。**”字字千钧豪迈，喊出了我中国军人敢打必胜的决心，彰显了一名年轻共产党员对党和人民的无限忠诚和视死如归的坚定信念。

经过激烈的战斗，我军第五师十三团成功占领平度城西门。高子亭率领三营的战士们组成突击组迅速配合，向敌人发起三次猛烈攻击，并于当晚十一点多，打进平度城南门。高子亭与攻入西门、东门的各路兄弟部队一起， 如钢铁洪流般涌向城内每个角落，与敌人展开逐屋逐巷争夺战。高子亭不顾生命安危，冒着敌人的枪林弹雨，勇猛地指挥着战斗。身边的战士一个个倒下，身后的战士又一次次冲锋，越过敌人设置的层层掩体，面对面和敌人展开激烈的肉搏战。混战中，高子亭不幸中弹牺牲，一个鲜活的生命永远定格在这一刻。这一刻距

优秀的模范共产党员，[illegible]

[illegible]的遗書。

[illegible]

[illegible]

随后我们回去！

[illegible]

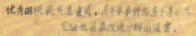

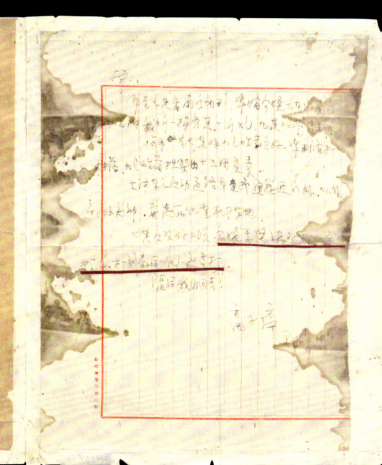

高子亭参军入伍只有短短的七年。回望1938年，抗日战争的烽火燃遍祖国大地，也点燃了山东招远县十八岁的高子亭心中那份对苦难深重的祖国和人民的热爱和激情，他决定投笔从戎，为他挚爱的祖国和人民抛头颅洒热血。

10日上午7时许，我军攻下了敌人最后一个据点，把红旗插到了平度城守敌司令部的城头上，取得了生俘伪军司令、师长、旅长及以下官兵五千余人的辉煌战绩，被八路军山东军区誉为“创造了胶东大反攻以来的模范战例”。高子亭用生命践行了自己“打到最后一个人还要打”的铿锵誓言，为平度城的解放洒尽自己最后一滴血。

战斗中教导员柳青身负重伤昏迷。当他从长达半月的昏迷中苏醒后，发现高子亭营长的信件依旧完好地保存在自己紧贴胸口的地方，浸满了鲜血。柳青为了怀念战友，一直珍藏着这封血书。经历过岁月的侵蚀，书信已经微微泛黄，布满斑斑血迹。它像一团红色的火，像一束明亮的光，照亮我们前行的路，带领我们穿越那激情燃烧的岁月，探寻党和人民英勇奋斗的光荣历史。

1951年，庆祝中国共产党成立30周年前夕，柳青将这封珍贵的信件捐赠给文物部门，存于山东博物馆，成为革命历史的珍贵见证。

笔落河山还

——山东抗战受降仪式上的签字用笔

〔文〕李娉

1945年12月27日，济南地区受降仪式在山东省图书馆的老馆“奎虚书藏”楼一楼举行。12月27日正是1937年日军入侵山东攻陷省会济南的那一天。至1945年驻济南日军投降，整整八年全面抗战，山东迎来河山回归。至1949年8月，山东战场最后一战长山岛战役胜利后，山东全境得到解放，壮丽河山真正重归人民。

在山东博物馆的革命文物珍藏中，有一支山东抗战胜利之时使用的特殊毛笔。笔杆竹制，笔头为羊毫，配有铜质笔套。笔杆上刻有“中华民国三十四年十二月二十七日上午十时济南地区日军投降代表签字用笔”繁体楷书。这支毛笔是1946年由新闻记者杜郁仑赠送给著名学者路大荒的，后者在1959年2月捐献给了当时的山东省博物馆。这支毛笔是日本军国主义发动侵华战争彻底失败的历史见证。

中国抗日战争的爆发，是近代日本长期推行对外侵略扩张的“大陆政策”的必然结果。近代以降，面对日本帝国主义持续不断对山东的武装入侵和势力扩张，英勇的山东人民进行了百折不挠的顽强斗争。1937年卢沟桥事变爆发后，日本很快沿津浦路南下进攻山东。铁蹄所至，山河破碎，生灵涂炭。而国民党山东当局不顾人民生死，山东省政府主席兼第三集团军总司令韩复榘率军稍战即逃。中共山东党组织毅然扛起抗日救国的历史重任，抗日武装起义烽火遍燃齐鲁，人民军队在残酷的战争中不断发展壮大。

“正义必胜！和平必胜！人民必胜！”在中华民族危亡的关头，齐鲁儿女以铮铮铁骨战强敌、以前仆后继赴国难，谱写了惊天地、泣鬼神的雄壮史诗。“战争的伟力之最深厚的根源，存在于民众之中”，面对日军的疯狂“扫荡”，山东党政军民血肉相连、生死相依、共御敌寇，陷敌于人民战争的汪洋大海之中。

中国人民抗日战争胜利，是中国共产党发挥中流砥柱作用的伟大胜利。在中共中央的领导下，山

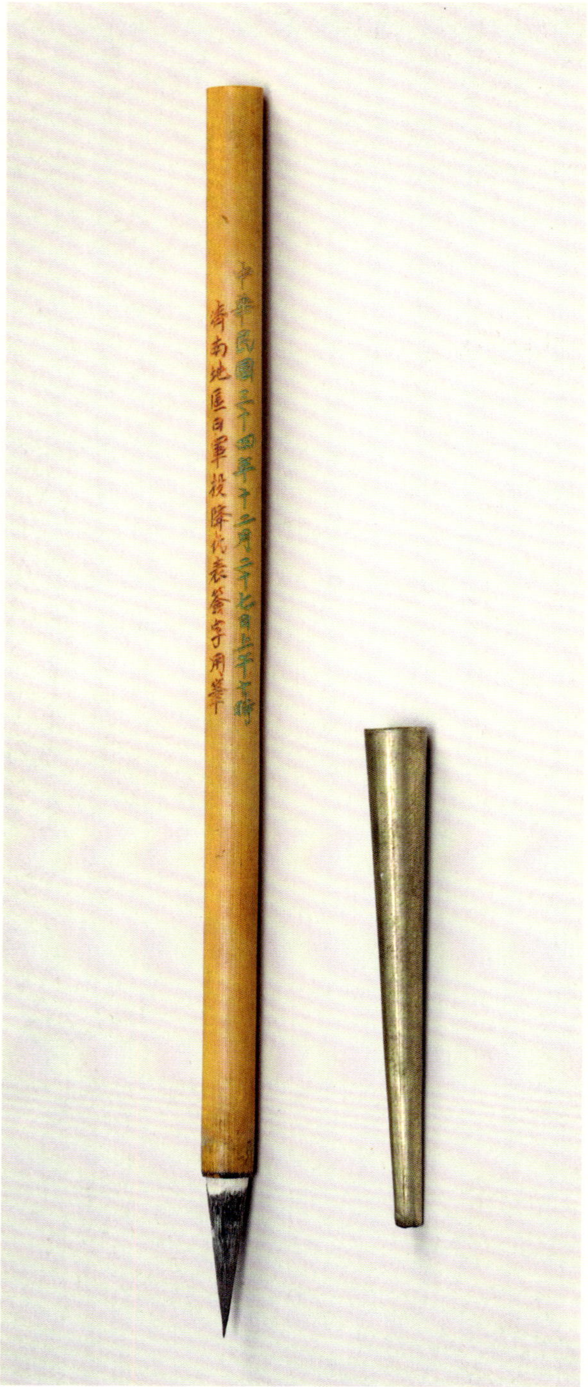

山东济南地区受降仪式日军投降代表签字用笔
（山东博物馆藏）

山东济南地区受降旧址——山东省图书馆老馆“奎虚书藏”楼

东党组织坚持抗日民族统一战线政策，积极团结社会广大阶层团体共同抗战；同时冲破重重阻挠，创造性地贯彻中共中央的路线方针政策，放手进行抗日民主政权建设，大力扩军强军，深入群众基层，创造性地开展减租减息，大力动员群众支援前线，不断发展壮大山东抗日根据地。1945年8月15日，日本天皇宣布无条件投降。共产党领导下的山东军区将所属部队统一编为五路野战军，以如虎气势向拒绝投降的日伪军开展大反攻作战，取得辉煌胜利。

然而，国民党当局急于抢夺山东党政军民的抗战胜利果实。1945年7月，国民党山东省政府主席何思源到达寿光，对驻山东伪军进行加委，与日军签订了“共同防共协定”。9月初，在日伪军帮助下进驻济南接管伪政权。1945年12月27日上午10时，第十一战区副司令长官李延年代表何应钦总司令在省图书馆“奎虚书藏”楼接受日军投降。中方主要代表是第十一战区副司令长官李延年、副总司令杨业孔等，日军签降代表有细川中康、渡边洋等人。中方代表李延年先于命令书上签字，签毕即由细川中康在上面签字并加盖官章，日方保留副

大衆報號外

1945.8.12.

中國人民八年浴血抗戰已獲勝利

蘇聯對日宣戰紅軍攻入僞滿後

日寇被迫無條件投降

日本法西斯經戰中國人民八年浴血抗戰與盟軍在太平洋上日益增强的打擊，特別本月八日强大蘇聯對日本正式宣戰，九日一日即沿僞滿北境全線向日寇發動大規模進攻，突破日寇鋼骨水泥防區，從東西兩端攻入僞滿，前進十五至廾二公里，佔領吉林東端之撫遠城及中東路上之臚濱（滿洲里）、扎拉若爾二城。（按：在黑龍江省）日寇鑒於强大蘇聯之參戰，將加速、澈底的毁滅日寇一切武裝部隊、軍事政治機構，與戰爭體系，乃被迫接受無條件投降條款，承認無條件投降。據新華社延安十日急電稱：據美新聞處舊金山十日廣播，同盟社（按：係日寇機關通訊社）公告：日本政府於星期五（按：即八月十日）請瑞士及瑞典政府轉致美、英、中及蘇聯照會如下：日本政府準備接受一九四五年七月廾六日波茨頓美、英及中國政府後來幷由蘇聯政府簽署所發聯合宣言中列舉之條款由於了解該宣言幷未包含損害日皇作爲自主權的統治者的皇室特權之任何要求。又據延安總部朱德總司令對解放區所有抗日部隊之命令中，亦宣佈「日本已宣佈無條件投降」。

1945 年 8 月 12 日大众日报社印发《大众报号外——日军被迫无条件投降》

（山东博物馆藏）

本两本。这支毛笔就是当时日军签降代表签字所用。至此，山东地区实现了抗日战争的完全胜利。然国民党山东当局不顾共产党在山东敌后战场上砥柱中流的实际，不顾人民的强烈愿望在济南接受日军投降，上演了一出蒋日伪“合流”抢夺人民抗战胜利果实的闹剧。

中国人民抗日战争，是近代以来中国人民反抗外敌入侵持续时间最长、规模最大、牺牲最多的民族解放斗争，也是第一次取得完全胜利的民族解放斗争。2020年，习近平总书记在纪念中国人民抗日战争暨世界反法西斯战争胜利75周年座谈会上指出：“在中国人民抗日战争的壮阔进程中，形成了伟大的抗战精神，中国人民向世界展示了天下兴亡、匹夫有责的爱国情怀，视死如归、宁死不屈的民族气节，不畏强暴、血战到底的英雄气概，百折不挠、坚忍不拔的必胜信念。”

笔落河山还。回望过去，慎终追远。铭记血与火锻造的光辉历史，铭记那些不屈不挠的顽强抗争。伟大的抗战精神是中国人民弥足珍贵的精神财富，永远激励中国人民克服前行路上一切艰难险阻。今天，我们纪念抗战胜利，就是要弘扬伟大的抗战精神，踏着先烈、先辈、先贤为我们铺就的康庄大道继续勇往直前，接续奋斗，在战胜各种风险挑战中书写民族复兴的新篇章。

深耕探路，磐石建树。

实现人民当家做主，为人民谋幸福，是中国共产党人矢志不渝的使命和初心。从抗日战争到解放战争，面对纷繁复杂的各种矛盾和各种政治力量的尖锐斗争，我们党在斗争中不断成长壮大。公布和实施了一系列法令、条例和政策，在事实上把广大劳动人民推上了当家做主的地位，设立银行、发行票据、创办报刊……巩固和扩大以工农群众为主体的抗日民族统一战线，创造了坚持敌后抗战和夺取最后胜利的稳固基础，为新中国政权建设积累了宝贵的经验。

違法收募稅捐者；
虛報收支賬目者；
勒索敲詐招搖撞騙收受賄賂者；
私利浪費公用物財者。
犯第二條各款之罪者，以其數目之多少及其發生影响之
輕重處之：
貪污財物在五百元以上者處死刑或五年以上之有期
貪污財物在三百元以上五百元以下者，處三年以上
刑；
貪污財物在一百元以上三百元以下者，處一年以上
刑；
貪污財物在一百元以下者，處一年以下之有期徒刑
犯第二條之未遂罪，不得按第三條之規定處罰之。
犯本條例規定之罪者，除照第三條各款之規定處罰
其貪污所得財產全部或一部，如無法追繳
觸犯本條例之罪在未發覺前自首者，除依第五條之規定
得減輕或免除其刑。
犯本條例之罪者，由所屬机关之主管人員送交當地司法
本條例解釋修改之權屬于山東省臨時參議會，
本條例自山東省臨時參議會通過后公佈施行之。

磐石建树

第四章 ★

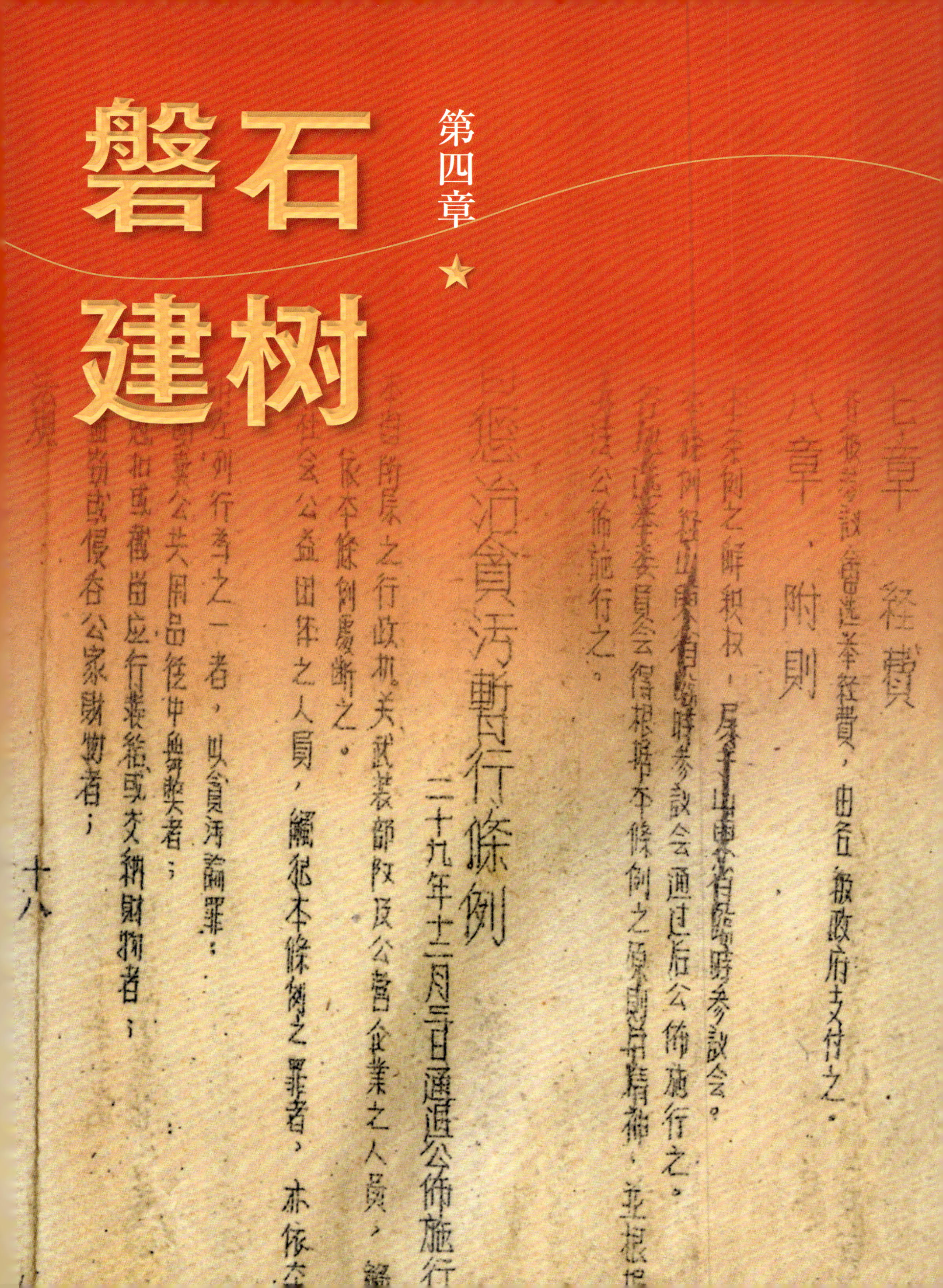

七章 経費

各級参議会選挙経費，由各級政府支付之。

八章 附則

本条例之解釈权，属于山東省臨時参議会。

本條例経山東省臨時参議会通过后公佈施行之。

行政委員会得根据本條例之原則与精神，並根

法公佈施行之。

懲治貪污暫行條例

二十九年十二月三日通過公佈施行

本省所屬之行政机关、武装部隊及公営企業之人員，觸

依本條例處斷之。

社会公益团体之人員，觸犯本條例之罪者，亦依本

有左列行為之一者，以貪污論罪：

盗賣公共用品從中舞弊者；

或截留应行繳納或支納財物者；

侵吞公家財物者；

十八

北海币的峥嵘岁月

——《山东省政府布告》

〔文〕刘宁

北海币是山东解放区流通的本位货币，在抗日烽火中印发，在对敌经济斗争中壮大。1945年8月，山东省政府成立伊始，即发布了旨在使北海币成为全省统一流通货币的布告；1948年10月，中共山东省政府再次发布《山东省政府布告》，使华北、西北、华东三大解放区基本实现了货币统一。经历了抗日战争和解放战争的炮火，北海银行不辱使命，成为新中国中央银行的奠基银行之一。

抗日战争时期，为打破敌人的经济封锁，发展生产，振兴经济，中国共产党在分散的敌后抗日根据地创办起自己的银行，发行自己的货币。1938年3月，晋察冀边区成立晋察冀边区银行，发行晋察冀边币。1939年10月，晋冀鲁豫边区成立冀南银行，发行冀钞。1938年12月，胶东掖县抗日民主政权发行北海币。

抗日烽火中诞生

北海币产生于日本帝国主义全面侵略中国和中共领导的胶东抗日民主力量兴起之际。1937年7月，日本全面侵华，为迅速占领华北，日本派2个师团沿津浦路南下。12月27日，济南沦陷。1938年2月，日本在胶东扶植建立伪政权，1938年3月，中共掖县县委创建胶东抗日游击第三支队，建立起山东最早的抗日民主政权。日军的入侵造成了胶东抗日根据地金融秩序的混乱，时值法币价值下跌，不法投机商为发国难财不惜滥发票券，导致物价特别是粮食价格飞涨，严重影响人民的生活。为筹措军费，解决财政经济困难，稳定金融秩序，1938年秋，掖县的抗日民主政权开始筹办北海银行。掖县籍的

北海银行的印钞机

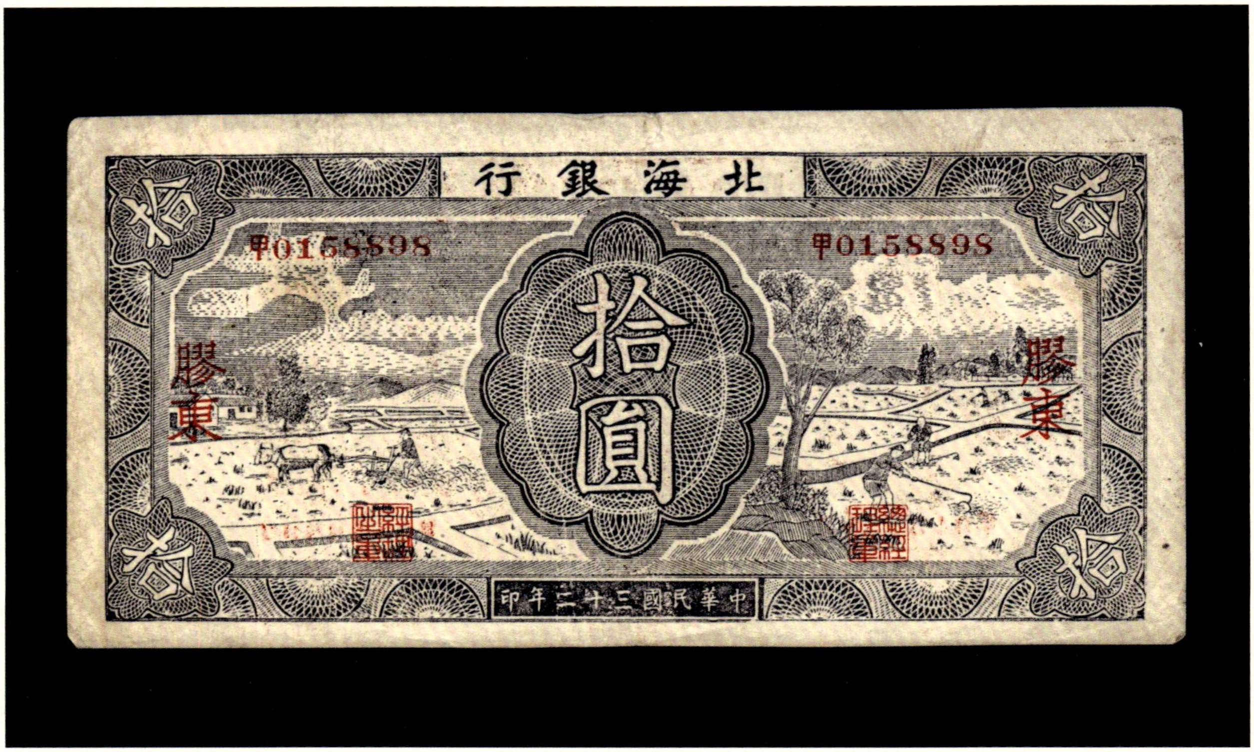

1943 年北海银行拾元纸币
（山东博物馆藏）

张玉田曾在青岛中鲁银行担任经理，由他负责北海银行的筹备工作。在张玉田的带领下，原青岛中鲁银行的许多职员投入到北海银行筹备工作中。12 月 1 日，在掖县举行隆重的开业典礼，北海银行正式运营，并在蓬莱、黄县设分行。此后，北海币在胶东掖县、黄县、蓬莱三个根据地与法币等值流通。

1945 年 8 月 12 日，山东省临时参议会和省行政委员会第 20 次联席会议决定将山东省战时行政委员会改为山东省政府，推选黎玉为山东省政府主席。8 月 13 日山东省政府正式成立。同日，山东省政府将北海银行作为负责财经工作的机构之一。1945 年 8 月，山东省政府发布了旨在使北海币成为全省统一流通货币的布告，山东抗日根据地创造性地以粮食、棉花、花生等战略物资为储备，保持了根据地币值和物价的稳定，通过与法币斗争，打击日伪货币，取缔杂钞等手段，北海币成为山东全省流通、名副其实的硬通货。

艰难困苦中支援

抗日战争进入战略相持阶段后，敌后战场的斗争形势日益严峻。1941 年至 1942 年，由于日、伪军的“扫荡”，加上罕见的旱灾和虫灾，山东抗日民主根据地进入严重困难时期。为恢复抗日根据地经济，坚持抗战，1942 年北海银行开展的农贷业务激增，北海银行在东海地区的农贷数额达到 594.4 万元。抗战胜利后，北海银行积极开展发放贷款公债、抵御灾荒的活动。1946 年 6 月 26 日，全面内战爆发，山东是国共双方激烈争夺的战略要地和解放战争的主要战场。在“一切为了胜利、一切为了前线”思想的指导下，山东党组织团结带领山东人民抓住重点、统筹兼顾，进行土地改革、发展农业生产。随着战争的推进，山东战场遭受沉重的打击，物资消耗严重，人民生活困苦。1947 年冬天到 1948 年春，山东出现严重灾害，农业生产遭到破坏，山东省政府也面临严峻的财政困难。1946 年 2 月，山东省政府指示北海银行在胶东、鲁中、渤海、滨海等区发放 2 亿元贷款。1947 年 1 月，山东省政府发布《关于贷款问题的决定》指出，北海银行为全省群众生产贷款五亿元。为抵御灾荒，缓解山东的财政经济困难，1948 年春，北海银行渤海分行发放 80383 万元和 100 万斤粮食的贷款，帮助灾区和一般区的人民恢复生产和生活。北海银行的贷款业务为山东解放区土地改革的进行和农业生产、救助灾荒提供了必要的经济支持。

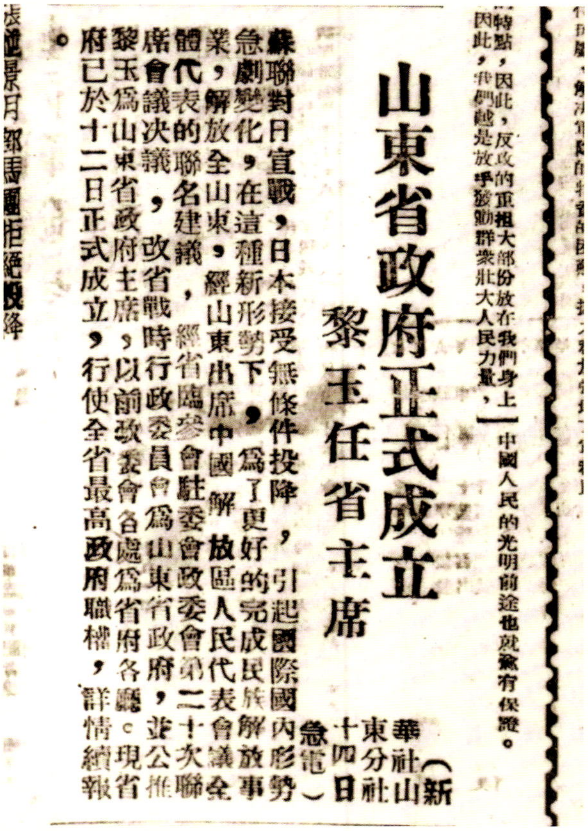

特點，因此，反攻的重擔大部份放在我們身上，因此，我們越是放手發動群衆壯大人民力量，——中國人民的光明前途也就愈有保證。

山東省政府正式成立

黎玉任省主席

（新華社山東分社十四日急電）蘇聯對日宣戰，日本接受無條件投降，引起國際國內形勢急劇變化，在這種新形勢下，爲了更好的完成民族解放事業，解放全山東，經山東出席中國解放區人民代表會議全體代表的聯名建議，經省臨參會駐委會政委會第二十次聯席會議決議，改省戰時行政委員會爲山東省政府，並公推黎玉爲山東省政府主席，以前政委會各處爲省府各廳。現省府已於十二日正式成立，行使全省最高政府職權，詳情續報。

大众日报刊发新华社通稿《山东省政府正式成立》

奠基立业中贡献

随着解放战争的推进，各解放区之间的货币统一提到日程上来。为解决华北货币不统一问题，1947 年 1 月，中共中央发出《关于召开华北财政经济会议的指示》，1947 年 3 月至 5 月召开华北财经会议，集中探讨和研究各解放区货币固定比价和流通问题。1948 年 3 月召开华北五大解放区金融贸易会议，确定必须使各地区货币实现相对稳定并把各地区货币统一起来的方针。1948 年 7 月，北海银行与其他解放区的主要银行对解放区内流通的各种货币之间的兑换比例达成协议，初步实现了解放区货币的统一。

1948 年 10 月 5 日，中共山东省政府主席黎玉签发《山东省政府布告》。为便利华北与山东两解

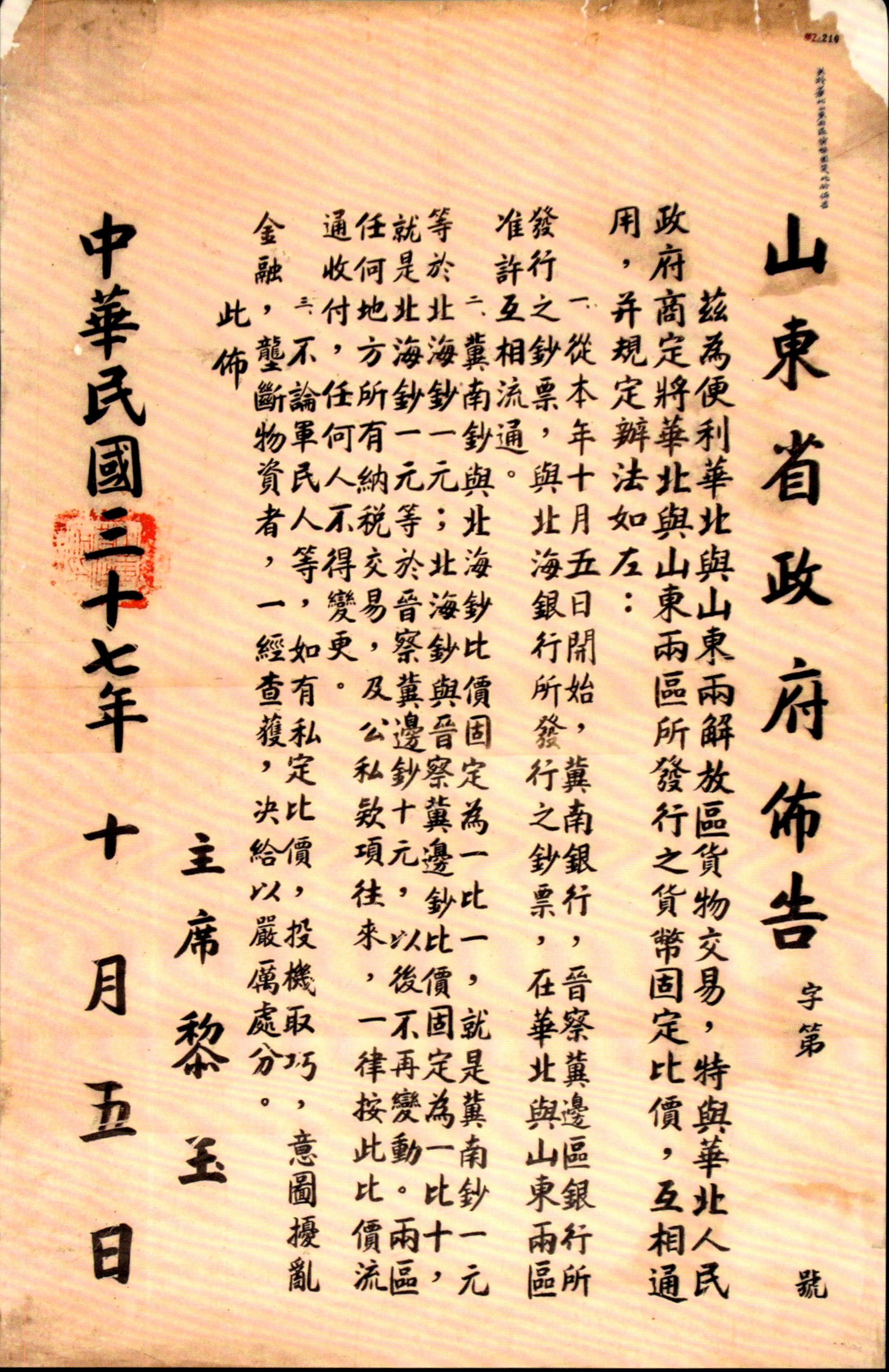

山東省政府佈告

字第　號

茲為便利華北與山東兩解放區貨物交易，特與華北人民政府商定將華北與山東兩區所發行之貨幣固定比價，互相通用，并規定辦法如左：

一、從本年十月五日開始，冀南銀行，晉察冀邊區銀行所發行之鈔票，與北海銀行所發行之鈔票，在華北與山東兩區准許互相流通。

二、冀南鈔與北海鈔比價固定為一比一，就是冀南鈔一元等於北海鈔一元；北海鈔與晉察冀邊鈔比價固定為一比十，就是北海鈔一元等於晉察冀邊鈔十元，以後不再變動。兩區任何地方所有納稅交易，及公私款項往來，一律按此比價流通收付，任何人不得變更。

三、不論軍民人等，如有私定比價，投機取巧，意圖擾亂金融，壟斷物資者，一經查獲，決給以嚴厲處分。

此佈

主席　黎玉

中華民國三十七年十月五日

1948 年 10 月 5 日《山东省政府布告》

（山东博物馆藏）

放区货物交易，特与华北人民政府商定将华北与山东两区所发行的货币固定比价，互相通用。从本年十月五日开始，冀南银行、晋察冀边区银行所发行之钞票，与北海银行所发行之钞票，在华北与山东两区，准许互相流通。冀南钞与北海钞固定比价为一比一，北海钞与晋察冀边钞的比价固定为一比十。两区任何地方，所有纳税交易及公私款项往来，一律按此比价流通交付，严禁私定比价，投机取巧，扰乱金融，垄断物资。1948 年底，华北、西北、华东三大解放区基本实现了货币的统一。1948 年 12 月 1 日，北海银行、华北银行和西北农民银行合并为中国人民银行。经历了抗日战争和解放战争的炮火，北海银行不辱使命，成为新中国中央银行的奠基银行之一。

人权的革命表达——中国第一部《人权保障条例》

〔文〕仪明源

抗日战争时期，中国共产党以马克思主义人权理论为指导，开展广泛的人权建设。1940年11月11日《山东省人权保障条例》颁布，条例规定人民有人身不受侵犯的权利和抗日武装的自由，有言论、出版、集会、结社、居住、迁徙、宗教信仰和参与政治活动的自由等，这是抗日战争时期最早颁行的人权保障法规，也是中国共产党历史上公开发表的第一个专门的人权保障条例，对发动广大人民群众斗争的积极性和坚持全面抗战路线的主动性发挥极大促进作用，有力巩固了抗战成果。

鸦片战争以后，中国逐步沦为半殖民地半封建社会。帝国主义列强通过一系列不平等条约，与封建统治者一起对人民进行变本加厉地剥削，中国人民处于水深火热之中，人权得不到基本的保障。辛亥革命推翻了几千年的封建帝制，民主共和思想逐渐深入人心，中国资产阶级人权思想开始形成。

中国共产党的人权理论的萌芽开始于新文化运动，主要强调人民民主权利和集体人权。1915 年开始，新文化运动的主要倡导者陈独秀、李大钊、胡适等以《新青年》为阵地，大力宣扬民主自由、抨击封建专制。1917 年俄国十月革命胜利后，马克思主义思想开始在中国传播，其人权理论逐渐被中国共产党人在中国得到广泛宣传。

五四运动作为新文化运动的继续和发展，马克思主义思想逐渐代替资产阶级思潮而成为运动的主流，共产党人的人权理论开始强调国家解放、民族独立。1921 年到 1927 年，这段时期制定的革命纲领、路线、方针、政策和具体措施，体现了中国共产党保障人权的思想。十年土地革命时期我党不断探索人民解放之路，人权思想贯穿于党的路线、方针、政策和苏维埃政权的施政纲领和立法之中。抗日战争时期，中国共产党领导各根据地军民进行抗日军事斗争和根据地建设的同时，开展了广泛的人权保护活动。依据新形势各根据地重新制定了路线、方针、政策，各项法规也都对人权内容做出了新的规定，将争取民族解放、人民的和平权、生存权放在了首位，积极保障个人人权，使党的人权理论日渐丰富和完善。

巩固抗日根据地经济、政治、文化建设，维护社会秩序，充分保证人权，才能进一步发展根据地，壮大抗日力量。抗日根据地的巩固发展，保证了广大人民群众顺利开展生产生活，增强了抗日战争的基础。《山东省人权保障条例》与《山东省战时施政纲领》中的有关保障人民民主自由权利的规定，对促进山东解放区人民抗日救国的积极性及推动抗日民主政权司法制度的建立等方面都起到了重要作用。同时，山东抗日民主政权通过建立司法机关，制定司法制度和颁布地方性法规，为维护抗日民主政权起了保障作用。

随后陕甘宁边区参议会、冀鲁豫边区行政公署、晋西北临时参议会和山东渤海行政主任公署等陆续发表了《陕甘宁边区保障人权财权例》《冀鲁豫边区保障人民权利暂行条例》《晋西北保障人权条例》《渤海区人权保障条例执行细则》，这些人权保障条例都规定了人权保障的内容、范围及措施，使根据地人权保护有法可依，有章可循，充分保障了人民的权利。各抗日根据地人权保护条例规定的内容，因各自斗争环境不同有所差异，但是都包含了保护根据地人民的人身、自由、财产等各项权利的内容。

抗日根据地人权建设的成果，与国民党领导的国统区状况形成鲜明的对比，国际国内舆论、国统区各阶层对国共两党的建设和人权保护有了更进一步的认识，揭露国民党的反动本质，教育了国统区人民，传播了共产党人权思想，争取各界人民在政治上的同情和支持中国共产党领导下的民主政权提出了一些保障人权的主张，建立了一整套保障人权的法律制度。这些政策法规不仅对维护根据地社会安定，保障抗日人民的合法权益，抵抗日本帝国主統籌支配。

第八条：本會每月開全体委員會議一次，討論會務重大事宜，其日常工作由主任委員負責處理之。

第九条：本會委員之任期為一年，任期屆滿時，除政府代表可不改派外，由各参加团体自己改選之，士紳代表則由政府改聘之。但得連選連任。

第十条：本条例未尽事宜由山東省臨時参議會隨時修改公佈之。

第十一条：本条例自山東省臨時参議會通過后公佈施行。

人權保障條例

——廿九年十一月十一日通過公佈施行——

第一条：為發揚民主，動員全民参战，貫徹法令，保障人权之真精神，特根据抗战建國綱領，國民政府法令制定本条例。

第二条：凡中华民國國民，無男女、種族、宗教、職業、階級之区別，在法律上、政治上一律平等。

第三条：中华民國人民均享有建國大綱所定选举、罢免、创制、複決之权，但汉奸及褫奪公权者不在此例。

抗战前之政治犯不受前項但書之限制。

第四条：在不違害抗战範圍内，人民有左列之自由：

（一）人民有身体與抗日武装之自由；

（二）人民有居住與遷徙之自由；

（三）人民有言論、著作、出版、集會、結社、與通訊之自由；

（四）人民有信仰、宗教與政治活動之自由。

第五条：前条所列之自由，非根据抗战建國綱領及抗战法令，不得限制之。

第六条：人民因犯罪嫌疑被捕拘禁者，其執行逮捕或拘禁之机关，至迟应於二十四小時内移送審判机关。

第七条：凡人民因犯罪嫌疑有逮捕之必要者，非持有逮捕状不得逮捕之。

縣以上之政府机关，团以上之軍事机关，始有發出逮捕状之权。

第八条：區鄉村政府及各群眾团体，除对現行犯及涉有重大嫌疑而有逃亡之虞者外，不得逕行逮捕或拘禁。

第九条：凡經判處死刑之罪犯，非經主任公署批准后不得执行，若無主任公署之地区，須得專員公署之批准，縣政府不得逕行执行。

第十条：凡各級政府公务人員違法侵害人民之自由或权利者，除依法懲办外应負刑事及民事責任，被害人民得就其所受損害依法請求賠償。

第十一条：本條例解释修正之权属于山東省臨時参議會。

第十二条：本條例經山東省臨時参議會通過公佈施行之。

义的入侵，为夺取抗日战争的胜利做出了重大贡献，而且在立法中明确规定了保障人权的内容，而且通过司法等方式切实保障人民权利，根据地人权建设逐渐有章可循，有法可依，保证了根据地人权建设的顺利进行。

实践证明只有在中国共产党的领导下，中国人民的人权才能得到真正的保障。抗日根据地在党的领导下，建立起人民自己的革命政权，保证了广大人民群众享有各项权利。这是中国民主法制史上的重大进步，并深刻影响了新中国民主法治建设。

新中国成立后，我国建立起人民民主专政的国家政权，人民当家作主，享有了真正的人权。十一届三中全会以后，我国政府已经发布明确带有“人权”字样标题的白皮书就有24部，这些白皮书不仅全面展现了中国人权事业的发展与进步，并逐渐成长为中国政府表达自身立场、讲述事实真相、总结历史经验以及传播中国方案的重要政府文件。

回顾抗日战争时期的历史，充分了解根据地的人权建设成就，从历史上考察人权的来龙去脉并吸取经验教训，有助于避免在社会主义人权道路上走弯路，有助于我国人权事业的发展，有助于我国在风云变幻的国际关系中立于不败之地。山东抗日根据地颁布的《人权保障条例》在中国人权建设的过程中具有先行意义，抗日根据地人权建设调动了广大抗日军民的积极性，为抗日战争奠定了基础，促进了根据地民主政治和法治建设的发展，为中国共产党全国执政和新中国人权建设奠定基础。深刻理解以马克思主义思想为指导的抗日战争时期根据地人权建设，对于当今中国人权建设具有重要借鉴意义。

红色金融 磅礴之力

——抗战时期北海银行印钞版

〔文〕

于芹

抗日战争时期，胶东市场上充斥着各种大小银行发行的货币和商券，造成金融体系混乱，对百姓生活和抗战队伍的军需供应造成很大困扰，北海银行的创立在稳定根据地金融和保障军需供应方面发挥了重要作用。湖景五角石钞版是目前所知的北海银行留下的唯一的印钞版，弥足珍贵。

北海银行冀鲁边印钞厂民国三十一年（1942 年）湖景五角石钞版

（山东博物馆藏）

山东博物馆藏有一块民国三十一年（1942年）湖景五角石钞版，为北海银行冀鲁边印钞厂抗战时期使用，这块钞版验证了北海银行冀鲁边分行的光辉历史。钞版为石灰岩质，面呈浅褐色，质地细密，平滑如镜。长方体，长66.3宽50.5厚5.2厘米。版面除局部稍有风化剥落外，所有图案基本完好。钞版正面共印有十五张钱币，分为六排，每排二张钱币，其左侧又有一列三张钱币。

钞版图案为北海银行民国三十一年（1942年）冀鲁边湖景伍角北海币的正面，图案、线条及文字均清晰可见，全为黑色，均为反向。“伍角券”正面为横式印制、每张长11.6、宽6.1厘米，中心图案为湖景。正中上部印有横写的“北海银行”四字，为冀鲁边伍角币。背面的情况可从纸币实物上得知。背面印有阿拉伯数字“50”和拼音字母“FEN”，印有“北海银行”的汉语注音拼写“BEIXAI INXANG”以及“中华民国三十一年印”。此版印出的纸币采用白底绿色图文。石版印刷出半成品后，再裁切并加盖印章和编号；湖景的左边钤“副经理印”，右边钤“经理之印”，均为篆书。钞票的左上角，打有七位数号码。

石版上的票面设计规范，钱币的纹饰、文字、符号主题突出，四边框线端直，图案之间空白距离一致，留白适度。线条雕刻得细微流畅。此钞版的内容表现和艺术设计在抗战的艰难岁月里，已属佳作。

一、湖景五角石钞版属于北海银行冀鲁边印钞厂

1938年7月冀鲁边区军政委员会成立，1941年成为山东六大战略区之一。冀鲁边区靠近日伪控制的华北地区，敌人利用日钞、伪钞和法币强行购买根据地物质，破坏根据地经济。1941年初，冀鲁边区经济委员会筹划建立银行，6、7月份，山东分局指示建立北海银行冀鲁边分行，成立印钞厂发行北海币。

1941年8月，冀鲁边区专署财政科在乐陵县筹建印钞厂，印钞厂由专署财政科领导，科长由张耀曾担任。原专署粮秣科粮票印制所（乐陵县印刷所）、乐陵县实业科（其前身是《奋斗报》社）印刷部门和边区《烽火报》社的工人合计10余人，构成了印钞厂的技术骨干。印钞厂分成若干生产小组，李聘周负责鉴定工作，张启鲁负责发行工作，刘涛负责会计工作。他们乔装打扮，分别隐蔽在农民的地窖或村外的地洞里，夜间工作白天休息，实行单线联系，印刷材料由领导和通信人员按照印刷程序传送。设立专人站岗放哨，敌情紧迫时，把机器就地埋藏，人员迅速转移。

由于战事频繁，冀鲁边印钞厂一直处于不断迁移中。1941年冀鲁边印钞厂建立初期，在乐陵县大桑树一带印刷半成品，在程家楼村老百姓家牛栏的地洞里，用铅印机进行打码标号。以后，印钞厂

民国三十一 年（1942）北海银行冀鲁边五角纸币
（山东博物馆藏）

辗转于宁津县小董家、旧县镇以西张不良家、赵黄毛家和武官庄等地。1942 年 7 月，敌人频繁“扫荡”，形势进一步恶化，印钞厂被迫转移至原盐山县（今河北省海兴县）东北小山一带的献庄、马厂、付常峰等村。当时“印制半成品的小石机设在献庄赵仲伦家，印制成品的铅印圆盘机设在付常峰村，两部分人员互不来往，马厂住少数后勤人员，负责两地方的物资供应。”半年多的时间印钞厂印制了近百万张钞票。1943 年 6 月 30 日，冀鲁边行政委员会主任兼军区司令员邢仁甫叛变，印钞厂被迫迁移到沾化县新迁户一带。9 月，厂长李聘周又奉命将印钞厂转移到清河区垦利县的杨家村，10 月，冀鲁边印钞厂与清河印钞厂合并，后改称北海银行渤海印钞厂。

二、冀鲁边印钞厂印行北海币以及防伪情况

在北海银行各分行中，冀鲁边分行存续的时间比较短，发行的北海币品种比较少。在冀鲁边印钞厂成立的 1941 年，印发了民国三十年（1941）湖景一角券。山东博物馆收藏的此块钞版，为 1942 年冀鲁边区用来印发“冀鲁边”湖景五角币的。由于该处北海银行发行有十元券，五角币属于辅币，经查地方志，在当年能买到 1.73（老两）小麦。1946 年，冀鲁边湖景五角北海币退出流通市场。此外，冀鲁边分行还委托胶东印钞厂代印北海币。

自北海币面市之日起，假币就相伴而生，尤其是冀鲁边湖景五角北海币发行的 1942 年。由于根据地逐渐停用国民政府的法定货币，日伪转而大量印制精致的假北海币倾销到根据地以盗取物资。根据地一直在和制假、售假作斗争，对其处罚极其严重，甚至规定“伪造北海本币，意图行使者处死刑。”

在反假斗争中，一个重要措施便是改进钞票印刷工艺，增加防伪标记。北海币的防伪标记大多数由虚实点、虚实线条或二者组合而成。少数北海币的暗记为个人签名（如掖县版北海币中的一角、五角及一元券均有票样设计者刘振元的签名）。个别北海币的暗记为英文字母或拼写。

由于冀鲁边分行印钞设备落后，所印北海币较粗糙，冀鲁边区成为假币的重灾区。1942 年 6 月，在游击战中被敌人查获的钞票半成品和脚蹬子，以及 1943 年被敌人获取的机器、纸张和油墨等物质，成为市面上假币的生产来源。日伪军利用以上设备印制了大量钞票投向根据地，以假乱真，对根据地的经济造成了很大破坏，根据地只能采取更换票版、发行新北海币、逐步回收旧票的方法进行应对。

三、钞版上的“每拾角兑国币壹圆”说明此时北海币在冀鲁边区尚未取得本位币的地位

北海币在山东抗日根据地本位币的地位是通过逐步的货币斗争确立的。1935 年国民政府发行法定货币为法币。1941 年，太平洋战争爆发后，日本向根据地倾销法币，套购物质。山东根据地确立

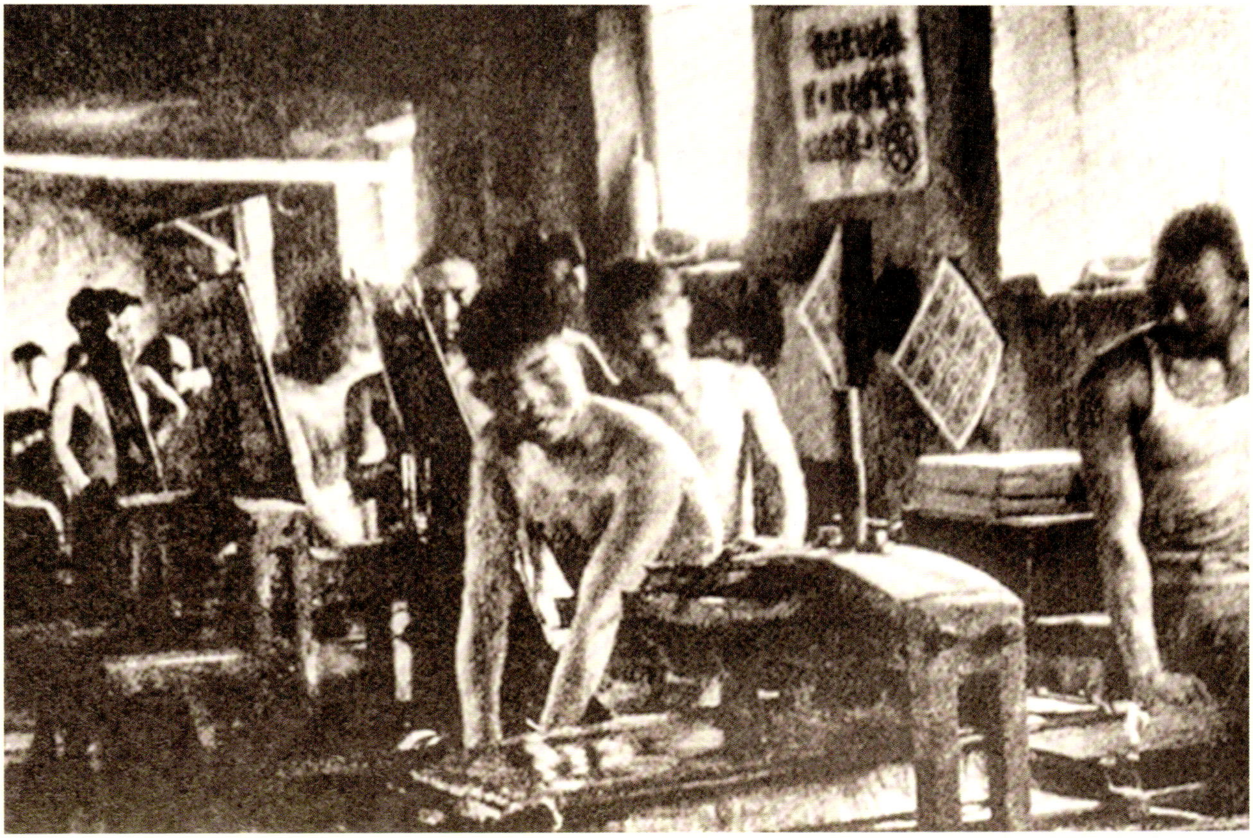

北海银行制钞车间工作场景

了新形势下货币斗争方针：巩固北海币、驱逐伪币、排挤法币。

冀鲁边湖景五角币发行的 1942 年，正是北海币与法币争夺本位币地位的关键时刻。山东根据地战工会、山东分局财委会连续下达文件，对排法斗争作出指示；5 月 29 日，山东分局财委会正式宣布北海银行票为山东各地之本位币。滨海区于 7 月颁发布告规定北海银行票为本位币。遍观此后印行的北海币，票面上已不再印有北海币与法币兑换关系的字样。1944 年 7 月 1 日，北海票已经成为山东根据地市场上唯一的本位币了。此时，北海币在货币市场已经历了七个春秋。

四、冀鲁边印钞厂石钞版等印刷设备

冀鲁边印钞厂成立之初，设备由原专署粮秣科粮票印制所及《烽火报》社提供。生产分三步进行，首先用小石印机进行大张印刷，再用脚踏圆盘机俗称“脚蹬子”打号码，脚踏着标尺压住钞券，最后用铡刀形状的裁纸刀进行裁切。印好的钞票还要逐张检查，把不合格的挑出来销毁，按原号进行补印。印钞厂最初只有两部小石印机，后来增加至四部小石印机、一部脚蹬子。由于战争期间油墨和纸张非常匮乏，北海银行各分行所用的纸张材料差异很大，有的地区用进口的水纹纸，有的地区用棉纤维纸，有的只能用常见的道林纸。冀鲁边印钞厂所用纸张是弄到什么样的就用什么样的。

由于战事频繁，印钞厂的设备经常遭受损失。1941 年秋，因奸细告密，敌人突袭程家楼村，冀鲁边印钞厂被包围，工作人员突围时，机器及角券半成品被敌人抢走了一部分。1942 年 6 月 9 日，日军纠集日伪军 2 万余人对冀鲁边区抗日根据地进行了为期 50 余天的空前残酷的大“扫荡”，印钞厂遭受了两次严重的损失，一次在张不良家丢了一部脚蹬子，另一次在侯家丢了一部脚蹬子、一部分半成品和书籍，同时还有几位同志牺牲了。

1942 年 7 月印钞厂迁到盐山时，“有小石印机三台，小铅印机三台、仍用手工裁切。”“1943 年春，冀鲁边分行从天津金聚兴机器制造厂购进比较先进的八页机和机刀各一部、脚蹬机四部以及票版等印刷材料，同时引进了三位印刷技工。”1943 年 10 月，冀鲁边印钞厂与清河印钞厂合并为渤海印钞厂，1944 年开始使用铜版印刷北海币。

五、现存的北海银行印钞版

对于印制钱币来说，钞版至关重要。1938 年北海银行成立之初的钞版由青岛光华制版社制版。1939 年重建后，票版要到敌占区去制作。由于缺少制版技师，所以常委托书局代印纸币。1941 年 5 月 1 日，胶东印钞厂在牟平县马泽山谭家口建立了制版厂，为胶东和其他分行制作钞版，但生产能力有限。由于北海银行冀鲁边分行印钞厂缺少制版和绘图人员，印刷条件又差，一副票版用不了多少就要更换，所以甚至采用钱庄票的图影，冀鲁边民国三十一年（1942 年）湖景五角币上的湖景即为地方钱庄钱票的图案。

在战争年代，一块钱钞版来之不易，保存至今更是难上加难。在敌情紧急的关头，连钞票都会埋藏甚至销毁，钞版等笨重的物品更是很少会携带行军。有时接到敌情就立即将钞版和印钞机分别埋藏；有时先是携带行军，接到轻装令后再就地埋藏；甚至防止落入敌手而将其损坏后埋藏。由于仓促埋藏，事后找不到印钞设备亦是常有之事。北海银行总行设在滨海区莒南县小沈扁村的印钞厂，就曾将印钞版埋在村边的河滩里，因发大水而未找到。可见，经过战争的洗礼，钱钞版能保存至今实属奇迹。山东博物馆存民国三十一年（1942 年）湖景五角石钞版，是目前所知的北海银行留下的唯一的印钞版，弥足珍贵。

改善民生　支援抗战

——山东抗日根据地的农业贷款

〔文〕

于芹

全面抗战初期，法币贬值，通货膨胀。山东抗日根据地加紧确立北海币的本位币地位，明令停用法币，禁用伪钞，展开反击日军的经济战。北海银行的主要工作是印制钞票以及发放农贷，以达到救济贫困，增加生产的目的。这一时期大量农业贷款的发放，解决了不少实际困难。无论在抗战上、在生产上、在改善人民生活上，还是在繁荣农村经济、巩固抗日根据地方面都起着至关重要的作用。

山东博物馆存有一组贷款凭证，为山东抗日根据地北海银行泰山区办事处贷款借券和保证书，借款人为山东莱芜农民张恒端和张义田，担保人为农民张恒诚（成）和张秋林，贷款金额为国币壹仟元，借款时间为1942年8月7日，期限为二个月，利息为月息六厘。此笔贷款为北海银行发放的农业贷款，属于低息贷款。此时正处于山东革命根据地排除法币、争取北海币本位币地位斗争的关键时刻。该组凭证印证了北海银行开展低息农业贷款政策，是山东抗日民主政权支持农业生产和农村经济原则的体现。

一、办理此贷款时北海银行泰山支行泰山办事处刚刚设立不久

北海银行是1938年中国共产党在抗战时期创立的银行，北海币逐渐发展成为山东革命根据地的主币，为山东革命的胜利做出了贡献，在中国货币史上占有重要地位。1948年12月1日，北海银行和华北银行、西北农民银行合并成立中国人民银行。

1941年7月7日山东省战时工作推行委员会决定："立即建设独立的北海银行组织系统……发展银行业务，如储蓄、汇兑、借贷、投资等工作，并在各地建立北海银行分行办事处与银行网，便利于金融流通。"北海银行泰山支行和泰山办事处在此决定下应运而生。泰山支行根据1942年7月22日《北海银行总行关于组织会计出纳、营业、发行等问题的决定》而成立，属于鲁中区，由总行兼管。张恒端和张义田办理贷款的时间为民国三十一（1942年）年8月7日，北海银行泰山支行成立刚刚半个月时间。

北海银行泰山支行泰山办事处根据泰山专署所辖行政区县，分为泰安、莱芜、历城、章丘、淄川、博山和新泰区。给张恒端和张义田贷款的是六区即莱芜。

二、此项贷款为农业贷款，是北海银行放贷的重点。在抗战相持阶段，贷款的规模和比重在不断增加。

贷款凭证显示：借款人和保证人都是泰山专署莱芜县北文字现村人，经查，目前莱芜苗山镇有"北文字村"，无"北文字现村"。凭证上，保证人之一名字两处作"张恒成"一处写作"张恒诚"，可能借款人和保证人是文盲，由银行工作人员代笔所致。借款人张恒端和张义田为同村，能共同借贷，估计为亲属关系。保证人张恒诚和借款人张恒端从姓名来看辈分相同，似为本家。四人的职业都为农民，可以推断此贷款为农业贷款。

抗战初期，根据地经济遭受了战争破坏，银行的主要工作是印制钞票以及发放农贷。北海银行"以加强山东抗日根据地之经济建设、发展农村经济、增加农业生产，增加工商业发展，统治对外贸易"为业务宗旨，贷款侧重于发展农业生产。农业贷款是山东抗日民主政权扶持和发展农民经济的重要举措。

1. 此贷款的发放机构刚刚由农民贷款所改为由北海银行直接负责。

山東北海銀行泰山區辦事處定期抵押放款借券

字第　　號

立借券人張義田（張恒端）今經張恒識（張秋林）保証以信用作抵押借到

山東北海銀行名下國幣壹[illegible]元整期限三十一年八月七日起至三十一年十月　日止月息六厘　毫

到期後本利清償恐後無憑立借券為証

借款人　張義田（張恒端）

職業　農

住址　北文字硯村

保証人　張恒成（張秋林）

職業　農

住址　北文字硯村

中華民國三十一年八月七日　立

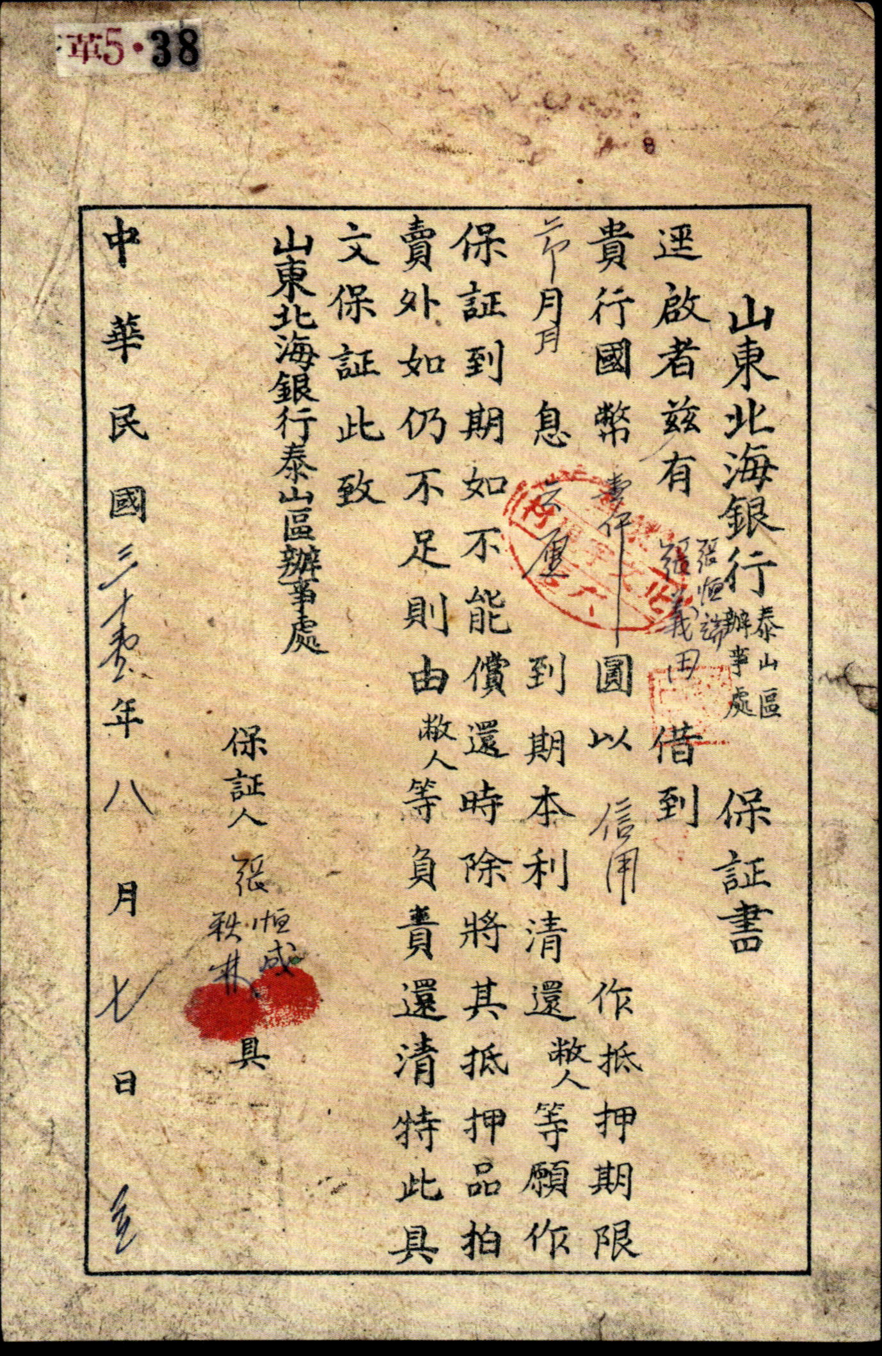

山東北海銀行泰山區辦事處 保証書

逕啟者茲有張恒成 張義田借到
貴行國幣壹仟圓以信用作抵押期限
六個月月息壹厘到期本利清還敝人等願作
保証到期如不能償還時除將其抵押品拍
賣外如仍不足則由敝人等負責還清特此具
文保証此致
山東北海銀行泰山區辦事處

保証人 張恒成 秋林 具

中華民國三十一年八月七日 立

山东北海银行泰山区办事处保证书
（山东博物馆藏）

农民贷款所是根据地在各民主政府和北海银行的协助下成立的从事低利贷款的机构。1942年7月22日《北海银行总行关于组织会计出纳、营业、发行等问题的决定》规定农业贷款改由北海银行直接负责。8月7日张恒端和张义田办理的借贷，虽然借券上编号处没有填写，但这笔贷款应当为北海银行对农业贷款实行统一管理后办理的前几笔业务。

2. 农业贷款发放的对象必须是农民。

北海银行农业贷款主要针对从事生产的贫苦农民。1941年泰山区设立贷款所，当年放贷金额为44556元，大多贷给了贫苦农民和抗属。莱芜县的低利贷款“只有每人平均拥地仅在半亩（大亩）以下，且把款用在生产事业上的才能借贷，其中尤以贫困的抗属为主”。

1942年7月22日《北海银行总行关于组织会计出纳、营业、发行等问题的决定》强调：“要注意与政权、群众团体的配合，要着重地贷给贫苦农民，以达到救济贫困，增加生产的目的。”1943年中央山东分局再次强调：“贷款应有中心，如应多贷于基本农民，而非商人地主，亦非流氓”。

3. 农业贷款必须直接用于农业生产。

农业贷款的种类有耕牛贷款、农具贷款、植棉贷款和青苗贷款等，主要用于购买种子肥料、添置耕畜农具、打井。1943年中共中央山东分局要求“贷款必须真正用于发展生产之一定目的，禁止贷作别用（如赌博、嫁娶等），并制定取缔及处罚条例，以资限制。”

4. 北海银行在抗战相持阶段农业贷款发放的规模逐年增强，比重日益加大。

1941年之前由于资金薄弱，北海币主要应付财政开支，所发放的生产货款很少。1941年山东根据地军民开展自力更生、发展生产运动，北海币开始较多地发放贷款用于支持生产，当年北海银行农业贷款达到42.42万元北海币。其中鲁中泰山区设县贷款所5处，放出春季贷款4.6万元，贷户167户，主要贷给贫苦农民和抗属，均用于生产事业的建设上。1942年2月，山东省战工会为春耕生产准备了100万元的低利贷款。

三、张恒端和张义田从北海银行贷到的是国币一千元。那么，一千元国币在当时的购买力是多少呢？

国币即法币，是国民党发行的1938年11月4日到1948年8月19日流通的货币。山东解放区历年物价指数表显示：1942年是物价飞涨的一年；1943年价格稍有回落。在战时物价上涨货币贬值的情况下，过低的利率会使贷款需求过热，从而形成告贷无门，另一方面，也不利于银行吸收存款。

按照山东解放区历年物价指数表换算可以得知一千法币在1942年可以购买小麦416斤，或土布6.25匹，或生油166斤，或食盐50斤，或棉花463斤，或洋布1.28匹，或火柴0.7箱。

四、此贷款属于低息贷款，是北海银行农业贷款扶持农业生产和农村经济原则的体现。

1940年6月，莱芜县规定“贷款概以三月为限，团体月息五厘，个人月息三厘。”7月，山东省临时参议会把“举办低利借贷”列入《山东省战时施政纲领》，规定农业贷款期限一般为3个月，月息3—5厘。10月，北海专署成立的贷款所也实行免利或低利贷款。1941年，泰山区的临沂、费县、边联、苍马等贷款所，贷款利息甚低，为3至5厘不等。

春耕对农业生产是重中之重。春耕的利息相对更低，1942年初山东省战时工作推行委员会发出《关于整理春耕贷款问题的训令》，要求各区县切实保证贷款落于贫苦农民之手，发挥应有作用，并确定农业贷款月息为4—6厘。张恒端和张义田贷款的时间1942年8月7日，利息为6厘，符合农业贷款月息4—6厘的利率，处于农业贷款利率的上限，因为是秋种贷款不像春耕贷款那么优惠。

五、1942年北海银行早已经发行北海币，为什么张恒端和张义田从北海银行贷到是国币而不是北海币？

1941年以前，在根据地，北海币还没有成为本位币。1941年7月1日，中共山东分局指示：“要在一年内……做到在山东以北海币作为山东市面流通的本位币。”但是，北海币是以法币为准备金设立的，难以摆脱对法币的依赖。一年后，只有胶东取得“排法”的胜利，其他地区的法币禁而不止。1942年8月7日，北海银行泰山支行贷给张恒端和张义田的仍然是法币，这时正是北海币与法币争夺本位币地位，逐渐占领流通市场，努力上升为山东抗日根据地本位币的关键时期。

中共山东分局1943年7月发动了第二次“排法”斗争，到1944年7月1日，北海票已经成为根据地市场上唯一的本位币了。

六、抗战阶段北海银行农业贷款的实效和意义

1941年3月到1942年10月，日军在山东境内开展了五次“治安强化运动”，“清剿”“扫荡”上百次，对抗日游击区进行分割，对抗日根据地进行封锁蚕食。我根据地受到很大损失。山东抗战进入艰苦卓绝的阶段。这一时期大量农业贷款的发放，为农民解决了不少实际困难。虽然在实际操作中，不可避免地发生了错误和偏向。有些农贷，被用来买粮食度日，当作救济金使用了；还有一些平均主义，致使贷款不能集中使用从而发挥更大的效果；还有干部调动频繁，凭证交接不正规、手续不全等问题，影响了农业贷款的实际效果。

具体到张恒端和张义田这笔贷款，该借券为统一印制，抵押物处填写的信用。即张恒端和张义田没有抵押物，而以信用进行贷款。保证书也是统一格式，虽印有保证人“以信用担保，在抵押品拍卖

外，如仍不足，则由保证人偿还。”实际上如果贷款人没有抵押物，抵押品的拍卖从何谈起呢？而保证人也以信用来担保,没有提供财产和物品做抵押。这就有可能造成贷款收不回来时，难以对其财产执行拍卖以偿还贷款的情况。而同时期胶东北海银行栖霞办事处的贷款凭证上除有担保人以外，还有贷款人提供的抵押物，这对贷款到期资金的收回起到更加保险的作用。

尽管有些不尽人意之处，但是，北海银行农业贷款的发放“无论在抗战上、在生产上、在改善人民生活上，还是在繁荣农村经济、巩固抗日根据地上……都是有着伟大的政治意义的。”

粮草先行

——解放战争时期的山东粮食总局粮草票证发行

〔文〕李娉

战时粮草供给制早在抗日战争时期就已实行。1940年，山东省战时工作推行委员会（省战工会）和各地抗日民主政权相继建立后就逐渐有了具体的粮食供应制度。山东省粮食总局在解放战争时期先后发行了不同类型的粮草票，并在1949年6月到8月又进行了系统的票改工作。由于战争的影响和组织领导的不健全，粮票制度在实施过程中，粮草票一度被当做流通货币，换取物品。粮草票制度的及时出台及调整，有力地保证了当时粮食供给工作的顺利开展。

1921年，中国共产党成立之初，票证的发行和使用在井冈山地区就已经开始，如当时发行的“中华苏维埃共和国临时中央政府临时借谷证”、“群众借谷票”等都是红军向群众借粮的凭证。作为战时粮草的配给方式，这类票证对于战争的贡献卓越，尤其是解放战争时期更是革命军队在人民群众支持下浴血奋战的见证。山东博物馆珍藏有山东省粮食总局在解放战争时期发行的不同类型的粮草票，通过细致整理并结合相关文献资料进行研究，希望能对这批票证的发行情况做出较为客观的分析。

一、山东省粮食总局粮草票的发行

1945年8月，晋冀鲁豫边区成为中国共产党及其领导的军队同国民党军队作战的主要战场。1946年6月以后，国民党军队将进攻重点转移到山东解放区，特别是华东主战场转移到山东，华中野战军、苏皖边区政府及后方机关人员大批进入山东后，粮食供给压力增大。到1947年2月底，山东主战场的鲁中南地区，滨海、鲁南两区已基本无公粮库存，鲁中亦存粮有限。严峻的形势迫切需要实施合理的战时粮草分配制度。

战时粮草供给制早在抗日战争时期就已实行。1940年，山东省战时工作推行委员会（省战工会）和各地抗日民主政权相继建立后就逐渐有了具体的粮食供应制度。为统一收支、节约粮食，省战工会根据1941年5月的全省粮食会议精神规定支粮票的使用办法，无粮票者不准发给粮食。当时的支粮票规定按照沂蒙、泰山、滨海、胶东、清河、鲁南等六个地区实行，分别由各地区的最高行政机关按照规定式样，统一印发。但从目前掌握资料来看，尚未发现有沂蒙和泰山地名的粮票。抗战胜利之后，1945年11月，胶东区行政公署又发文通知各地区仍使用1944年下半年和1945年印发的通用票、谷草票等。

各地粮票制度推行以后，有些地区实施极不严格，地区与地区之间粮票的不统一也导致浪费现象相当严重。为此，山东省政府于1946年6月刊发《关于统一与严格粮票制度问题》的决定，统一印制粮票和组织发行工作。

二、略析省粮食总局先后印发的粮草票证

自1946年山东省政府开始统一印发粮草票开始，直至1949年10月新中国成立之前，山东省粮食总局根据战争形势和粮食配给情况，曾先后发行流通过不同类型的粮票和柴草票。以票证作为限量供应物资的具体品种、数量和限制具体地区、时间的方法，成为当时解决有限资源分配的有效工具。此票证一直使用到新中国成立前夕。

1946年，山东省政府规定，粮票的发行权为山东省粮食总局，同时责成鲁中、鲁南、滨海三分库凭省粮食总局的直拨书代印刊发，且不得擅自发行，发行会计独立，直接对省粮食总局负责。发行的粮票暂分改造旧粮票与印制新粮票两种。其具体办法是，“改造旧粮票，即将各战略区所发行的旧粮票加盖粮食总局之戳记及三十五年（1946年）度

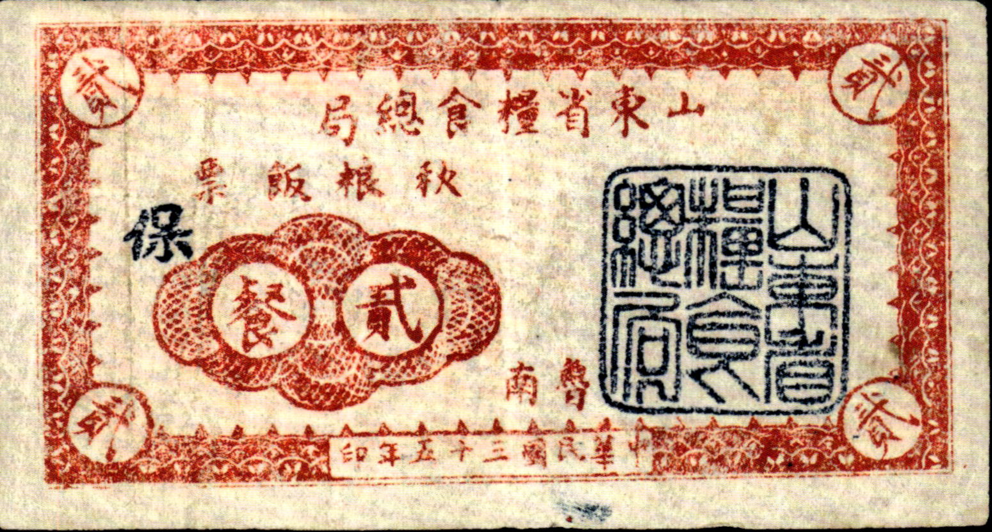

1946 年秋粮“饭票”贰餐（“保”字）
（山东博物馆藏）

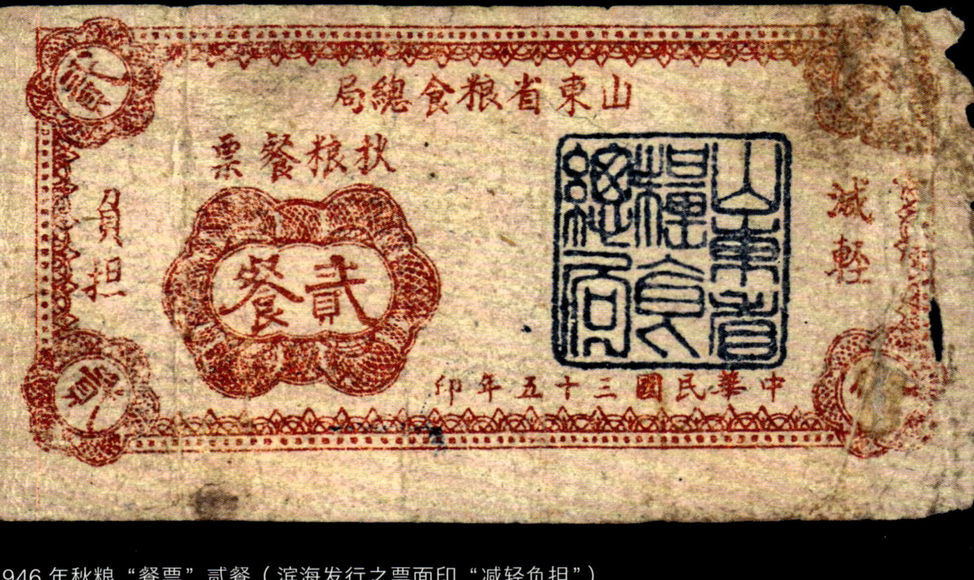

1946 年秋粮“餐票”贰餐（滨海发行之票面印“减轻负担”）
（山东博物馆藏）

章。印制新粮票，要力求精致耐久，其式样大小，正背文字之排列，须依据粮食总局所规定之式样印制之。其详细花纹，各地可自行设计。新票票面要加盖号码，为补救号码之使用不足，特规定‘厉行节约、严格制度、减轻负担、保障供给’十六字为区别字。鲁中为‘厉行节约’，鲁南为‘严格制度’，滨海为‘减轻负担’，粮食总局为‘保障供给’四字”。新印粮票为红色版，麦票为蓝色版。“不论新印或改造，凡蓝色版要加盖红章，红色版要加盖蓝章，力求明显，以免混同，发生流弊。”其他未经改造的旧粮票，一律停用。粮票分为麦粮票和秋粮票两种，均有“斤票”和“餐票”之分。斤票为机关和部队向粮库兑换粮食时的领粮凭证，其特征是票面单位为斤，只在遇到不得已情况时方可向所驻村政府抵借。餐票为饭票，只准个别出发工作人员在村户、机关部队吃饭时使用，专由村镇长收集向粮库兑换粮食。柴草票是供应解放区军队、机关烧柴所用，禁止转卖。在新粮票的号码中，从现今掌握的资料来看，未见有加盖数字号码的柴草票，但加印区别字或加 盖英文字母的柴草票却很多。

山东省粮食总局1946年发行的粮草票现今已极为少见。山东博物馆现收藏有1946年山东省粮食总局发行的秋粮餐票、秋粮饭票（贰餐）以及柴草票（“拾斤”、"伍拾斤”和“壹佰斤”）实物，均未见斤票。据调查 资料看，存世的还应有麦粮餐票（“壹餐”）和秋粮斤票（“伍拾斤”、“壹百斤”）以及秋粮饭票（“伍餐”）等。据馆藏实物及调查资料看，柴草票则有十斤、三十斤、五十斤、一百斤、三百斤的面额。1946年的马料票和马草票未见收藏。

在发行的这些粮草票中，麦粮票指的是小麦面，餐票每餐一斤二两，外加二两柴草票；秋粮票指的是苞米、谷子、小米等，餐票每餐一斤，外加三两柴草票；柴草票或烧草票在大鲁南指的是高粱秸、苞米秸以及其他杂草，而胶东烧柴则以木柴为主。同年山东省粮食总局还明文规定了“绝对禁止买卖粮票或餐票及以粗粮票换细粮票或其他物品，乃至当作货币流通市面。”

1946年新粮票制度实行后，范围未涉及胶东地区。而在1946年夏季，鲁南和胶东已成为军事战略上的一整块地区，在粮草票的使用上也要求迅速统一。于是山东省粮食总局于1946年7月先确定将“鲁南和胶东两地区之粮柴票折合使用办法（滨北地区以使用粮食总局粮柴票为标准）。”胶东地区当时行使粮票种类繁多，加上当时华中及大鲁南地区机关人员转移到胶东，大批外区粮票随之被带入，导致胶东粮票制度极为混乱。根据省新粮票制度，规定凡山东省粮食总局1947年所发行的新粮票在胶东地区统一使用，不论票面上是否加盖“胶东”字样，一律通用。“胶东以前发行的粮票，于1948年1月1日起一律停止使用，唯胶东发行之一斤粗细粮票暂准流通。”

在滨海地区的渤海粮食分局，同样使用以粮食总局的粮柴票为标准的票证，并在1947年发行了以“渤海区粮食分局”为发行单位的不同面值的粮草票。这些粮草票的背面均注明只限解放区军队或地方机关工作人员使用，不准人民使用；只限于向村长或村以上的机关换取给养，并须有机关部队的

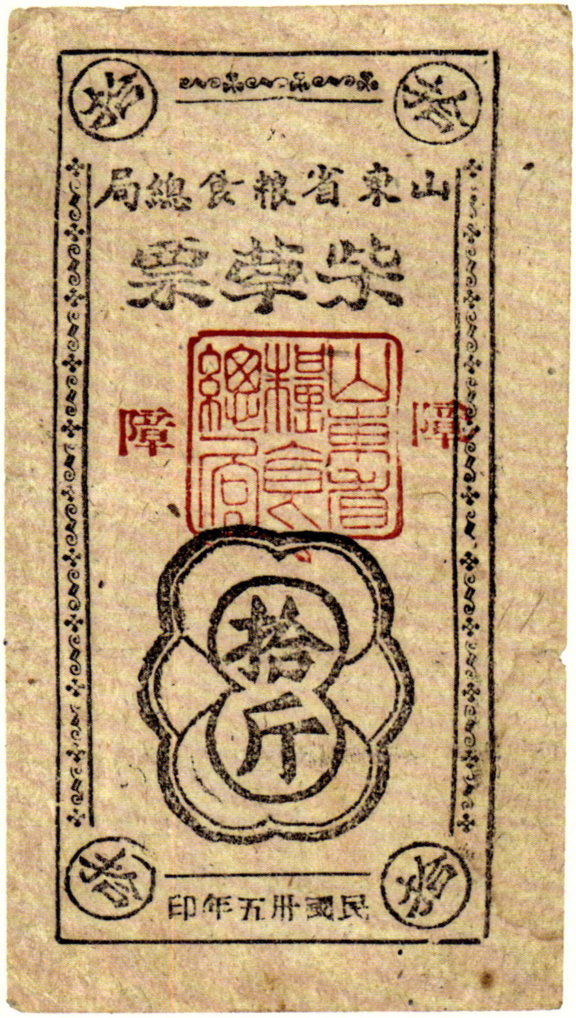

1946 年柴草票十斤（“障”字）
（山东博物馆藏）

正式证明，否则不予兑付。凭票供给后，得向各级粮库兑换现粮，并禁止粮草票转卖或当作货币流通。本馆馆藏有 1947 年的粗粮票、马草票和柴草票。

从现有资料来看，粗粮饭票也分斤票和餐票。本馆馆藏只见有餐票两种：一种加盖“军用”字样和号码，以餐为票面单位，每餐兑换粗粮一斤五两（包括柴草粮三两在内）；另一种加盖“普用”字样和号码，但也只限于解放区地方工作人员使用，以餐为票面单位，每餐兑换粗粮一斤三两（包括柴草粮三两在内）。

山东省粮食总局 1947 年发行新一批粮票，新粮票中的秋粮票、麦粮票均分为十斤、五十斤、一百斤、三百斤四种，马料票、马草票均分十斤、五十斤、一百斤三种，各种票面均印有“中华民国三十六年”字样。

1948 年，随着战争规模的扩大，山东地区粮草票的需要数目空前增加，而粮票制度在实际实施过程中仍存在制度松懈和非法滥发的现象。外区部分粮（草）票也进入山东地区，更使其种类复杂、真假难辨。1948 年初，为了严格制度、杜绝漏洞，山东省政府决定此前山东省粮食总局所发行的粮草票以及各地自印的粮草票，一律停用作废，另发行统一的新粮（草）票使用。粮票分为麦粮票、秋粮票、马料票、柴草票、马草票五种。“麦粮票为蓝色，秋粮票为红色，票面额均为一餐、两餐、10 斤、50 斤、100 斤、300 斤六种；马料票为紫色，分 1 斤、10 斤、50 斤、100 斤、300 斤票五种；柴草票为黑色，马草票为草绿色，两票票面额均为 10 斤、50 斤、100 斤、300 斤票四种。”新印的“山东省粮食总局粮草票”正面上盖有字母或汉字“胶东”字样的，一律通用。新粮草票正面盖有“B”，颜色较轻淡，花纹较模糊粗糙。盖有字母或汉字字样的新粮草票发行后，旧粮票即于 1948 年 2 月 1 日废止。本馆收藏一张莒南县政治处 1948 年 8 月 1 日制的秋粮一餐使用票，当时仅限于机关内部使用。

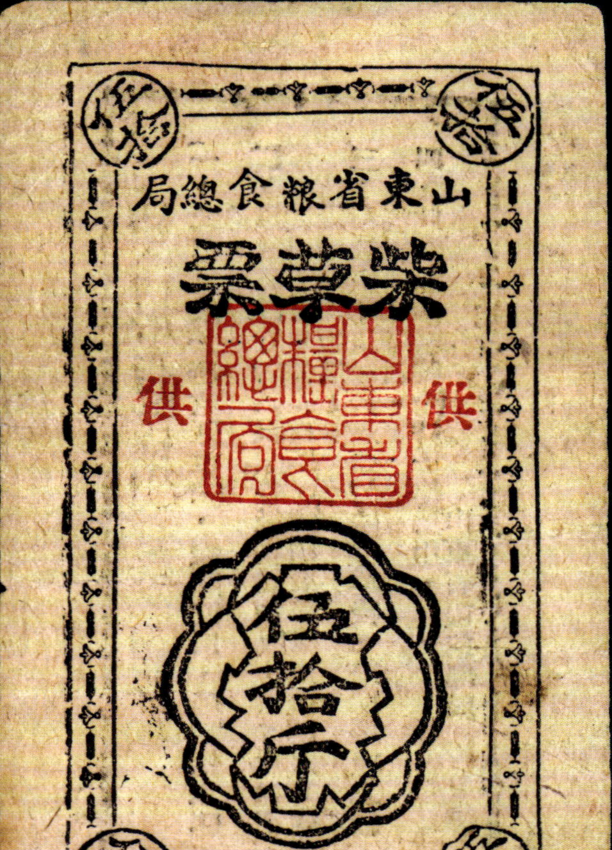

1946 年柴草票五十斤（“供”字）
（山东博物馆藏）

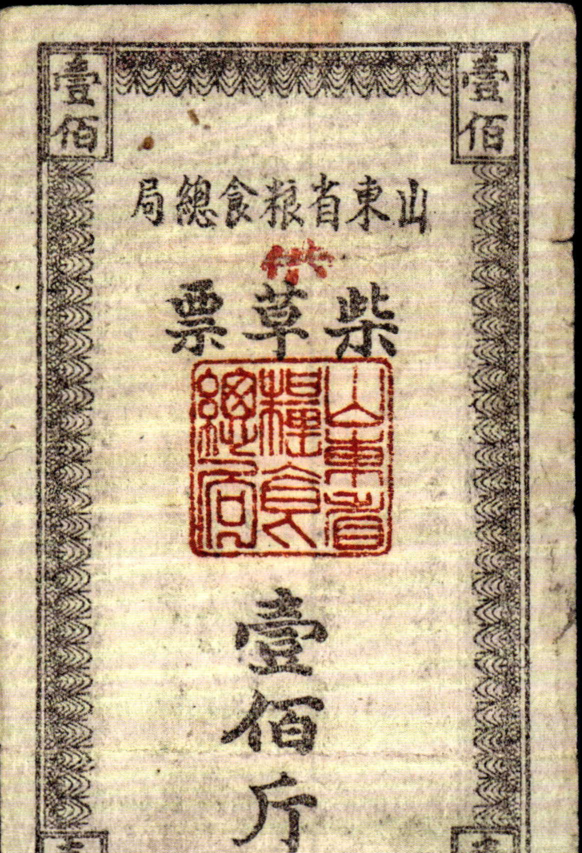

1946 年柴草票一百斤（“供”字）
（山东博物馆藏）

1949年战争环境发生更大变化，“民兵民夫大批使用粮票，后方各种建设薪金粮，又多以粮票开支工资，因而使制度紊乱，以粮票做货币流通及不法分子乘机收购渔利现象随处发生。特别是我军南进之后，由于山东粮票已失去其供给价值，因而个别单位乘机买卖，或利用一切关系使粮票回头，以致造成某些交通沿线、接近前方地区粮票泛滥，有的商贩一买数万斤的严重现象。”

为整顿这些乱象，保证山东的粮食供应和各种建设开支，自1949年7月1日起，省政府决定开展粮草票改革工作，停用除麦根餐票以外的民国三十六年发行的粮草票，启用山东省粮食局新发行的竖版（1949年版，即民国三十八年版）粮、料、草（柴）票。竖版新粮票分为餐票与斤票，餐票有秋粮餐票和麦粮餐票两种，面额均为十斤、五十斤、一百斤、五百斤四种。而马料票票面额分一斤、十斤、五十斤、一百斤、五百斤五种，柴草票和马草票票面额均为五斤、十斤、五十斤、一百斤、五百斤五种。这套新票一直沿用到1953年。票改工作由山东省粮食总局组织，各分支局粮票科具体实施票改工作方针与步骤。

三、山东粮票制度票改工作的历史回顾

山东省粮食总局在解放战争时期先后发行了不同类型的粮草票，并在1949年6月到8月又进行了系统的票改工作。由于战争的影响和组织领导的不健全，粮票制度在实施过程中长期混乱，粮草票一度被当做流通货币，换取物品。粮草票制度的及时出台及调整在当时有力地保证了粮食供给工作的顺利开展。

山东地区在新中国成立前的几个月中正确地执行了粮票票改政策，灵活运用各项处理原则，严格登记审查工作。在票改工作中清查了一批贪污分子、教育了投机商人，杜绝贪污流弊，减少国库开支，且分别确定了发还现粮或交公转账，清理了各部门往来借欠的债务。

票改工作提高了干部的群众观念与战争观念及业务水平，对开展新中国成立后的粮草票工作很有帮助，同时也熟悉了业务工作上的具体手续，如账目的记载及各种表单的使用。“特别是没收停用万斤粮草的规定，不但是减少群众损失，降低了当时的财政困难，对战争的继续支援和建设恢复发展，起了很大作用。”

抗战烽火中的红色号角

——《大众日报》创刊号

〔文〕

怀培安

《大众日报》1939年1月1日创刊，先后为中共山东分局机关报、中共华东局机关报，1954年后为中共山东省委机关报，是迄今为止全国连续出版时间最长的党报。《大众日报》忠实记录了山东人民在党的领导下进行的可歌可泣的奋斗历程，是山东党和人民革命和建设史诗的一部分，成为革命传统教育的重要素材。《大众日报》80余年的历史，是中国共产党人及老区群众艰苦卓绝的战斗史，不断开拓进取的发展史，是每一个山东人，每一个中国人都值得自豪的光荣历史。

大众日报创刊地

1938年的一天，一尊“大炮”出现在蒙阴县，这尊“大炮”原来是一部脚蹬圆盘印刷机。而这台印刷机正是时任山东省委宣传部长的孙陶林为创办《大众日报》而筹备的印刷机，拥有“大炮”一样威力的《大众日报》即将诞生。

理论引领：指引军民前进的灯塔

创刊之初，《大众日报》就旨在宣传马克思列宁主义、毛泽东思想以及党的纲领、路线、方针、政策，给齐鲁大地浴血奋战的广大军民带来先进的思想理论和最新的战争形势、作战方针，成为引领军民前进的灯塔。

1939年5月，《大众日报》就刊发了《马克思与中国》《列宁与“火花报”》等文章。1939年12月，发布《什么是马克思主义》《列宁主义概论》《共产国际纲领》等新书消息，让社会各界了解了马克思、列宁等国际共产主义领袖，了解了马克思主义，提高了军民的思想理论水平。

1939年2月13日，《大众日报》发表了时任山东分局书记郭洪涛写的专论：《山东游击战争发展的三个阶段及其趋势》。1939年5月31日，《大众日报》专论：《论抗日民族统一战线的新形势及山东抗日民族统一战线的几个问题》。1939 年 9 月 17 日，毛泽东对新华社记者发表谈话——目前国际形势及中国抗战前途。《大众日报》短评：《目前国际形势的基本特征》。1939 年 10 月 29 日，《大众日报》给营业部一系列战略战术类新书做了广告，包括：《论新阶段》《论持久战》《战略问题》《战术问题》。1939 年 12 月 29 日，《大众日报》社论：《如何动员农民参加抗战的具体问题》，转载《新中华报》社论：《拥护共产国际宣言》。这些文章评论，给正在作战的军民理清了抗战的形势、指明了作战的方式方法，使广大军民更好地在党中央的引领下奋勇作战。

凝心聚力：团结人心的战斗号角

《大众日报》创刊之初定位就十分明确，这是一个统一战线的报纸，一切消息、言论等等都要考虑到有利于统一战线。《精诚团结合作到底》《与爱国民众携手才是生路》《论团结救国》《扩大统一的民众运动全力援助抗战》等一系列振奋人心的文章相继刊登在《大众日报》上，极大激发了全体中华儿女团结起来、共同抗战的激情壮志。

1940 年 1 月 1 日，是《大众日报》创刊 1 周年。一版报耳即是木刻画“坚持抗日团结进步”。特刊正中突出刊登了毛主席专门为《大众日报》的题词：**“动员报纸、刊物、学校、宣传团体、文化艺术团体、军队政治机关、民众团体，及其他一切可能力量，以提高民族觉悟，发扬民族自信心，与自尊心，反对任何投降妥协的企图，坚持抗战到底，不怕困难，不怕牺牲，我们一定要自由，我们一定要胜利。”**这振奋人心的话语给艰苦斗争中的军民以极大的鼓舞，一份份《大众日报》出现在抗日军民的手中，刻印在人们心中。

1940 年 7 月 26 日，山东分局召开全省各界代表联合大会。大会选举产生了省级行政机关——山东省战时工作推行委员会和山东省临时参议会，标志着山东抗日民主根据地正式形成。8 月 16 日《大众日报》四个版以三个半版报道了这次大会。一版社论《庆祝空前盛会的空前胜利》，自 8 月 16 日至 9 月 1 日，6 期《大众日报》共计发表社论、消息、通讯、文章、歌曲等 67 篇稿件，如实地记录了大会的实况。这些信息将山东各界代表为战胜日本帝国主义同心同德、不顾个人安危、踊跃参会的形象传达给了更多的人，也影响了更多的人走到抗日民族统一战线的阵营中来。

揭露暴行：鼓舞人心的舆论武器

1939 年 1 月 1 日，《大众日报》创刊号刊发，右报耳即醒目刊登**“坚持抗战，克服困难，准备进攻”**十二个大字。一版正中发刊词明确表示“我们将尽量登载各方面有益于抗战的言论。”一版头条文章中鼓舞大家“我们一定能完成整个抗战任务中，坚持与扩大鲁南的游击战争，巩固鲁南游击根据地，粉碎敌人的扫荡。”罗荣桓在山东高度重视报纸发行工作，曾说到**“我以为给报馆买铅字、买铜模，并不比给部队铸造炮弹不重要。**

大衆日報

坚持抗战
克服困难
准备进攻

二十八年一月一日創刊

創刊号

本报今日一張
零售每份四分

訂閱
每月六角
半年三元
全年五元

广告价目面議

总發行处　夏蔚
坦埠黃山鋪

代銷处　各地八路軍办事处

应該警惕的二十八年的第一天

在第一个阶段的抗战已經結束，抗战的第二个阶段正在开始的艰苦条件之下，在整个中华民族在日寇的瘋狂进攻中面临着生死存亡的危机而进行了一年六个月并正在进行着持久的神聖抗战的悲壮战斗之下，我們踏上了中华民国二十八年的第一天。

在我們以滿怀的仇恨与热情，为完成抗战第二阶段中「坚持抗战，克服困难，准备反攻」，于以「轉弱为强」，争取第三阶段的最后胜利的历史任务，而悲壮地，沉着地，坚定地踏上应該警惕的二十八年的第一天的时候，本社同人謹代表正在期待着本报出世的千百万讀者，向坚决領导抗战的民族領袖蔣委員長致崇高的敬意，并以无限的热忱与慰問的敬意，致之于前綫全体抗日將領，全体政治工作人員，全体抗日战士，全体游击队战斗員及指揮員；中央及各級机关的領导者与工作人員，以及全体領导民众运动的爱国志士之前。对于为国捐軀，作壮烈犧牲的一切黄帝优秀兒女，致深長的哀悼。

在过去的一年中，虽然我們失去了徐州，开封，郑州，安庆，□□□□□□□□及最后一个中心城市，□□□□□□敌人得到这些城市，都是付了很大的代价，在每一个城市的失陷和放弃中，都使敌人消耗了很大的力量，特别是台兒庄之役及保衛武汉的战役中。敌人虽然占領了这些城市及許多交通路綫，但都处于中国軍队，游击队及人民的外綫包圍之中，鉄路，公路不断的被破坏、截断。虽然敌人侵略的烽焰，正在企圖向西南及西北伸展，但在那里它將遇到更大的困难，更大的打击，而敌人后方普遍發动及开展起来的游击战争，將給以更致命的打击，使它既不能前，又不能后。第二阶段抗战开始中敌人的弱点，我們的优点，正在以反比例的姿态明显起来。

在过去的一年中，亲日派汉奸虽曾几度□□□□的困难条件醞釀着中途屈服的和平运动，而□□□□□□□□坚决抗战的領导下，終于消声匿迹□□了。托匪汉奸虽然能愚弄一些頑固分子，从事挑撥离間的无耻伎倆，但国共两党及其他各抗日党派的团結，抗日民族統一战綫的巩固与扩大，都已有了显著的进步，这在国民党中央临时代表大会上通过發表的宣言及抗战建国綱領上，在国民参政会相当的容納了各党各派的代表上，在十一月六日召开的中国共产党六中全会的一切有历史意义的报告及决議上，都充分的表示出来。在坚持持久战的艰苦奋斗中，我国各方面都在空前的进步着。「从今以后，举国上下一齐努力，在已有进步基础之上，获取更大的进步，我偉大中华民族，一定能克服困难，增加力量，停止敌人进攻，轉弱为强，准备我之反攻，以驅逐日寇，还我河山，取得中国之徹底解放」（中共六中全会告全国同胞全体将士和全国国共两党同志。）

在迎接二十八年第一天的时候，每一个不願当亡国奴的中华兒女，都应該更加坚定起来，提高政治的警覺性，肃清汉奸托匪，严密自己的队伍，發揚中华民族的优秀气質，偉大气魄，为完成第二阶段抗战的历史任务、争取最后胜利，建立独立、自由、幸福的三民主义新中国而奋斗到底。我們相信，偉大的中华民族，一定能象鉄一般的团結起来，四万万五千万人象一个巨人那样的站立起来，在战胜一切艰难困苦中，战胜日本帝国主义，取得最后的徹底解放。就在这个信念上，我們一定能根据各个具体的环境，完成各个具体的任务。就是說，我們一定能完成整个抗战任务中，坚持与扩大魯南的游击战争，巩固魯南游击根据地，粉碎敌人的「扫蕩」。

發刊詞

自从去年「七七」事变后發动了神聖的抗战事业以来，已經一年又五个多月了。在日寇这一年五个月来的瘋狂的飞机大炮的轟炸与屠杀，以及奸淫擄掠的暴行中，使每一个中国人民認識了体驗了日本帝国主义的慘无人道的惡毒企圖，这个企圖就是要整个的灭亡中国，整个的消灭中华民族！同时，在这一年五个月来的神聖的偉大抗战事业中，一方面証明了中华民族确是一个不可征服的民族，它粉碎了敌人「速战速决」的迷梦，一方面又証明了一切亲日派恐日病者及汉奸托匪的和平运动，中途屈服及挑撥离間的无耻行为，都是徒然的！相反的，国內的精誠团結，統一战綫的巩固与扩大，各党派尤其是国共两党的亲密合作，是更加强了，誠如蔣委員長所說「日寇越打我国內部越团結」了。在实际的艰苦的战斗生活中，愈更坚强了坚持持久战，坚持統一战綫，克服困难，准备反攻，争取最后胜利的信心，愈更坚强了争取中华民族的徹底解放，为独立，自由，幸福的三民主义新中国的建立而奋斗的信心。

由于武汉放弃，广州淪陷所形成的过渡时期及第二阶段抗战的开始，无疑的在客观上更增加了很多困难，同时我国更加团結与更加进步了，这些团結与进步的發展一定是能够战胜我們的困难，争取最后的胜利。全国最高統帅蔣委員長在十一月一日告同胞書中指出：「吾人須認淸今后必須致力于战争以支持全面抗战之局面，而最后之成功，亦必須坚忍奋斗刻苦自励而始底于成」是完全正确的方針。在这种严重的情势之下，特别是在敌人正在企圖开始「扫蕩」后方的严重情势之下，如何坚持与开展敌人后方的广泛的游击战争，創造及巩固游击根据地，不断的打击敌人准备全面的反攻，最后驅逐日寇出中国呢？我們認为必須：

第一，加紧动員民众，組織民众，武裝民众，建立自衛团，实行放哨盘查，肃清汉奸，协助与配合軍队作战。地方政府必須切实执行抗战建国綱領上所載的条文：「發动全国民众，組織农工商学各团体，改善而充实之，使有錢者出錢，有力出力，为争取民族生存之抗战而动員」（第二十五条），又說：「指导及援助各地武裝人民，在各战区司令長官指揮之下，与正式軍队配合作战，以充分發揮保衛乡土捍御外侮之效能，并在敌人后方發动普遍的游击战，以破坏及牽制敌人之兵力」（第十条）。

第二，加强軍队中的政治教育工作，使軍民眞正打成一片，官兵眞正同甘苦共患难，在統一指揮下灵活的，积極的，主动的开展游击战争，不断的襲击敌人，歼灭小部敌人，消耗較大敌人，破坏交通，保衛及扩大游击根据地。

第三，改善政治机构，提高行政效率，保証政治机构之充分的民主化，在可能条件下改善人民生活，坚决执行：「在抗战期間，于不違反三民主义最高原則及法令范圍，对于言論，出版，集会，結社，当予以合法之充分保障」抗战建国綱領（二十六条）。

第四，巩固与扩大抗日民族統一战綫，国共两党及一切抗日党派精誠合作，共同領导，絕对捐弃成見，避免磨擦，削弱及分散抗战力量。也只有在这个基础上，才能中止汉奸托匪挑撥离間，造謠中伤的无耻伎倆。

正当敌人开始进攻魯南，而魯南的民众正在加速的动員起来，武裝起来，用突击的方式普遍組織自衛团以配合軍队为粉碎敌人进攻，保衛魯南，巩固与扩大抗日游击根据地而坚决奋斗的时候，本报終于克服了許多困难与大众見面了。我們將本着上述的信念及原則，为大众服务，成为他們精神上的必要因素之一，成为他們自己的喉舌，更成为他們所热烈支持的最公正的輿論机关。我們將尽量登載各方面有益于抗战的言論，同时欢迎各方面善意的批評。

本报启事

由于印刷机关还沒有完全整理及补充起来，所以本报只能暫出三日刊，而一切內容形式也都不能达到所要求的程度。我們当以最大努力来使它不久便变成二日刊以至日刊，內容和形式方面，也力求其充实生动。我們期待着各方面的援助及批判。

一月一日編輯室

青年报社紧要启事

本社同人为集中力量出版一种內容丰富印刷精良之报紙，以期提高新聞效能，加强抗战力量起見，本社同人全体参加大众日报社工作，已于本月十五日赶辦理一切籌备事宜，惟以行色匆匆，未克出版終刊号向讀者諸君說明，殊深抱歉，至于訂閱本报未滿期之訂戶，以后向大众日报社照数补發，凡訂戶有欠报費者亦請交大众日报社代收为要，統希亮詧并請原諒！

遺失声明

鄙人来王庄办公因一时不愼遺失牙質方形篆書手章一顆文为曹龙驤印特此声明作廢

曹龙驤启

一张张报纸，一篇篇社论和文章，就是打击敌人的一发发炮弹。”这些无不表明《大众日报》一经诞生便是战斗的武器，是为打败日本侵略者，争取全国解放最坚固的战斗阵地。1939年1月7日，《大众日报》发表征稿启事：征求关于战斗情报，部队生活，人民救亡运动及揭露日军暴行的报道，并提出写人物访问记等。1939年5月3日，《大众日报》社论《所谓“东亚新秩序”》揭露了日本冠冕堂皇的“东亚新秩序”背后的殖民主义意图，坚定了军民抗战的决心与意志。

1940年3月25日，孙祖战斗后，《大众日报》对此进行了集中报道，一版社论《庆祝孙祖战斗大胜利》，编辑人员精心刊发了三篇通讯，其中《八路军孙祖镇歼灭敌寇》一文用四个醒目插题描述了战斗经过。4月3日，《大众日报》一版头条又报道《粉碎敌寇春季扫荡 鲁南八路军再创空前伟大胜利 白彦等地数日夜血战毙敌千余一再增援一再施毒终告惨败》。这些胜利的消息极大地鼓舞了广大军民的抗战热情。

1940年8月20日，华北八路军在彭德怀的指挥下发动了著名的“百团大战”。29日，《大众日报》一版特别发表社论《论八路军“百团大战”的伟大胜利》，这篇社论指出：百团大战“首先振奋了全国人民，打击了悲观失望情绪”“打击了汉奸、投降派、教训了顽固到底的分子”“粉碎了敌人扫荡华北，进攻西北，与迫我投降的阴谋”“震动了世界，加强了和平阵营的力量”。

回顾历史，以鉴未来。《大众日报》完整地记录了党领导山东军民血战到底的烽火历程。这些宝贵的记忆提醒我们，在中国共产党的领导下，不忘国耻，团结一心，奋勇战斗，就能不断战胜一个又一个的挑战，走向更加辉煌灿烂的胜利。

群策群力

——胶东抗战报刊《群力报》

〔文〕
李娉

《群力报》是抗战时期中共胶东区党委和胶东各救会领导下的报纸，是我党在敌后根据地时期创办通俗报纸总体设想中的一个具体成果。与机关报以区以上干部为阅读群体不同，《群力报》有着面向群众办报的鲜明特色。《群力报》作为珍贵的红色文献，是党领导下的胶东民众在民主革命时期争取自由和正义的革命性展现。对于《群力报》的探析，是了解20世纪40年代胶东历史的重要一环。

“胶东山色硬如铁，三面海声四面云。群策群力天地改，风华正茂一代人。”这是2005年著名作家严阵为庆贺《群力报》创刊60周年时的题字，这篇诗词形象地表现了历经革命的“群力报人”的辉煌历史。抗战时期的胶东半岛是传播革命文化的阵营，当时为抗击日军伪军，建立强有力的群众性舆论工具，以进行广泛的抗战宣传和动员，中共胶东特委积极创办各类报刊，宣传抗战动态和共产党的理论主张。据官方数据统计，从抗战开始，胶东地区先后出版过120多种报纸、96份期刊，这些报刊的出版，影响广泛深入。其中《群力报》就是在胶东发行时间较长、在群众中影响巨大的报纸之一。

《群力报》创刊于抗日战争即将取得胜利的1945年2月7日，停刊于解放战争胜利结束后的1949年11月底，就是这份小报伴随着胶东人民度过了极不平凡的五年。《群力报》报名源自“群策群力”一词，初创为十日刊，八开四版小报，1948年9月9日改为四开四版的三日刊，后又出过五日刊、旬刊等，共出刊518期。该报初创时是胶东各救会的机关报，到了1947年底《群力报》也改为中共胶东区委的机关报，与著名的《大众报》合署办公。1949年6月，《群力报》迁入青岛出版。青岛市由胶东区辖市改为省辖市后，该报并入《胶东日报》，中华人民共和国成立后于1949年12月1日迁至莱阳城出版，后因筹备出版《文登大众》终刊。

在山东博物馆近现代文物的文献典藏中，保存着20世纪五六十年代自胶东捐献来的部分《群力报》，以解放时期发行出版的较多，抗战时期出版的仅有11份，均在创刊初期的1945年，从4月到9月，共11份。经历了战争烽火的洗礼，时至今日属于抗战期间这6个多月内刊发的《群力报》实属存世日稀、因稀见珍。报纸均为油印，比较简陋，但版面设计紧凑合理，大方活泼，栏目丰富。当时《群力报》的栏目主要有“大众言论”“小言论”“时事漫谈”“时事解说”“国外大事”等，还有旨在提高群众文化知识的“都来看”“小辞典”“读报知识”等小版块栏目。稿件类型主要是新闻、言论、诗歌、通信等。现将属于抗战时期的出版目录及各期“大众言论”栏目的核心内容整理如下：

《群力报》是中共胶东区党委和胶东各救会领导下的报纸，但与机关报以区以上干部为阅读群体不同，《群力报》有着面向群众办展的鲜明特色：

《群力报》的办报思想服务于普通民众。它的阅读主体定位于敌后胶东抗日根据地的乡村干部及广大农民群众，这份报纸填补了抗战时期胶东没有群众性报纸的空白，又带有鲜明的胶东地域特色。《群力报》当时与临沂的《鲁中大众》、渤海的《渤海大众》和鲁南的《滨海农村》并称山东解放区四大通俗报纸。时代赋予这份报纸的主要任务是“宣传党的路线和方针政策，动员工、农、青、妇、儿等各抗日团体的会员及广大群众开展抗日救国及民主革命斗争，同时也是对群众进行时事教育、提高科学文化知识和共产主义觉悟的教材。”

借鉴兄弟报纸办通俗报的经验，《群力报》白手起家，边学边干边提高，坚持大众化、通俗化的基本办报方针。《群力报》社的稿件内容贴近群众，并增加了各种知识性和趣味性的专栏，很受欢迎，

山东博物馆馆藏抗战时期《群力报》目录

序号	日期	版式	期数	出版单位	"大众言论"核心内容
1	1945.4.2	八开四版五日刊	第九期	胶东各救会群力报社	《齐心协力打垮恶霸政权》
2	1945.4.7	八开四版五日刊	第十期	胶东各救会群力报社	《贯彻查减结合开展大生产》、《解决贫民抗属土地问题》
3	1945.4.12	八开四版五日刊	第十一期	胶东各救会群力报社	《劳动英雄姜福全》
4	1945.4.17	八开四版五日刊	第十二期	胶东各救会群力报社	《村会怎样领导村里的工作》
5	1945.4.22	八开四版五日刊	第十三期	胶东各救会群力报社	《不能因为生产忘了查减》
6	1945.4.27	八开四版五日刊	第十四期	胶东各救会群力报社	《要这样查》（赵铎）
7	1945.8.3	八开四版五日刊	第二十八期	胶东各救会群力报社	《纠正目前开展民主的几点毛病》
8	1945.8.5	八开四版群力报增刊		胶东各救会群力报社	《胶东群众运动今后的任务》
9	1945.8.8	八开四版五日刊	第二十九期	胶东各救会群力报社	《把开展民主运动和继续查减结合起来》
10	1945.8.23	八开四版五日刊	第三十一期	胶东各救会群力报社	《一切为了前线，一切为了战争的最后胜利》
11	1945.9.3	八开四版五日刊	第三十三期	胶东各救会群力报社	《解决组织秋收中的一切问题》

这也都是广泛组织起来的敌后广大工农通讯员辛勤努力的成果。报纸定位下沉到胶东社会的最基层，着力抓好一人一事的报道。在这份报纸上，农民的形象不再是"广大农民""广大群众"等抽象的综述字眼，而是一个个有名有姓、有血有肉的人。宣传劳动模范、荣誉军人、翻身农民、寡妇改嫁等等。农民成为报纸的主人，这使得农民自身受到极大鼓舞，报纸中宣传的新式婚礼、新法接生、家庭民主等也形成新的积极向上的社会风气。还有一些报道直接反映农民对抗战时局的看法，表达农民的心声，也体现出了《群力报》真正是群众的喉舌。据1947年1月底的统计，《群力报》共发行56624份，当年最高发行量达8万多份。以当年胶东800万民众计算，平均每100人就有1份《群力报》，这样的民众普及程度在革命时期是极为少见的。

《群力报》出现于20世纪40年代中期并不是一个偶然现象，而是我党在敌后根据地时期创办通俗报纸总体设想中的一个具体成果。1941年的《中央宣传部关于各抗日根据地报纸杂志的指示》中就提出："各边区可以出版一种作为社会教育工具的通俗报纸（如晋西北的《大众报》及陕甘宁的《群众报》），其读者对象是广大群众和普通党员，它担负着政治的、社会的、科学的和大众文化的有计划的启蒙任务。"中宣部也指示把办好通俗报纸与办好党报工作一起重视。中央指示下达后不久，山东地区就出版了五份通俗报纸，各根据地总共创办也不少于四五十份，这是我国报业史上的一个奇观。中共在革命过程中重视运用通俗报纸来做农民工作，发挥报纸的社会教育功能，如此在世界范围内的马克思主义政党中都是少之又少。从这个意义上讲，创办通俗报纸也是我党在新闻工作上的一个创造。

关注民众舆论、注重农村实际。馆藏《群力报》社论级别的《大众言论》栏目内容紧贴实际，号召和发动群众积极抗战、宣传生产模范和民兵英雄、减租减息工作以及开展群众大生产、妇女运动等。编辑部非常重视地方特色，将胶东的方言土语融入文章中，内容短小精悍，标题简明扼要且引人入胜，文字口语化，通俗易懂；副刊既贯串政治教育，也实施文化教育，更是配以图画、漫画、歌曲、打油诗等，图文并茂。报纸中缝还刊登一些科学种田的经验及防止庄稼病虫害、家庭医疗小知识等，贴近农民生活的实际。《群力报》创刊初期虽是八开小报，但看上去却充盈丰满，报纸把报道的重点都放在基层的农民群众当中，尤其是农民当中的英雄模范人物、拥军优属的典型、民众中的好人好事、农村新气象、婚姻问题、农业生产生活疑难解答等等。

中共作为新生的政党力量，在争取民众对于中共的信任和支持的同时，更为关注的是农民的需求和切身利益，这也是《群力报》引导舆论工作的着力点。报纸要为群众服务，就应实实在在地帮助农民解决切身利益的问题。《群力报》积极反映农村土地、地租问题。1938 年 8 月，胶东北海区行政督察专员公署积极推行减息减租政策，对减租减息、公平负担作了明确规定，除了有政府出布告、下命令之外，还召开各种会议深入动员，如召开地主高利贷者座谈会、贫雇农座谈会、地主佃户对话会、农救会分组讨论会等等，通过调整利益分配关系，减轻了农民的经济压力，也调动了各阶层持久抗战的积极性。减租减息运动的情况都及时出现在当年《群力报》的报道中。如第一任总编辑赵铎先生在 1945 年 4 月 27 日的《群力报》的"大众言论"版块中，针对减租减息和查减运动专门写了《要这样查》，总结了查减的四种类型，并提出自己的中肯建议。《群力报》正是通过以政府信用和政策为主导、为农民谋求根本利益的社会动员，争取到了广大民众对于抗战的支持。

报社工作人员深入农村，经常参加劳动。这是他们在莱阳臧家庄刨地时休息的情形。
自左至右：宫敬之、杨云杰、张少甫、张千

1945 年 3 月 21 日《群力报》第四版“胶东群英谱”
（山东博物馆藏）

《群力报》更是群众生活的组织者。在报纸的副刊位置多有介绍家庭生活小经验、小办法；报纸还专门开辟“庄户药房”专栏，介绍卫生知识和各种常见病、多发病的防治办法；报纸从生活服务开始，逐步扩大到生产方面，办起了“农业经验”专栏，为农民提供技术指导，这些专栏的内容比较讲究科学且方便易行，受到农民欢迎。另外学习邹韬奋先生开办“读者信箱”的经验，《群力报》第三版开辟“有问必答”专栏，解答读者提出的各种问题，例如农村土改政策问题、家庭纠纷问题、婚姻问题、疾病问题、生产问题、自然科学问题等等，为群众排忧解难，解决了不少问题。同时期《群力报》还刊登各部门为加强农村教育而编写的各种通俗教材，如冬学教材、卫生教材、民兵教材等，以满足农民群众学习需要。王仲莘作为老新闻工作者，曾高度赞扬《群力报》在群众工作中做出的贡献：“《群力报》的服务范围扩大到社会生活的各个方面，即是农业先进技术经验的推广者，农民生活的指导者，又是卫生知识的传播者，科学文化的普及者。在科学技术严重不足、经济条件落后、医药严重缺乏的条件下，《群力报》以满腔热情为群众服务，在一定程度上弥补了这种不足，做出了很大的贡献。这样一种全方位为读者服务的情形，在新闻史上是不多见的。”

《群力报》作为一份革命时期面向农民开办的报纸，它不仅将共产党的先进思想政策、抗战理念输送给底层的民众，更可贵的是通过文化识字、教育引导，使世世代代受到压迫的胶东民众逐渐感受到自身解放的重要性。人的知识越多，辨别是非、理解事物的能力就越高。民众生活在基层，这一地位决定了他们对社会出现的问题最为敏感、最有切身体会，改变意愿也最强烈。他们懂得并渴望获得的不仅仅是认识几个字，读懂几份报，更重要的是通过报纸，他们已逐渐感知“自由、民主、人权”这些原本只属于知识分子心态的价值观，以及社会阶层地位的变化。所有这些，都与群力报人的辛勤努力分不开。

从历史发展来看，真正意义上的社会舆论能为理性所引导，通过公开而精密的报纸讨论造就出来，或许才能最终成为社会的指南和民主政治的导航。《群力报》作为珍贵的红色文献，是胶东人民在民主革命时期争取自由和正义的革命性展现。对于《群力报》的探析，是了解20世纪40年代胶东历史的重要一环。

文艺的力量

——山东抗战文艺资料中的大众化运动

〔文〕李娉

抗战时期，革命文艺成为新民主主义文化战线的灵魂。山东的抗战文艺运动借助时代契机肇兴发展，并在解放区深入普及文艺大众化，具备鲜明的时代特色和地域特色。抗战文艺运动是民族的、进步的、战斗的文艺，它生动描绘了波澜壮阔的抗战历史，为浴血奋战的齐鲁儿女输送民族精气，为中国人民抗日战争的胜利做出了巨大贡献。直至今天，抗战文艺弘扬的伟大民族精神和文艺大众化的理论实践仍具极高的当代价值和深远影响力。

中華民國三十一年一月二日 dazhung bao 星期五 第一版

大衆報

667
本日出刊兩大張
零售國幣一角四分

一九四一年逝矣！一九四二年來臨。

林浩

光陰似箭，日月如梭，一九四一年逝矣！……

八路軍膠東部隊元旦公佈戰績總結

躍進中的青年黨軍

五旅四年來戰績總結

著名戰鬥

輝煌戰果

一九四二年元旦

五旅吳高首長親切慰問抗日軍人家屬

五支一年來戰績總結

要聞

山东抗战文艺运动的肇兴

抗战全面爆发后，革命文化以抗战大势为契机、以抗战文艺为重要宣传载体，伴随革命战争在民主根据地得以生根开花。毛泽东同志曾对文化在战争中的巨大作用有过精彩的论述："我们要战胜敌人，首先要依靠手里拿枪的军队，但是仅仅有这种军队是不够的，我们还要有文化的军队，这是团结自己，战胜敌人，必不可少的一支军队。"毛泽东同志指出的文化在抗战时期即为全中华民族的文化，是为最大多数的抗战民众服务的、具有鲜明新民主主义特征的文化。抗战初期的山东文艺运动，是随着买办封建文化垮台没落、敌伪文化还未有基础的时候肇兴发展的。这条文化战线的发展艰辛异常，仍需不断与敌伪顽反动文化做斗争，在逼仄的空间中求谋生存，在抗战初期凸显出了独有的特点。

（一）抗战新文艺运动的特质是民族、民主、科学、大众的文艺，更是在山东的独特抗战局势下具备强烈战斗性的新民主主义文艺。在日军入侵山东后，面对日伪的奴化教育和在亲日派、顽固派支持下死灰复燃的封建买办文化的联合进攻，新文艺运动首先是文化斗争的强大战斗武器，"随时打击敌伪顽灭华亡国的一切阴谋和欺骗宣传、痛击敌伪灭亡中国的所谓新民主义、汪精卫的伪三民主义、投降派顽固派的假三民主义和敌伪合唱的反共学说"。这时期的文艺工作者主要是部队中的宣传工作者。在游击战争开展的同时，新文艺运动以抗战宣传的姿态在山东敌后方奠定了基础。

（二）从文艺运动组织薄弱的现状到中心地区模范带动。抗战初期山东文艺运动组织力不强。文艺工作者的匮乏是一个原因。韩复榘当局撤离后，文化教育形成脱节现象。在抗战爆发后四五年，山东中小学学历的学生仍处于少数，培养干部困难重重，这也是别的地区所没有的现象。其次，地方上的文艺工作者多数参加了军队，文化工作者青黄不接，文艺运动经常处于停滞状态；再次，受日伪封锁，战时交通不便也影响了文艺运动的指导和组织，所以山东最开始的文化艺术工作是在艰辛的经验摸索中分步骤分头创造起来的。最后，缺乏文化运动的中心地区也是很重要的因素。抗战中后期，山东解放区不断在主署、专署等地区谋求建立文化运动的基点或模范地区，继而推动最大地区范围内文化运动的开展。

（三）从忽视社会群众教育到群众性教育宣传文学艺术初步综合开展。抗战初期，山东社会群众教育在初期一直是被忽视的一环，文化艺术工作任重道远。1940 年 7 月，山东省战工会颁布了《山东省战时国民教育实施方案》，开始把民众教育纳入国民教育的范畴。曾任中共山东分局宣传部长李竹如在 1941 年全省第一次文教大会上将社会教育、宣传工作和文学艺术之间的关系讲得非常透彻，他指出"学校教育是开展新文化运动的基础，社会教育是普遍新文化运动的契机，宣传工作是战胜敌人谬论、广播我们正确主张的重要武器，文学艺术等是深入文化运动的要素。不注意文学艺术的培植，文化运动等于失掉了灵魂，所以教育宣传文学艺术应很好地联系起来，互相配合造成全面发展的新文化运动"。至 1940

年底，山东战地文化研究会、八路军第115师文艺习作会、山东省文化界救亡协会、鲁迅艺术学校、抗大第一分校文工团等相继成立，这些机构组成了山东文教艺术运动的重要组织系统。在抗战中期以前，领导脱产剧团已有30多个，不脱产的有200个左右。比较正规的剧团、演讲宣传队、歌咏团等群众文艺组织在部队、地方相继成立。

（四）大量创办的报纸刊物在宣传教育方面起了重要作用，更是文艺作品呈现给大众的重要载体。馆藏抗战时期山东创办的报纸有《大众日报》、胶东《大众报》《新山东报》《群力报》《山东文艺》《胶东文艺》以及部队中的《战士报》《前卫报》等。报刊文章体裁灵活多样，在重视理论杂评、通讯、社论、消息等固有体裁的同时，还增加艺术类的新体诗歌、散文、快板、活报、杂耍、武老二、小调（锯大缸小调、十杯酒调）、大鼓词等活泼生动的宣传形式，深入浅出传达党的抗战政策，为群众喜闻乐见。

文艺大众化在山东的推广

1942年5月，正值全世界反法西斯战争处于伟大历史转折的关键阶段，毛泽东同志发表了《在延安文艺座谈会上的讲话》，第一次明确指出文艺为人民大众、首先为工农兵服务的方向，文艺更是为了团结抗战、争取抗战胜利服务。《讲话》"坚持人民为中心的创作导向，实现了中国文艺价值主体和表现主体由精英向大众的伟大转变，代表了中国最广大人民群众的根本利益"。在党的文艺政策号召下，文艺工作者纷纷踊跃到基层一线实践，很快在整个边区掀起群众文艺的高潮。在延安模式的影响下，山东解放区也走上了鲜明的文艺大众化之路。

首先，中共山东党组织倡导的文艺大众化开端较早。早在《在延安文艺座谈会上的讲话》正式发表的前两年，文艺大众化在开风气之先的胶东即有明确提出。1941年10月19日，中共胶东特委机关报《大众报》副刊《文艺短兵》创刊时即提倡文艺"要不脱离现实真正变成群众的东西，为群众之喉舌，为群众之食物，不要为少数人所包办，而且要从此创造培养出无数不知名的艺术家文学家"。既提出了文艺为抗战服务的号召，同时也将新文艺服务大众的精神深刻阐释。《在延安文艺座谈会上的讲话》发表后，山东党组织领导下的文艺工作者以整风的精神认真学习，他们亲自参加到工农兵大众的日常中去，采集群众当中最生动鲜活的创作素材，文艺作品更能打动群众的感情，拉进党群关系。

第二，新文艺运动系统领导组织有序。文艺运动本身就是党政军宣传工作的载体，党政机关也是推动文艺创作发展的重要力量。山东在抗战中后期建立了规范的文教委员会，将文教、宣传机构和艺术团体都充实联系起来。文教委员会成为整个文教工作的领导机关。文教工作有了统一的领导和统一的方针、统一的行动。抗战中后期山东各地还普遍建立健全剧协、各种艺术研究会和艺术联合习作会，鼓励工、青、妇各群体团体创办自己的刊物，并以俱乐部和模范文化试点为中心广泛开展根据地文艺工作，推进民众启蒙运动。

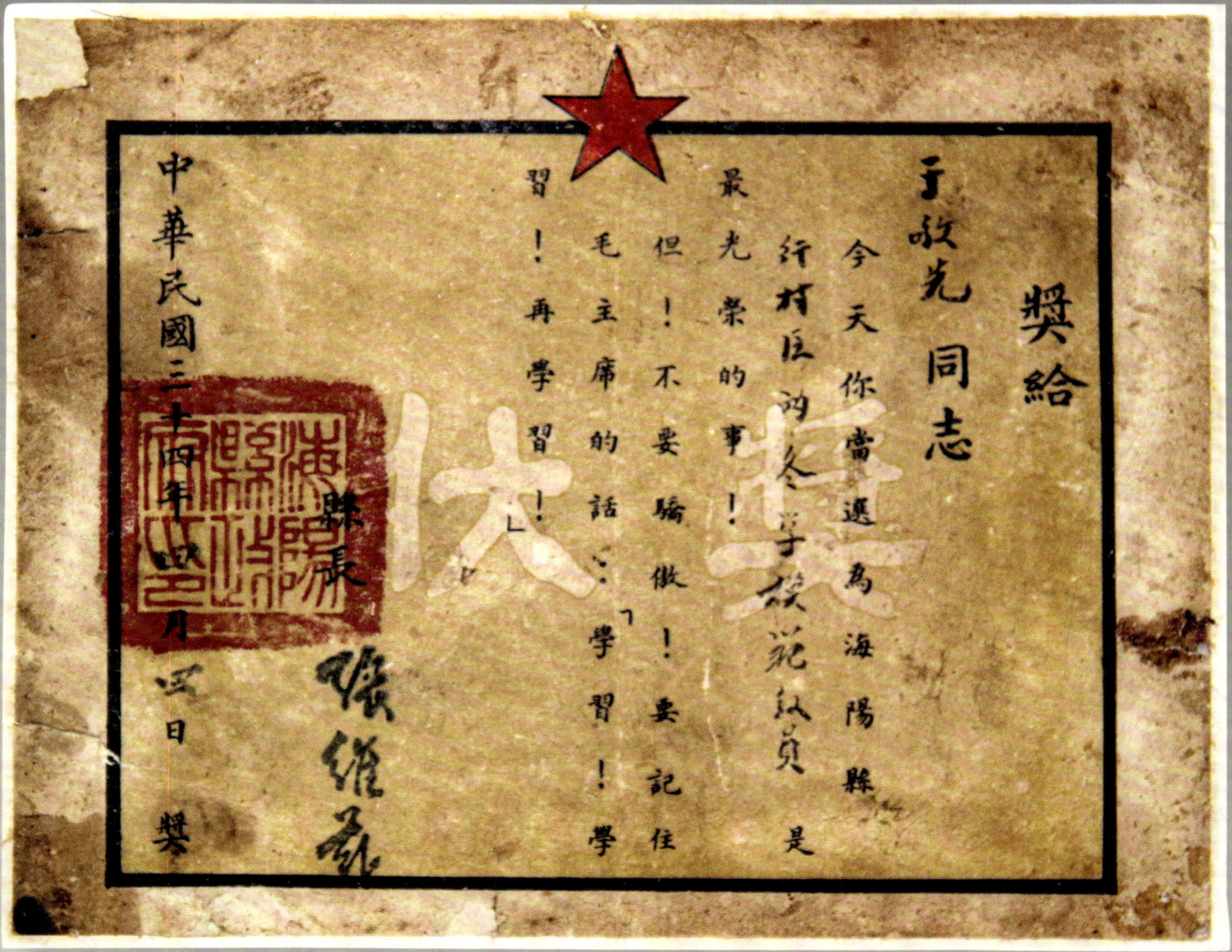

獎給

于敬先同志

今天你當選為海陽縣行村區的冬學模範教員 是最光榮的事！

但！不要驕傲！要記住毛主席的話：「學習！學習！再學習！」

縣長 張維磊

中華民國三十四年四月四日 獎

“冬学模范教员”奖状

（山东博物馆藏）

第三，继续普及充满地域特色的文教运动，将文艺大众化推向深入。在抗战初期的文教基础上，中共山东分局继续大力加强宣传文化工作。在初期开展冬学运动一年多的基础上，根据成人教育的不同特点，进一步发展了民校、著名的识字班、读报小组、歌咏团、农村剧团、文艺俱乐部等，对扫除文盲工作有很大收获。据统计至 1944 年夏，山东抗日根据地已建立“初等学校 8314 处，学生 47258 名，省立中学 17 处，学生 4000 名，冬学 9668 处，学员 626321 名”。乡村教育的战时普及是深刻的社会变动，不同程度地提高了群众的整体文化水平。群众读简报、识墙报、写笔记甚至创作剧本，更能深刻领会抗战精神，对支援前线和开展对敌斗争都起到了巨大推动作用。

第四，山东解放区文艺活动阵地主要集中在部队和农村。部队演出十分广泛，部队打到哪里就演出到哪里。抗战的文艺宣传工作多是以部队为中心、以剧团、宣传队、训练班的形式发展起来的。各部队普遍建立文艺俱乐部，“将连队中的军政问答、黑板报、广播稿、创造栏、表扬栏、批评栏、公布栏等形式样统一整理成墙报”，并不定期尝试开办战士业余剧团和歌咏比赛。在军队以及地方上的工厂、学校等的文艺团体的示范下，农村各地也广泛建立了文艺俱乐部，内设剧团、民校、识字班、壁报组、秧歌队等。至 1943 年左右，滨海区莒南县业余剧团已达 110 个；鲁中区沂南县的业余剧团亦达 110 个。至 1945 年 6 月，“仅胶东一地就有这样的娱乐组织 1.25 万个”。农村俱乐部有上级俱乐部的指导、群众团体支持和小学教育、巡回教育团的推动，成为乡村文化娱乐工作的中心，组成大众的文化网和文化堡垒。

第五，山东解放区的文艺大众化在重重阻力中推行。鲁迅在论及这个问题时指出“应当有种种难易不同的文艺，以应各种程度的读者之需。倘若此刻就要全部大众化，只是空谈。大多数不识字，目下通行的白话文，也非大众能懂的文章，言语又不统一，若用方言，许多字是写不出的，即使用别字代出，也值为一处地方人所懂，阅读的范围反而收小了”。从山东教育水平地区性不平衡的现实情况来讲，文艺普及大众化任重道远；其次，山东文化艺术干部有断层且特别缺乏，战时也不可能从中央及时地调剂补充，至抗战中后期仍缺乏“统一有计划有力量的自上而下的组织领导系统”；再次，文艺工作在与敌伪顽反动文化的斗争中，往往主动性不够，时常处于被动的地位，没有高度认识文化的战斗性。此外，不在少数的文艺界的人还是放不下架子去贴身群众，或在文艺创作上还留恋着以往僵化的形式。“文艺大众化”问题，固然要从文艺创作中贯彻和体验，而从文艺工作者本身思想观念上转变和提高，更十分必要。

抗战文艺对现当代文艺发展的深远影响

抗日战争的胜利虽然已经过去了 70 多年，但伟大的抗战精神和抗战文艺运动的历史经验，对于现当代文艺的发展仍具有深远影响。“提高文化软实力，要努力展示中华文化独特魅力，要使中华民族最基本的文化基因与当代文化相适应、与现代社会相协调，以人们喜闻乐见、具有广泛参与性的方式推广开来，把跨越时空、超越国度、富有永恒魅力、具有当代价值的文化精神弘扬起来”。抗战文艺运动弘扬的伟大的民族精神，也始终是激励齐鲁儿女百折不挠、攻坚克难、实现民族复兴的强大精神力量。

抗战时期的山东文艺大众化实践是中国文艺历史变革的一个缩影，也深刻影响了此后的山东文艺发展主流。马克思主义不仅仅是革命和批判的理论，它同样是随着时代前进而不断发展的理论，更是建设的哲学和建设的文明。文艺大众化思想随着时代变迁和社会变革也有了更新的内涵。2014 年，习近平总书记在新时期文艺座谈会中指出“人民既是历史的创造者、也是历史的见证者，既是历史的‘剧中人’、也是历史的‘剧作者’。文艺要反映好人民心声，就要坚持为人民服务、为社会主义服务这个根本方向。这是党对文艺战线提出的一项基本要求，也是决定我国文艺事业前途命运的关键”。

“黄河落天走东海，万里写入胸怀间。”源远流长的中华文明是文艺生长的深厚土壤，阔步前进的改革时代是文艺发展的壮阔蓝天。新中国成立 70 多年来，山东文艺事业的发展虽经历过低谷和挫折，新时期山东的文艺建设也取得了日新月异的发展，但以人民为中心的文艺创作导向仍是文艺家的不变初心。为实现“两个一百年”的奋斗目标，更需要无数艺术家们聚合人民的磅礴力量，赓续薪火、再造经典。

战地玫瑰

——《山东妇女》创刊号中的妇女运动

〔文〕

李娉

《山东妇女》（创刊号）是山东妇女运动发展史罕见而珍贵的革命文献。作为抗战时期山东妇女运动的第一份代表性刊物，且在冀鲁豫妇女界影响较大的一份刊物，见证了山东女性在革命历史大潮中的新面貌。正是这本刊物通过女性的视角正视问题、不断解决问题的研究，有力促进了抗战时期山东妇女运动的指导、教育、组织和联系，同时它也是克服妇运缺点、实现山东妇女运动成为全体妇女事业的主要推动者。

自1921年，第二届国际共产主义妇女代表会议将3月8日这天定为国际妇女节，这个全世界妇女的节日至今走过了100年的历史。百年风华，一代又一代的中国妇女以各种各样的形式纪念这一节日：北伐路上的游行、抗战街头的募款、内战时的示威等等。中国共产党成立以来，一直高度重视妇女问题，将实现妇女的彻底解放作为重要奋斗目标。

苏联有位作家曾说过："战争，让女人走开"，人们普遍印象中的女性总是残酷战争历史中柔弱的角色，但这句话并不适用于伟大的中国女性，尤其是伟大的山东女性。抗战时期，中共山东党组织把实现妇女自身解放、开展妇女救亡运动作为敌后抗日根据地建设的重要内容。山东妇女倾力付出，参军作战，支援前线、动员群众、生产自救、支持土改，妇女所做的巨大贡献遍布前线和后方。山东博物馆藏《山东妇女》（创刊号）是抗战时期在冀鲁豫妇女界影响较大的一份刊物，见证了山东女性在革命历史大潮中的新面貌。

该刊由山东省妇女救国联合总会编，1941年3月8日的"三八国际妇女节"出版，又为创刊首本，故是山东妇女运动发展史罕见而珍贵的革命文献。历经烽烟战火、极端险恶的战争岁月幸而保存至今，现存64页，封面是群像图案，表现的是老中青各个年龄段的山东妇女们振臂高呼、响应号召的形象。其中绘有一位八路军女战士形象，抑或是代表领导妇女运动的女干部形象。群像的最前方突出表现的是一位戴白头巾的年迈老妇形象，刊物的美工重点突出了老妇有力举起的右臂和坚定的面容。整个封面设计朴素而生动，色彩运用和人物描画虽比较简单，但红色书名和红色群像背景与妇女群像的黑发、黑色标题等互相映衬，又显出刊物庄重大方的格调。刊物首页为目录，斜盖有长方朱印"山东省妇女救国联合总会"。发刊词由时任中共山东分局书记的朱瑞撰写。《山东妇女》的主编戈明，刊物文章多是抗日时期著名的领导干部所写，如山东纵队宣传部长、省战工会委员刘子超，时任山东省参议会参议员、战工会委员的李竹如，山东纵队司令部供给部政委兼山东分局秘书长艾楚南，以及山东省妇女抗日救国联合会组织部部长刘锦如等。

山东省妇女救国联合总会是抗战时期山东妇女运动的统一领导机构，成立于1940年。山东省妇女救国联合总会领导妇女运动实践，为抗战做出了巨大贡献。抗战初期，在党组织的高度重视下，妇女运动就逐渐深入到敌后抗日根据地的广大农村，发动妇女群众，组织广大群众支援抗战前线。妇女干部在农村培训妇女积极分子，建立各级妇救会、青妇队、妇女自卫队、妇女识字班，不断地扩大妇女专职干部队伍。"1938年底到1939年夏，各地妇救会员就发展到30多万人，女自卫队员和女民兵约有2万人。1938年8月至1942年4月，全省的胶东、苏鲁豫、鲁南、鲁西南、鲁中、清河及冀鲁边行政区和27个专区妇女救国联合会相继成立。"至1940年8月，山东省妇女救国联合总会应运而生。

1940年7月到8月，山东省国大代表试选大会，山东省民众总动员委员会成立大会，山东省参议会成立大会，山东省工、农、青、妇、文化各界联合

1941 年 3 月 8 日山东省妇女救国联合总会编《山东妇女》（创刊号）
（山东博物馆藏）

1941 年《山东妇女》创刊号刊文目录

序号	文章题目	作者
1	《山东妇女》发刊词	朱瑞
2	帝国主义战争与国际妇女	刘子超
3	妇女的教育和学习	李竹如
4	山东妇女总会为纪念“三八”节告同胞书	山东妇联总会
5	动员妇女参加生产运动	艾楚南 讲；何浩 记录
6	山东妇女联合总会领导下的姊妹剧团	张正
7	怎样组织农村中各阶级的妇女	戈明（主编）
8	古老的历史四千年	岳奔
9	妇女怎样参加春耕	甄磊
10	关于妇女放足的几个问题	刘锦如
11	山东唯一的一队妇女	林柏
12	我们再不能忍受这样的痛苦	广遥
13	转载：陕甘宁区妇女生产运动通讯	
14	对组织妇女生产小组的意见	汪瑜
15	妇女干部应克服弱点	孙敏
16	创造者	遇明
17	致全国妇女团体全国妇女同胞电	山东三八妇女节纪念大会
18	致宋、何、邓、孟、康等妇女领袖电	山东三八妇女节纪念大会
19	致苏联妇女电	山东三八妇女节纪念大会

大会于在沂南县青驼寺隆重召开。参加会议的有山东初选国大代表，各地区的工人、农民、青年、妇女、各动员委员会、文化团体等代表共 300 余人。8 月，山东省妇女救国联合总会成立，史秀云、祁青当选为正副会长，设执委 27 人，常委 9 人，下设 4 个部。山东各界联合大会召开期间，中共山东分局书记朱瑞以广阔的理论视野作《从国际到山东》的政治报告，另外着重做了《妇女问题》的专题报告。次年在戎马倥偬、极端险恶的战争环境下，更写出了近 10 万字的《论妇女解放与妇女干部的修养》，堪称中国妇女运动史上具有开拓意义的理论专著，这也充分显示了山东党组织对妇女运动的高度重视

和深入调研。朱瑞理论功底深厚，是当时党内少有的高级知识分子。早年留学苏联期间就非常关注苏联妇女运动的发展。朱瑞夫人陈若克曾担任过中共山东分局妇委会委员、山东妇女救国会常委、领导过全省妇女抗日运动，更是山东抗战历史上的巾帼烈士。

山东省妇女救国联合总会成立后，即通过了《山东妇救总会工作纲领》《山东妇女救国总会组织章程》，并发表宣言，号召全省1900万妇女同胞动员起来，反对妥协投降、分裂倒退，坚持敌后游击战争，为创建、巩固山东抗日根据地而斗争。同时，妇救总会还确定了各级妇女组织的统一名称。妇救总会为指导妇女运动，制定了许多计划、规定，发表了许多文章、号召、电文。如1940年8月在《大众日报》上发表了《反投降中妇女的任务》，1941年2月发表了《"三八"国际妇女节宣传大纲》。为了加强宣传教育工作，省妇救总会于1941年3月8日创办的这本《山东妇女》刊物正是适应抗日运动和妇女运动大潮而创办。

作为专题性的刊物，该本《山东妇女》所刊文章从国际、国内大局出发，值"三八国际妇女节"之时机，着力推动山东抗日根据地的妇女运动，宣传组织妇女参加生产运动和生产小组、筹办姊妹剧团、组织农村各阶层妇女的力量，探讨妇女问题，并有山东"三八"妇女节纪念大会致国际、国内妇女领袖人物电。另有转载、转印当时大报纸刊物的妇女运动文章。内容皆深入浅出，配合诗歌、木刻人物肖像插画等，图文并茂。

作为抗战年代山东妇女运动的第一份代表性刊物，刊物文风简练平实，内容通俗丰富，注重妇女教育与学习、妇女参加生产自救、妇女干部的培养、文化剧团、妇女放足等问题，并借三八妇女节节点向全国妇女团体、妇女领袖和苏联妇女致电献辞。刊物同时也实事求是地指出山东抗战妇女工作中的真实情况。朱瑞在发刊词中肯定妇女运动的成果的同时，就指出当时妇女工作存在的诸多缺点和不足，如传统社会制度束缚导致的妇女运动总体滞后；缺少大批从事妇女运动的干部和深入群众的群众干部；当时的妇女运动多集中于上层，上层和下层妇运还未能很好地配合起来；更重要的是，妇女工作偏重于动员、参战，很少或没有注意妇女大众的切身利益、家庭生活状态，更谈不上号召妇女们的广泛教育斗争和自觉性的激发；此外，朱瑞指出妇女运动没有很好地与当时工、农、青、文化及社会各方面活动相配合，妇女运动相对分立或孤立。

正是这本刊物通过女性的视角正视问题、不断解决问题的研究，有力促进了抗战时期山东妇女运动的指导、教育、组织和联系，同时它也是克服妇运缺点、实现山东妇女运动成为全体妇女事业的主要推动者。刊物的视野深入到革命战争年代女性的日常生活和社会活动中，从城市到农村、从知识分子到普通百姓，广大的妇女群体由旧时代的一盘散沙变成了万众一心，爆发出了强大的生命力和顽强的战斗力。在这本小小的刊物身上，充分体现了中国共产党理论联系实际、密切联系群众、批评和自我批评这三大优良作风，这也是我党一直以来克敌制胜的三大法宝。

女性与革命

——胶东抗战报刊中的妇女运动

〔文〕李娉

抗日战争的洪流对传统女性角色造成强大冲击，抗战前初具发展规模的中国妇女解放运动获得了更蓬勃的进步。在胶东地区，中共领导的妇女运动堪称卓有成效，妇女们也因在民族解放斗争和妇女解放运动中追求应有的权利而在政治上崭露头角，逐步呈现在民族战争和“女性革命”中新的社会身份认同。报刊，作为推动妇女工作的一种最生动的现实教材，对动员妇女群众投入民族解放斗争、争取民主自由和妇女解放，起到了重要舆论导向作用。

胶东抗战报刊关于妇女运动的宣传

七七事变以前，山东在国民党统治之下，真正意义上的妇女运动几乎没有。抗战正式爆发后，中共领导下的妇女运动宣传主力来自于省、区各级妇救联合会。1938 年 8 月至 1942 年 4 月，山东全省范围内的胶东、苏鲁豫、鲁南、鲁西南、鲁中、清河及冀鲁边行政区和 27 个专区妇女救国联合会相继成立。1940 年 8 月，山东妇女运动的领导机构——山东省妇女救国联合总会成立，妇救总会为指导妇女运动，制定了许多计划、规定，发表了许多文章、号召、电文。1940 年 8 月《大众日报》发表了省妇女联合会的文章《反投降中妇女的任务》，1941 年三八节前夕制定了《"三八"国际妇女节宣传大纲》。这些纲领、章程和号召同期为胶东机关报刊、各团体机构报刊等宣传媒体所引用和翻印。从抗战时期胶东出版的各类报刊中，无论是机关刊物还是农村小报，关于妇女运动的有很多评论和报道。这些文章对动员妇女群众投入民族解放斗争、争取民主自由和妇女解放，起到了重要舆论导向作用。

据相关数据统计，山东抗日根据地和解放区创办的期刊已查到的有 261 种，胶东因抗日民主政权建立较早，经济基础较好，文化事业发展较快，因此期刊出版的数量和质量都居上游，先后创办期刊已查到的有 94 种，占总数的 36%。这些刊物的内容绝大部分围绕时代主题——宣传抗战及中共政策、民兵、群众运动、青年运动等，妇女刊物虽然少，但也是重要的一部分。在山东地区成系统、影响大的有四份妇女刊物，按创办时间早晚分别是《大众日报》副刊《妇女前哨》、山东省妇女救国联合总会创办的《山东妇女》、鲁西妇救总会的《鲁西妇女》和清河区妇救会的《战地妇女》。胶东也有一份《胶东妇女》杂志，不过是在抗战刚结束后的 1946 年才创刊，创办机构是胶东抗日救国联合会，刊物的内容主要反映胶东妇女运动的状况、登载妇女英模人物、鼓励先进、转载上级指示和有关进步文章，栏目设置有诗歌、散文、白话小说、新闻报道等，据相关记载目前仅存有第二期。

尽管如此，在其他报刊中对于妇女运动的宣传却贯彻抗战的始终，积极配合着宣传着山东境内和胶东地区的妇女运动。其中胶东机关报《大众报》和通俗农民报纸《群力报》等是当时流传广泛、影响深远的报纸，其中很多期中文章都涉及妇女运动、妇女解放的评论。有的偏重妇女教育，如胶东妇联总会翻印的《怎样办妇女干部训练班》，海阳印刷社出版的《妇女课本》《青妇队课本》，这些都是当时大众普及教育运动中兴办的训练班、识字班、夜校等的妇女教育教材，指导妇女识字扫盲、学习文化知识，在寓教于乐中激发妇女们的文化学习热情，对提高妇女觉悟起很大作用；有的重点宣传妇救会组织及妇女模范，如群众出版社出版的《妇女解放》《东海妇救会》《孙玉敏、陈桂香连环画》等；还有胶东农训班编印的《养蚕法》、东海妇救会编印的《纺织教材》等，都反映当时的胶东养蚕业、棉纺织等手工业生产情况和妇女参加大生产运动的状况。这些保存至今的珍贵报刊大多出版时间不长，发行量也少，但因稀见珍，反映出当时创办妇女刊物的困难情形。这些报纸刊物从不同角度反

1946 年 6 月胶东妇联编、胶东新华书店出版《抗战中的胶东妇女》
（山东博物馆藏）

映当时胶东妇女运动的主要内容：包括上级有关指示、妇运工作的报告、山东先进女模范的宣传、妇女的教育与学习、妇女参加生产自救、妇女干部的培养等。这些小刊物灵活机动，大量地散布流传于乡村社会的各个角落里，在信息传递、制造舆论和引导民众等方面发挥着更为直接的功能。在艰苦卓绝的革命斗争中，妇女刊物正成为妇女解放运动摇旗呐喊的新生阵地。

馆藏胶东抗战报刊中有关妇女运动的文章，主要涉及的内容有各级妇女组织文件、妇女干部、群众妇女工作、女民兵女劳模、根据地妇女教育等等。这些文章不光是宣传革命，更为关注妇女解放、妇女教育、自主婚姻等问题，且刊物内容形式也是多样性、富于情趣的，除了机构文件、论文外，还有漫画、连环画、诗歌小调、人物传记、纪实、小说等等。其中很多文章出自当时发行较广泛的《胶东大众》《胶东画报》《前线报》《中国青年》等抗战报刊，发行单位有胶东的行政机构如胶东行政公署、胶东军区政治部、胶东武委会、山东妇联总会筹备会等；有比较大的报社、协会如胶东大众社、胶东画报社、胶东联合社、胶东文协等；还有胶东各县区的团体机构如牟平开源书局、海阳各救会、抗大一分校等。从文本表面上看，关于妇女解放、妇女运动的文章有着鲜明的主流政治意识形态的倾向性；另一方面，文章作者多为先进的知识女性，也有从基层群众中成长起来的女干部，她们本身所具有的批判精神，以及自身对女性命运的深切关怀，使其文章更为关注女性的生存现状与解放之路。她们将对女性的思考融入对国家、民族命运的思考之中，并关注在新的历史境遇下胶东妇女思想改造和主体心态的转变。

胶东报刊中的妇女组织与妇女干部

胶东妇女运动的发展，在很大程度上得益于建设了专职的妇女干部队伍。从 1938 年夏天，中国共产党开始有计划地从部队中调出女同志担任妇女工作。胶东地区的妇女运动开展较早，抗战爆发之前，胶东的蓬莱、黄县、掖县等地就成立了妇女救国会组织，1938 年的 7、8 月间又成立了胶东特委妇女部，此后胶东地区的妇女工作就有了党的统一领导。运动发展有着齐全周密的组织建设，抗战始终，妇女运动都在自上而下的党组织的有效领导下开展工作。上级组织先后由中央妇委、山东分局妇委和省战工会的领导和政策支持，胶东妇女运动地区领导机构从胶东特委妇女部到胶东区党委妇委会、胶东妇女抗日救国联合会。胶东各县也纷纷建立了妇救会、妇女自卫团、青妇小队等组织，县以下称县、区、乡、村妇救会，胶东区党委妇委会和妇女抗日救国联合会一直坚持到 1945 年 8 月抗战结束。

胶东地区大力培养妇女干部来推动妇女工作。抗战爆发后，妇女干部的培训工作成为胶东妇女工作的重点。据 1940 年统计，胶东乡级以上的专职妇女干部已有 161 人。妇女干部中相当一部分领导骨干，曾进各级党校、各种干校和各种训练班学习。中共胶东区党委党校自 1940 年 2 月开始培训干部，至 1943 年秋，培训党员干部 2400 人， 其中女干

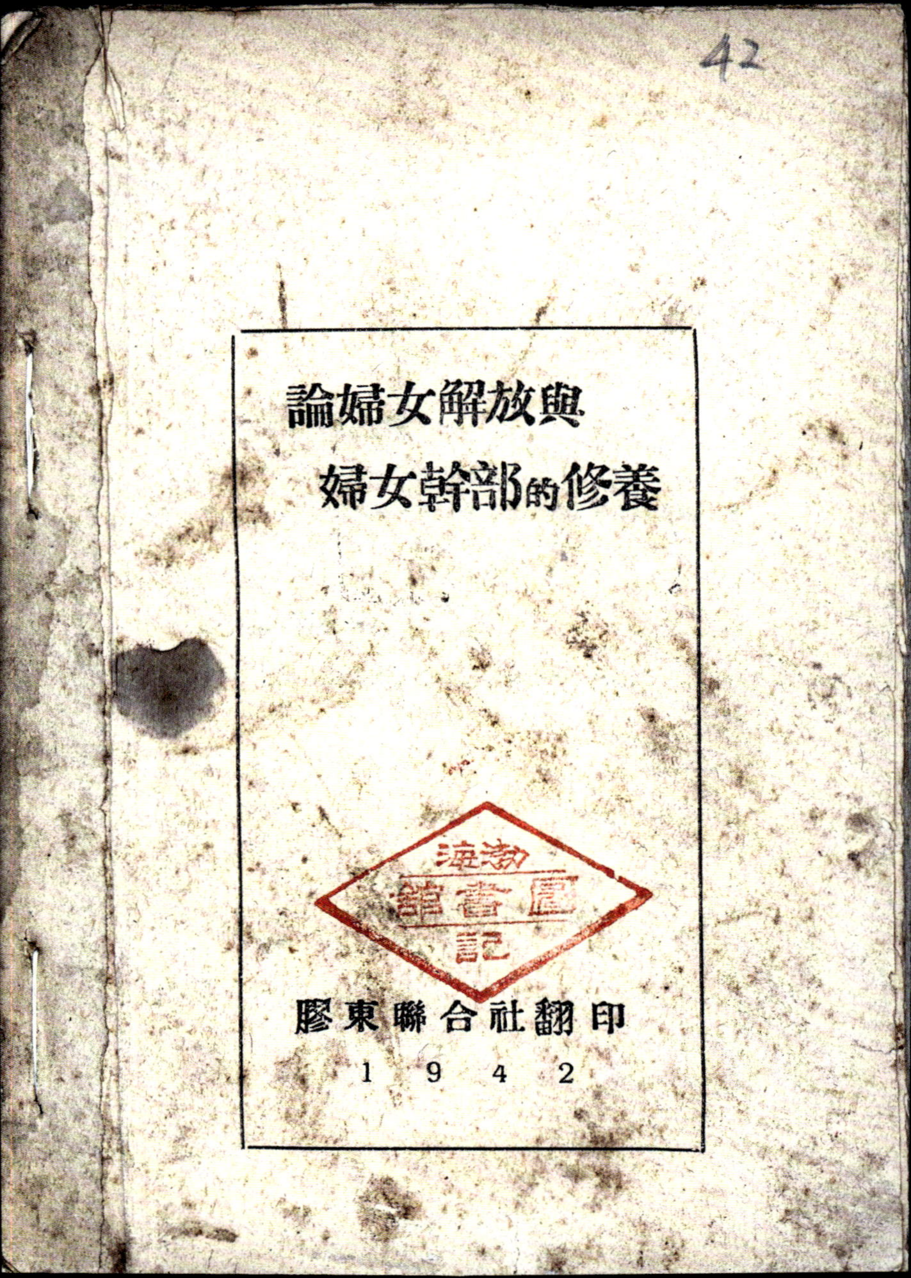

1942 年胶东联合社翻印朱瑞著《论妇女解放与妇女干部的修养》
山东博物馆藏）

部400余人。一向足不出户的乡村妇女们在抗战期间从领导游击队到管理工厂和学校，从生产劳动到参加自卫军，参加党的各种组织和工作都发挥着至关重要的作用，妇女们在战争的环境里得到了深刻锻炼。或许可以说，妇女的革命和解放成为战争意外的收获。

妇联干部是妇女群众的旗帜和先锋，她们团结和带领广大妇女积极开展抗战动员、民主选举、生产建设、参战支前、文化教育、移风易俗等活动，使妇女成为根据地建设中的一支重要力量。正如徐向前在1940年“三八”节为鲁南妇女救国会的题词中所说：“没有广大的妇女起来参加抗战救国，则抗战建国的伟大事业的胜利与完成是绝对不可能的！”中共山东分局书记朱瑞以长期的革命实践和深厚的理论功底，在1941年作《论妇女解放与妇女干部的修养》胶东联合社1942年7月的翻印本)，近10万字的妇女运动理论专著。该书概述了原始社会男女分工的不同，奴隶制社会中国妇女极其低下的社会地位，再到当时最为先进的苏联劳动妇女地位空前提高，最后号召全中国妇女满腔热忱地投入到当时的全民抗战、民族解放运动中去。朱瑞这部称得上在中国妇女运动史上具有开拓意义的理论专著的写成，与其作为党政军干部分中为数不多的高级知识分子分不开。他曾留学苏联三年多时间，对苏联妇女运动发展状况十分熟悉。如他在书中举例：至1940年苏联女职工占总职工数38.4%，女科学家占37%，女教师占到62%；有1480名最高苏维埃女代表，有456459名地方苏维埃女代表参与国家、经济生活。这部专著的写成也有他的夫人陈若克女士的功劳。陈若克（1919–1941年）曾担任过中共山东分局妇委会委员、山东妇女救国会常委、领导过全省的妇女抗日运动，在机关报纸、刊物上都发表过妇女运动的理论文章。陈若克在妇女运动方面的理论与实践为朱瑞进一步思考妇女运动无疑提供了更为翔实的参考。

女性角色转变的曲折轨迹

革命女性介入公共空间时，其性别主体性的确立往往呈现出曲折的演变轨迹。妇女的传统社会角色的变革虽然积几千年的厚力而一变，但其过程必定是复杂漫长，不可能一蹴而就。中国社会转型的长期性也决定了女性角色变迁的长期性。中国女性的解放滥觞于1898年的戊戌变法，那是女性平等意识、性别意识的起点。近代中国风云际会的变迁时局背景下，包括知识女性群在内的资产阶级改良派、革命派及无政府主义者等先进人士从不同角度对女子角色变迁提出了新的期待，进一步推动了女性角色的现代化变迁。辛亥以来妇女地位的变化具有过渡性特征，即使在抗战年代更是如此，即一方面传统的角色规范仍顽固地盘踞不去，另一方面，在抗战的复杂社会环境中，新的角色规范则要艰难地夺取阵地。妇女身负求知者、女性、革命者三重角色，这些新旧角色杂糅并存，这也意味着她们有更多矛盾与挣扎。

中国近现代历史中，妇女解放走过了一条艰辛曲折的道路，胶东的诸多抗战报刊资料是反映那时期妇女运动的比较真实的写照。在这些文章中我们可以看到，中共先进的执政理念更为关注身处社会底层的广大劳动妇女，同时也指出了劳动妇女自身的弱点问题。妇女组织宣传抗战的救国行动中，也蕴含着近代以来争女权、结团体的意义。不论最初的参加抗战的动机、个人意愿如何，她们本身是否有自觉的救国意向，却因了先进政党组织的自觉引领，而有了女性角色整体变迁的救国主义色彩。

妇女解放是一个身份建构和心理建构的双重过程。在这一构建过程中，适逢抗战契机，广大乡村妇女从社会边缘走到了政治和社会舞台的前台和中央，妇女们新的身份变化也反映出在抗战时期的乡村社会发生的变化。正是这些革命女性的质变，经过广泛的传播和延伸，释放出了巨大的革命力量。妇女们“不仅在阶级的意义上获得了解放，也被从旧有的性别秩序下解放出来。她们逐渐摆脱传统的性别角色，摆脱之前不被视为人的身份和地位，开始凸显女性作为独立主体在社会结构中的位置及女性意识，尽管这一转变不那么彻底。” 而这种不彻底性也表现在，女性们终究在性别话语上未摆脱男性话语的藩篱。妇女在抗战期间昂扬积极的革命精神仍是以男性为主导的传统价值标准为归依，并未完全形成女性的自我意识和心理建构。女性所担负的政治角色融于民族民主革命斗争中，其发展方向始终与民族民主革命斗争相一致，女性的整体角色变迁从总体上也依赖于现状和时局进行宣传、倡导和组织，经过教育、培训、培养出来的妇女群体参与抗战，更多的是发挥着角色变迁的典范效应。

正如安德鲁·桑德斯指出，“女性找到了自己的声音，并使其得到尊重，但这并不是以对抗任何‘传统’压制来实现的。”胶东妇女在家庭角色、经济角色等方面的变迁中，也同样存在着女性不能“自己解放自己”和依靠男子的现象。这种特色与女性整体的自我意识不强有关，亦与女性千年沉积的整体文化素质低下相关。鲁迅先生在分析女性解放运动中曾切中要害，抓住问题的实质，指出没有经济的独立，妇女解放就是泛泛而谈，空论一场。可见对于保障妇女的地位，经济权最为关键。女人在家应该先获得男女平均的分配，其次应该在社会获得男女相等的权利。妇女运动只有和更深层面上的时代变革、社会变革紧密相连，妇女才会从更广泛而深刻的意义上真正解放自己，这也是妇女解放的根本任务和根本出路。

从青岛到延安

——民主革命先驱鲁佛民的革命轨迹

〔文〕

李娉

鲁佛民是山东从旧民主主义革命走向新民主主义革命的有代表性的知识分子。他经历并参与了这两段革命历程中的重要历史事件。从五四运动积极参加山东学生联合会的工作，到宣传平民政治，传播新文化、新思想；从在青岛的鲁案交涉为国家民族利益据理力争，奔走呼吁，到接受革命思想，正式加入中国共产党；从抗战全面爆发后辗转千里，由北平转赴延安，到余生投身延安边区教育、立法等工作，鲁佛民在中国共产党的指引下，竭尽一生的光和热为革命作出了重要贡献。

鲁佛民（1881–1944 年），名鲁琛，号佛民，济南北园沃家庄人。山东早期共产党人，民主革命的先驱者。他与两个儿子鲁伯峻、余修（原名鲁广益）前赴后继，共同投身革命，被誉为“一门忠烈、鲁士三杰”。

苦读求学　接受新知

鲁佛民是山东从旧民主主义革命走向新民主主义革命的有代表性的知识分子，他经历并参与了这两个革命中的重要历史事件和时期。鲁佛民 6 岁丧父，16 岁丧母，生活长期依赖亲友接济，苦读求学。1914 年毕业于山东法政专门学校，主修法律。1916 年联合山东法政专门学校的同学自费创办《公言报》并任主笔。因言辞犀利，揭露时政黑暗被查封，鲁佛民也险遭逮捕。同时，经友人介绍，任山东高等检察厅学习书记。1917 年取得律师证书开始挂牌营律师业务，兼省立高小教员。

五四运动期间，正在山东高等检察厅任学习书记的鲁佛民在新思潮的推动下毅然参加了学生运动。在运动中他始终和爱国青年站在一起，参加并领导、筹划济南的整个运动。当时学联重要宣言、标语口号，很多都由鲁佛民草拟。他奔走呼号，亲临街头讲演，散发传单，每次游行都是走在群众的前列。1919 年 6 月鲁佛民以教职员联合会代表的身份参加山东赴京请愿团。鲁佛民在京期间到北大访问山东籍学生和李大钊等。经他们的晤谈指导，鲁佛民对民主思想有了进一步的了解，对政治生活更感兴趣。在五四运动中，鲁佛民深切体会到群众力量的伟大。他说：“新思潮的接受，使我对政治的认识亦渐渐清楚，革命思想之萌芽即在此时。我由于参加了五四运动的大浪潮，提高了我在群众中的威信，同时，也坚定了我奋斗的信心。”鲁佛民回到济南以后，任山东《大民主报》和《山东法报》编辑，一度独立经营《山东平民日报》，宣传平民政治，传播新文化、新思想。

力争鲁案　政治转折

1922 年华盛顿会议决定将青岛由日本交还中国。在历时半年的鲁案交涉会议中，鲁佛民被公推为首席民意代表列席会议，在鲁案交涉过程中遇有损及国权之处，或有瑕疵可指者，鲁佛民即代表民意“抗言责喝，忠实于国家民族利益的原则”。他曾发动各界力量到鲁案督办公署向王正廷示威，施加压力。鲁案办理结束时，王正廷说：“真佩服山东代表（指鲁佛民），真正是为国家民族着想，真正是为社会服务，非乘机谋利禄之徒。”

1923 年春，鲁佛民到青岛督办公署先后在政务课、教育科任职。期间他接触了社会主义和马列主义的书籍，而且深受影响。鲁佛民在当年记下了一本《青岛日记》。日记前半部分记述其在忙碌工作之余，关心政治社会问题，字里行间浸透着对现实的苦闷茫然。鲁佛民在业余遍览释道、理学诸书，依然“踟蹰不安”、“精神思想无寄托”；然在日记后半部分，他则多次写到其热衷阅读《向导周报》《社会主义讨论文集》（陈独秀著）等进步书刊的心得体会，反映了鲁佛民逐渐接受革命思想、马列

鲁佛民的瓷板像
（山东博物馆藏）

1914 年鲁佛民毕业于山东公立法政专门学校的奖品（墨盒）
（山东博物馆藏）

主义的心路。作为一个缩影，后世也可从作者身上看到中国共产党正式建党前后的山东，已有何等的觉悟和活跃。

1924 年夏，中共青岛直属支部书记邓恩铭等组建国民党青岛党部，鲁佛民经长子鲁伯峻认识了邓恩铭，并被介绍参加国民党，在青岛党部任领导工作。青岛地下党组织的同志积极在政治思想上帮助鲁佛民，同时也在其合法身份的掩护下进行党的工作。鲁佛民利用在督办公署的合法身份，和当时青岛最大的书店中华书局建立代销关系，公开陈列出售革命书刊。1925 年，关向应自济南去青岛工作时（关向应 1925 年加入中国共产党，同年 9 月作为团中央特派员到济南主持团的工作），与鲁佛民也有密切来往。鲁佛民的次子余修即经关向应介绍参加共青团。这时是鲁佛民政治生命的一个新的转折，也是决定他后来走上革命道路的关键时刻。从此，他在中国共产党的领导下，竭尽自己的力量为革命作出贡献。1926 年鲁佛民正式加入中国共产党。

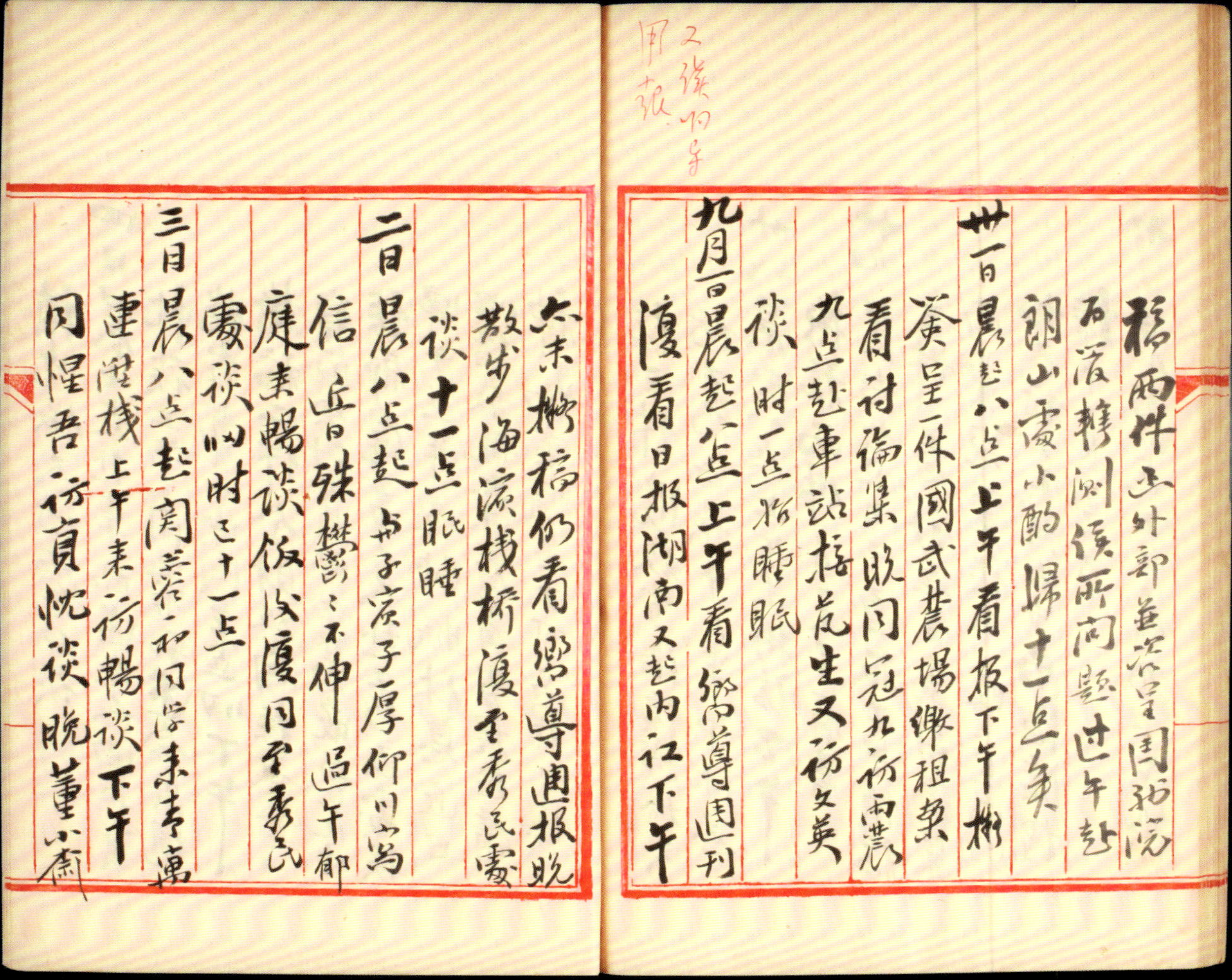
稿两件 交外部並答呈周孙浣
石霞轉寄刻後所問题 过午赴
朗山處小酌 歸十一点矣
卅一日晨起八点 上午看报 下午擬
稿呈一件國武農場繳租案
看討論集 晚同冠九訪雨農
九点赴車站接范生又訪文英
談 時一点始睡眠
九月一日晨起八点 上午看嚮導週刊
復看日报 湖南又起内江 下午
擬稿 仍看嚮導週报 晚
散步海濱棧橋 復至秀民處
談 十一点眠睡
二日晨八点起 与子宸子厚仰川写
信 晤殊樊 過午郁
庭来暢談 飯后復同至秀民
處談 以时之十一点
三日晨八点起 閱英文 和同学来寓
連陞棧 上午来訪暢談 下午
同惺吾訪貢忱談 晚董小斋

《青岛日记》载鲁佛民热衷阅读《向导周报》
（山东博物馆藏）

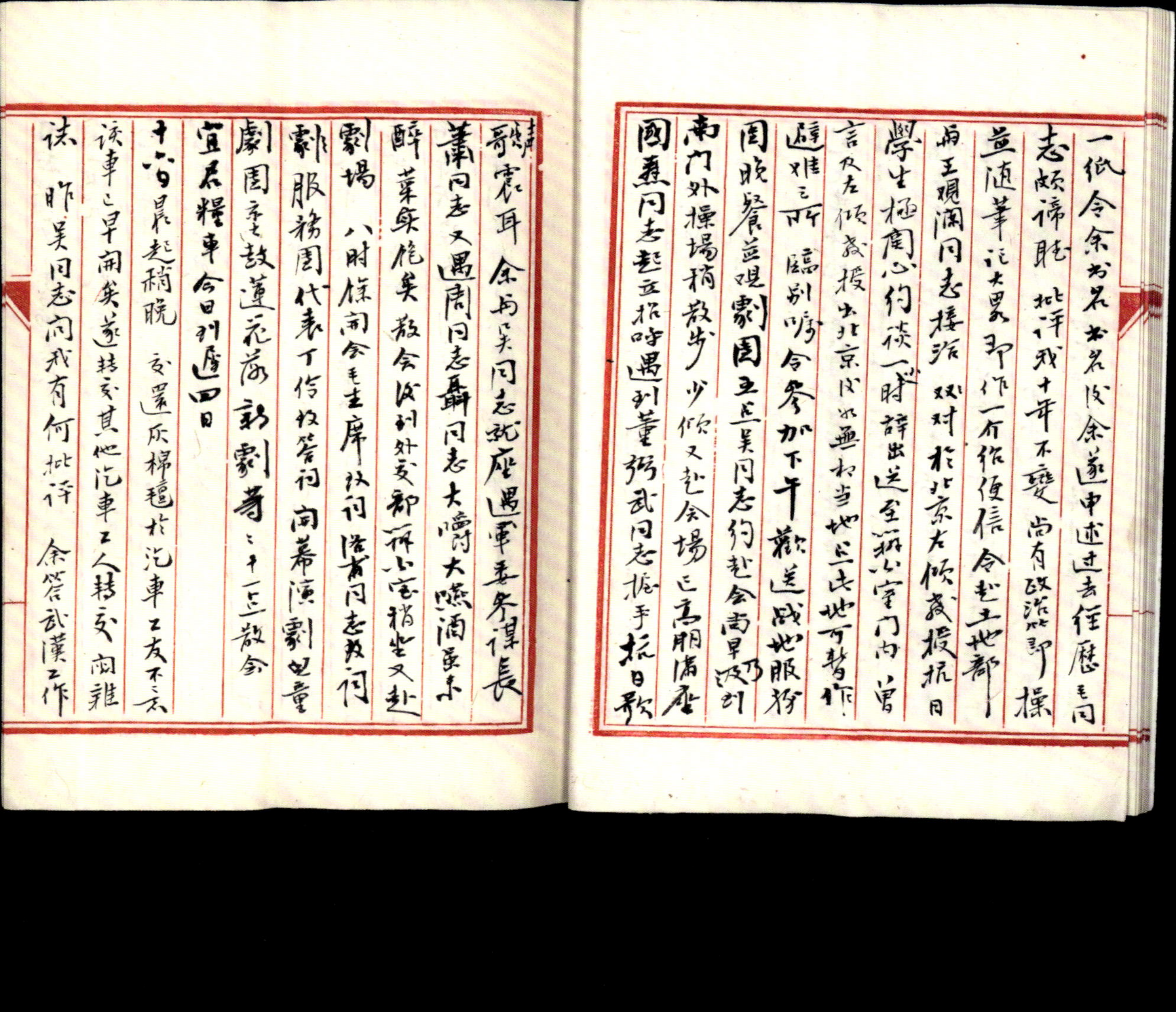

一纸令余书名 书名后余遂申述过去经历 毛同
志颇谛听 批评我十年不变 尚有政治头脑 操
并随笔记大略 即作一介绍便信 令赴土地部
与王观澜同志接洽 又对于北京左倾教授抗日
学生极关心 约谈一小时辞出 送至办公室门内 曾
言及左倾教授出北京后如无相当地点 此地可暂作
避难之所 临别嘱令参加下午欢送战地服务
团晚餐 并晤刘团主任 吴同志约赴会 尚早 乃没到
南门外操场稍散步 少顷又赴会场 已高朋满座
团长同志起立招呼 遇到董必武同志握手 抗日歌
声震耳 余与吴同志就座 遇军委参谋长
萧同志 又遇周同志 聂同志 大嚼大嚥酒菜 不
醉 筵席饱矣 散会后到外交部办公室稍坐 又赴
剧场 八时余开会 毛主席致词 继有同志致词
战地服务团代表丁玲致答词 开幕演剧 儿童
剧团演 鼓莲花落 新剧等 二十一点散会
宜君粮车 今日到达四日
十六日 晨起稍晚 交涉运灰棉毡于汽车工友不之
该车已早开矣 遂转交其他汽车工人转交 闹杂
误 昨吴同志问我有何批评 余答 武汉工作

延安日记》中记载毛泽东同志接见鲁佛民时的情景
山东博物馆藏）

十年党节 建树延安

大革命失败后，鲁佛民与党组织失去联系。1932年在北平志成中学任国文教员。1937年抗战全面爆发后，鲁佛民辗转千里由北平转赴延安。《延安日记》记录了其辗转千里赴延安的艰辛旅途和到延安后的情况，重点记录了8月15日受到毛主席接见时的情景，内文记到：

> （8月）15日星期日，晨起颇早，饭后遇吴同志（外交部秘书）。吴告以今日下午，毛主席约谈话。11点，勤务约赴毛主席处（城西北隅龙王巷六号），中等民房。大门内养鸡一群。办公室北房，卫士一，托刀佩手枪。先禀告，然后入。卫士声称：有手枪带，解下来。随行勤务称：没有。遂入北房之西间。毛同志靠南窗设一书桌，西向坐，余东向坐。泽东同志较武汉时代稍稍苍老，而沉毅锐敏之精神，溢于眉宇。

在与毛主席的这次会面中，鲁佛民当面申述过去和党组织失去联系后在北平的十年情况和经历。毛泽东同志赞誉他党节**“十年不变，尚有政治节操。”**这次会面后毛泽东亲写介绍信，安排鲁佛民工作。不久，鲁佛民到边区政府教育厅任秘书，协助徐特立、陈正人、周扬工作。此时，他“寄身革命工作，心愿大偿，精神至为快活”。日记中还记录了他与董必武、谢觉哉、林伯渠、张闻天等党的领导同志的交往情况。1938年春，鲁佛民调陕甘宁边区政府任秘书，协助林伯渠、李维汉、谢觉哉工作，担任对外文件及法院要案处理，并领导直属县的文卷保管等。同年10月，鲁佛民重新加入中国共产党。他的革命精神更为振奋。窑洞中生活虽然艰苦，但他工作和学习均甚积极，并以“有一份热，发一分光”自勉。

在延安期间，鲁佛民曾因身体不适西北气候及工作紧张劳累，患病治疗休息。60岁仍分管法院、教育工作。鲁佛民深知理论之重要，对学习马列主义、联共党史，虽于烈日朔风中，未有间断。虽年已六旬，从不以老迈自居，对工作认真负责，注意调查研究，实事求是。1942年，古稀之年的鲁佛民抱着“朝闻道，夕死可矣”的精神带病投入整风学习，自觉地改造自己的世界观。1943年后任边区政府法制委员会委员兼边区银行法律顾问，对于边区教育、立法等各项工作，均有建树。

1944年5月18日，鲁佛民病逝于延安。延安各界为他举行了追悼会。吴玉章代表中共中央致悼词，高度评价了鲁佛民革命的一生。

初心如炬，镌刻荣光。

解放战争时期，山东是人民军队的主要战场和北上南下的战略枢纽。革命先烈用鲜血和生命铸就了中华人民共和国的新生。大道之行，行有大道。山东党组织在党中央的坚强领导下，团结带领人民坚决捍卫、巩固新生政权，全面推进社会主义建设，踏上了社会主义的康庄大道。

“艰难困苦，玉汝于成”，这是一切伟大事业的必然逻辑，也是无数共产党人坚守初心、践行使命的传承写照，更彰显着人民推进革命、建设、改革的磅礴伟力。

展望奋进路，强国大业前景光明灿烂。征途漫漫，唯有奋斗。

第五章

奋战征程

没有硝烟的较量

——姚仲明致国民党青岛市市长李先良函

为争取和平，调处国共军事冲突，1946年1月，在北京设立由国民政府、中共、美国三方代表参与的军事调处执行部，全国先后设立36个地方执行小组。1947年2月三方人员相继退出，军事调处工作持续一年多。虽然没能制止内战的爆发，军调部在调停国共军事冲突、争取和平，缓和国内紧张局势上做出了许多努力。此外，在调处过程中，中共始终坚持和平民主团结的方针，为自己赢得了更为广泛的群众基础。

〔文〕

刘宁

1946年6月，炮火的轰鸣已在中原大地响起，历史的大幕缓缓拉开，人民群众期盼已久的和平如同水中泡影，遥远而虚幻。曾经悬而未决的战争或者和平已经尘埃落定。全面内战已经爆发，为争取和平解决国共冲突而进行的军事调处还在艰难地进行。

重庆谈判后，为停止国共军事冲突，避免内战，国共双方于1946年1月10日签订了《停战协定》。为监督《停战令》的执行，制止国共双方在各地的军事冲突，设立了由共产党代表周恩来、国民党张治中、美方代表马歇尔三人组成的军事调处执行组，下设军事调处执行部。1946年1月14日军调部在北平开始办公，全国各地先后设立36个地方三人执行小组。执行小组由美国、国民党、共产党三个方面的代表各一人组成，小组内还有通讯人员、翻译人员，负责分赴地方执行调处任务。

为监督《停战令》在山东的执行，1946年1月17日，济南军事调处执行小组成立，作为山东的中心小组全面负责山东境内国共军事冲突的调处。此外，还有泰安、高密、晏城、枣庄、德州（后为青岛执行小组）等执行小组。

尽管全国人民翘首企盼和平的早日到来，然而和平的流星在天空划过又倏忽不见。1946年3月22日，胶济铁路两侧的国民党军队向共产党的军队发动进攻。5月，国民党更是集中兵力准备进攻山东解放区。此外，国民党方面破坏军事调处，不断干扰执行小组的工作，甚至杀害执行小组中的中共人员。5月20日，高密执行小组的中共代表辛冠吾被扣押杀害；5月21日，枣庄执行小组中共代表甘重斗以及翻译员吴武汉被国民党伪军王继美部殴打。6月23日，国民党集中5军16万人向胶济铁路沿线及山东解放区进攻。为调处胶济路军事冲突，促进山东和平，北平军事调处执行部决定增派青岛执行小组，并派专机接该组中共代表姚仲明至北平。6月26日，国民党军队大举进攻中原解放区，全国内战全面爆发，军调部的工作已经难以为继，加上国民党不断监视、迫害中共军调人员，军事调处执行部及各地执行小组中的中共人员的人身安全都不能保证，军调部实际上已经无法开展工作，姚仲明致李先良的函和备忘录即是在这种背景下写成的。

1946年7月17日下午，军调部第十五执行小组中共组的两位组员在青岛中山路上突遭国民党特务殴打致伤。光天化日之下明目张胆地殴打中共调处人员，现场的国民党宪兵却选择性地视而不见，这荒诞的一幕在历史上曾真实上演。山东博物馆保存着1946年8月20日姚仲明向国民党青岛市当局致函并附备忘录，里面详细列举了中共执行小组来青岛后国民党当局对执行小组成员的人身自由进行诸多限制，督促李先良市长予以解决。

通读信函和备忘录可以看出，中共代表姚仲明始终坚守促进和平的决心，始终以北平军事调处执行部和字第7号令关于保障执行小组人员的自由安全的规定以及国民政府行政院对人权保障的通令为依据，通过列举中共人员在青岛遭受的种种限制，揭露国民党青岛当局破坏停战协定，破坏调处工作，迫害中共调处人员的事实。这封信函是中共调处人员在和平的希望渺茫之际仍然努力争取和平的历史见证。

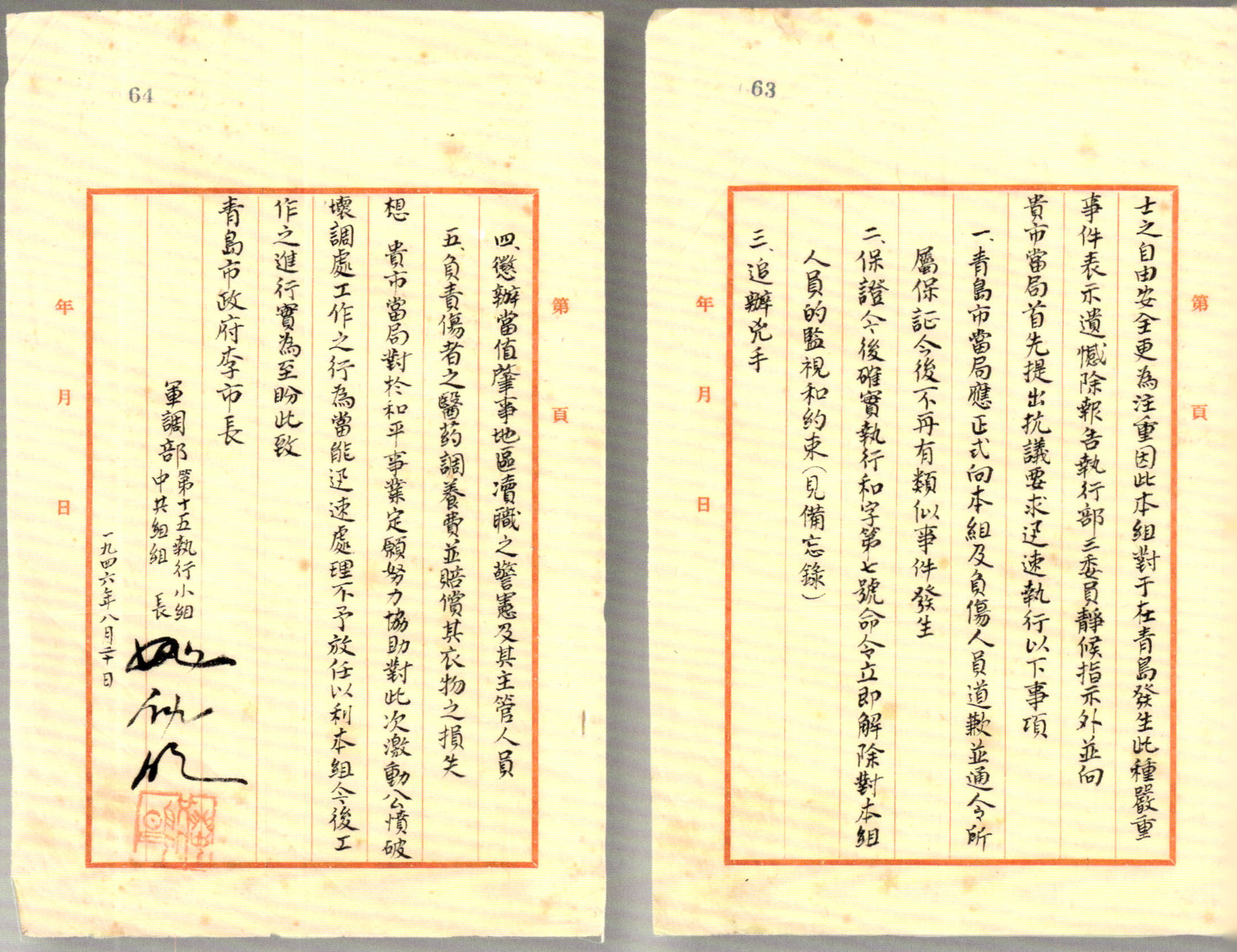
63
士之自由安全更為注重因此本組對于在青島發生此種嚴重
事件表示遺憾除報告執行部三委員靜候指示外並向
貴市當局首先提出抗議要求迅速執行以下事項
一、青島市當局應正式向本組及負傷人員道歉並通令所
屬保証今後不再有類似事件發生
二、保證今後確實執行和字第七號命令立即解除對本組
人員的監視和約束（見備忘錄）
三、追辦兇手
64
四、懲辦當值肇事地區瀆職之警憲及其主管人員
五、負責傷者之醫葯調養費並賠償其衣物之損失
想貴市當局對於和平事業定願努力協助對此次激動公憤破
壞調處工作之行為當能迅速處理不予放任以利本組今後工
作之進行實為至盼此致
青島市政府李市長
軍調部第十五執行小組中共組組長
一九四六年八月二十日

尽管各地的执行小组在调处国共军事冲突上做出了很多的努力，然而在国民党发动内战并迫害中共军调人员的背景下，军调部第十五执小组实际上也未能在青岛开展工作，人民长期盼望的和平民主未能实现。1946 年 9 月 25 日军调部青岛执行小组奉令调北平。10 月 1 日，济南执行小组的中共代表奉命撤离，山东的国共军事调处宣告结束，人民期盼已久的和平成了泡影，中国共产党为争取和平所做的努力和尝试宣告失败，开启了与国民党的国内战争。

轰鸣的炮声预示着军事调处工作的失败，争取和平之路遥远而曲折。在 1946 年历史的岔路口上，

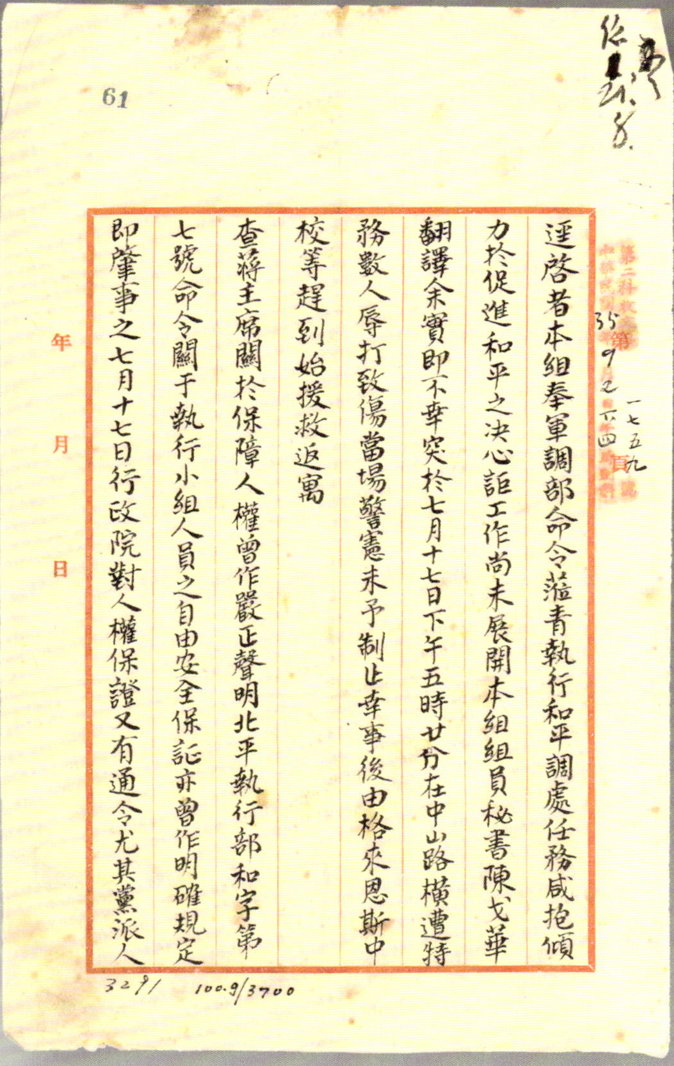
61

逕啓者本組奉軍調部命令蒞青執行和平調處任務咸抱傾
力於促進和平之決心詎工作尚未展開本組組員秘書陳弋華
翻譯余實即不幸突於七月十七日下午五時廿分在中山路橫遭特
務數人辱打致傷當場警憲未予制止幸事後由格來恩斯中
校等趕到始援救返寓
查蔣主席關於保障人權曾作嚴正聲明北平執行部和字第
七號命令關于執行小組人員之自由安全保証亦曾作明確規定
即肇事之七月十七日行政院對人權保證又有通令尤其黨派人

年 月 日

3291 100.9/3700

军调部中共驻青岛小组首席代表姚仲明致青岛市长李先良函

（山东博物馆藏）

相较于战场上的厮杀，由美国、中共、国民党三方参与的旨在争取和平、避免内战的军事调处工作是一场惊心动魄、没有硝烟的较量。在一年多的军事调处中，中共始终坚持和平民主团结的方针，虽然没有制止内战的爆发，却赢得了人民的好感和拥护，打下了更为广泛的群众基础。

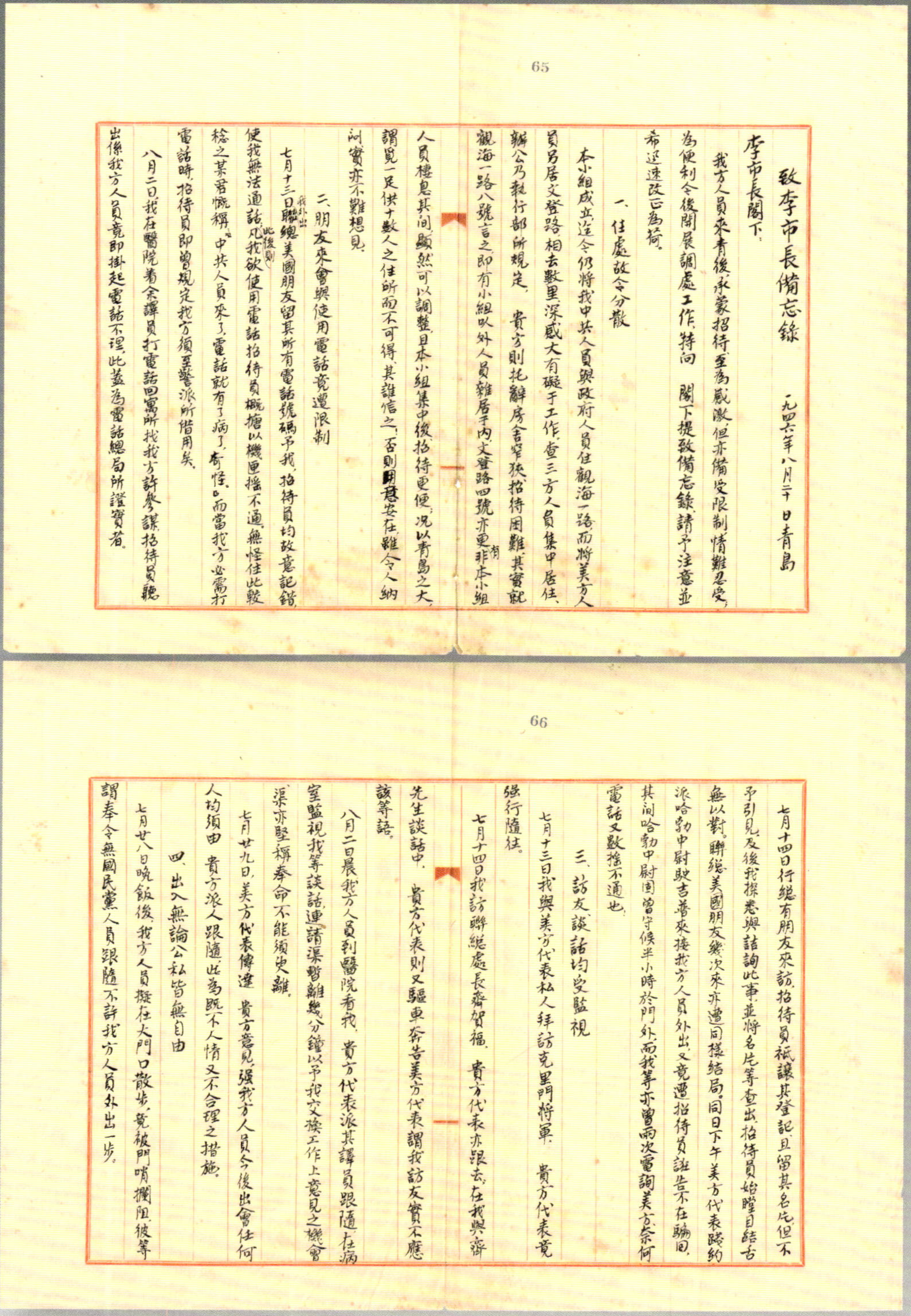

65

致李市長備忘錄

一九四六年八月二十 日青島

李市長閣下：

我方人員來青後，承蒙招待，至為感激，但亦備受限制，情難忍受，為便利今後開展調處工作，特向 閣下提致備忘錄，請予注意並希迅速改正為荷。

一、住處故令分散

本小組成立迄今，仍將我中共人員與政府人員住觀海一路，而將美方人員另居文登路，相去數里，深感大有礙于工作，查三方人員集中居住、辦公乃執行部所規定， 貴方則托辭房舍窄狹，招待困難，其實就觀海一路八號言之，即有小組以外人員雜居于內，文登路四號亦有更非本小組人員棲息其間，顯然可以調整，且本小組集中後招待更便；況以青島之大，謂覓一足供十數人之住所而不可得，其誰信之，否則用意安在，雖令人納悶，實亦不難想見。

二、朋友來會與使用電話竟遭限制

七月十三日我外出聯總美國朋友留其所有電話號碼予我，招待員均故意記錯，使我無法通話，此後則凡我欲使用電話，招待員概搪以機匣搖不通，無怪住此較稔之某君慨稱："中共人員來了，電話就有了病了，奇怪。"而當我方必需打電話時，招待員即曾規定我方須至警派所借用矣。

八月二日，我在醫院着余譯員打電話回寓所找我方許參謀，招待員聽出係我方人員竟即掛起電話不理，此蓋為電話總局所證實者。

66

七月十四日行總有朋友來訪，招待員祇讓其登記，且留其名片，但不予引見，及後我探悉與詰詢此事，並將名片等查出，招待員始瞠目結舌無以對。聯總美國朋友幾次來亦遭同樣結局。同日下午美方代表踐約派哈勒中尉駛吉普來接我方人員外出，又竟遭招待員誑告不在驅回，其間哈勒中尉曾守候半小時於門外，而我等亦曾兩次電詢美方，奈何電話又數搖不通也。

三、訪友、談話均受監視

七月十三日我與美方代表私人拜訪克里門將軍， 貴方代表竟強行隨往。

七月十四日我訪聯總處長齊賀福， 貴方代表亦跟去，在我與齊先生談話中， 貴方代表則又驅車奔告美方代表謂我訪友實不應該等語。

八月二日晨我方人員到醫院看我， 貴方代表派其譯員跟隨，在病室監視我等談話，連請渠暫離幾分鐘以予我交換工作上意見之機會，渠亦堅稱奉命不能須臾離。

七月廿九日，美方代表傳達 貴方意見，强我方人員今後出會任何人均須由 貴方派人跟隨，此為既不人情又不合理之措施。

四、出入無論公私皆無自由

七月廿八日晚飯後，我方人員擬在大門口散步，竟被門哨攔阻，彼等謂奉令無國民黨人員跟隨不許我方人員外出一步。

军调部中共驻青岛小组首席代表姚仲明致青岛市长李先良备忘录

（山东博物馆藏）

七月廿九日美方代表派譯員來接我方前往開會，出門又遭門哨阻擋。

又美方代表轉告謂青市當局規定我中共人員祇由美方人員伴同亦不得外出，必須有政府代表派人跟隨方可。此直疑及美方與我方之接觸，極不應當。

八月一日我往醫院去，出門時又受門哨阻擋。

七月廿七日我卧病在寓，使招待員延醫，終須等至一天始到，診後所開藥劑，雖經屢催，永無音息。我譯員患病亦同上遭際，我方自行延醫又不獲允，一何對病者延宕玩忽之甚也!!

七月卅日我病重再請招待員延醫，幾經催促，仍半日不見踪影，在追問下，始了然於雖請醫亦須通過警察局之偌大曲折也，久而又久，壽康醫院劉大夫始被請到，延醫竟亦屬警局工作範圍，深可駭異矣!

八月一日我病重決定入院，貴方代表謂美方代表擬讓我住福柏醫院，市政府提供××醫院，勵志社欲予壽康醫院，統供我參攷選擇云。其時據勵志社段先生言福柏設備較好，我遂因此決定。翌日貴方代表偕美方代表前往福柏醫院忽傳達勵志社要我立刻改遷壽康醫院，問其理由則支吾其詞，我以自費住院竟遭干涉而未表同意，追後勵志社段先生則答我以「勵志社並不管及這事」，由此可見是無理限制，別有用心存焉。

—以上種種加諸調處人員，不僅違犯和字第七號命令，抑且不符力求和平團結之精神，而與彭學沛先生近日所稱「對於有黨派人士更應特別加以保護，但不得妨害其個人自由」完全牴觸。似此對小組中共人員束縛之苛虐，何啻軟禁！而況居然發生於中外馳名之青島，一旦播諸外間，社會人士自必深為遺憾！料此一切非法之措施，未必出自

閣下之主張，則深望嚴飭所屬立即解除對我方人員之種種束縛，以利今後調處是盼。專此順候

勛綏。

軍調部第十五執行小組中共組組長 姚仲明

攻入济南城　解放全中国

——济南战役攻城云梯

〔文〕
涂强

齐鲁大地红色文化底蕴深厚，革命文物众多。这些革命文物是我们追忆革命先烈精神、汲取新时代奋进力量的重要引擎。在山东博物馆众多革命文物藏品中，有一架济南战役攻城时使用的云梯，它凝聚着党领导的华东子弟兵不怕牺牲、奋勇杀敌的大无畏精神，至今仍然闪耀着革命年代的不朽光辉。

2021 年 10 月 25 日，为百年献礼的“让党旗永远飘扬——山东省庆祝中国共产党成立 100 周年主题展”在山东博物馆落下帷幕。展览中首次公开展示了济南战役华野子弟兵使用的攻城云梯。在展览中，这件珍贵的革命文物按照特效复原场景，设计放在炮火硝烟中的“城墙”缺口处，仿佛仍在为我们指引着战斗的方向！

济南战役是 1948 年 9 月 16 日至 24 日，华东野战军对国民党军重兵守备的济南进行的大规模攻坚战。济南是山东省省会，北濒黄河，南依泰山，地势险要，易守难攻，历来为兵家必争之地。1948 年的济南城是有着 70 万余人口的大城市，是津浦铁路和胶济铁路的交通战略要地。蒋介石也把它视为维持华北残局的战略要点。国民党军第 2 绥靖区司令官王耀武指挥整编第 96 军、整编第 73 师等部，共 3 个整编师部、9 个正规旅、5 个保安旅及特种兵部队约 11 万人在济南重兵把守，企图依靠北面黄河、南面泰山的险要地形固守。济南南面，徐州附近尚有国民党集结的 17 万余人的 3 个兵团组成的主力部队伺机北援。

济南战役之前，全国战场上类似济南的大城市就有长春、沈阳、锦州等，我军各个野战军都在进行城市攻坚尝试。中央军委曾经寄望于实力更强大的东北野战军攻克长春，为全军提供范例和经验，可惜当时东野攻打长春未克。这次轮到华野攻打济南，能否实现攻克大城市这一战术难题，尤其是在东野都未能实现的客观现实面前，自中央军委而下对此战都高度重视。

1948 年 9 月 16 日，华东野战军山东兵团正式打响了济南战役。攻城部队由山东兵团司令员许世友、华东野战军副政治委员兼山东兵团政治委员谭震林指挥，按照中央军委指定的“攻济打援”作战方针执行。总攻开始后，渤海军区第 13 团先后占领了城北黄河沿岸的鹊山、洛口等地，后随着十纵向商埠发起攻击，展开激烈巷战。当时，到处都是溃败之敌，到处都是密集的枪声。济南一役极其激烈，护城河几成“血河”，敌人的尸体和我军未能抬下来的官兵的遗体满河都是。在攻城部队打下济南外城后，许世友司令员下令立即攻取内城。济南内城城防坚固，火力点密布，护城河河宽水深，城内是王耀武指挥的精锐部队负隅顽抗。突击部队突破敌人层层防御，在我军炮火掩护下，用长竹竿把炸药送上城墙，通过连续爆破炸开缺口，最终架起云梯突入城内。

经过九昼夜的鏖战，华野将士终在 9 月 24 日 17 时全歼内城守军，解放了济南。济南战役的胜利是中国革命战争史上的一个奇迹。济南战役是人民解放军攻克国民党政权重兵防守的大城市的开始，开创了大城市攻坚战的先例，从根本上动摇了敌人据守大城市进行顽抗的信心，增强了我军攻克敌坚固设防的大城市的信心。毛泽东同志高度评价济南战役：“这个战役的伟大胜利，不但使国民党反动派及其美国主子目瞪口呆，甚至全国人民也因为它意外的迅速而惊异。”美国的报纸也不得不承认说：“济南失守对南京政府是一个严重打击”“共军已强大到足以夺取长江以北的任何一座城市”。

济南战役的胜利，归功于党中央、中央军委和

济南战役攻城云梯
（山东博物馆藏）

毛主席英明的战略决策；归功于攻城部队全体指战员不怕牺牲、浴血奋战；归功于我阻援部队严阵以待，组成道道壁垒，使增援敌军寸步难行。济南战役的胜利靠的更是“道之所向、众望所归”，是人民战争的胜利。济南战役中，山东人民群众组成成千上万的支前大军，开赴前线。他们侦察敌情，送粮送水送情报，抢救伤员，押送俘虏，追剿残敌，真正体现了“军队打胜仗，人民是靠山”！

经过战火的洗礼，这架见证了当年战斗之激烈、我军将士们作战之勇猛的云梯，安静地以当年战斗的姿态矗立于展厅，仿佛仍在保持着当年的战斗英姿。70多年的岁月流逝并未磨灭它原有的光辉。云梯虽然普通，却是那段历史的见证者和参与者。我军将士们带着“攻入济南城，解放全中国”的必胜信念，伴随着激昂的冲锋号，攻克一个个坚固的堡垒，从胜利走向胜利。相信这云梯还将见证更多波澜壮阔的历史，见证我们中华民族迎来伟大复兴的新征程。

勇夺长山岛

——中国人民解放军渡海登陆首战告捷

〔文〕孙艳丽

1949年6月青岛解放后，山东境内陆地全部获得解放，长山列岛成为国民党军盘踞华北唯一的公开基地。1949年8月11日，中国人民解放军在长山岛打响了山东全境解放的最后一战——长山岛战役。在外无海军空军相助、自身无渡海作战经验的情况下，采取军民结合、步炮协同、帆船夜袭战法，一举拔掉了国民党安插在通往京津咽喉的钉子，创造了“陆军打海军，木船灭军舰”的军事奇迹，开创了我军渡海登岛作战的先河，实现了山东全境解放！

战略要地 寸土必争

长山列岛（俗称长山岛，历称庙岛群岛），位于山东半岛和辽东半岛之间的渤海海峡，南邻蓬莱，背依北京、天津，由南北长山岛、砣矶岛、大小黑山岛、南北隍城岛、庙岛等10个有居民的大岛和22个无人小岛组成，是华北咽喉、京津屏障和胶辽联结枢纽，历来是兵家必争海疆要塞。从1840年鸦片战争以来，八国联军和日本侵略者曾多次进攻中国，其中7次都是途经长山列岛海域。

1939年，长山列岛被日军占据，1945年9月被八路军收复，1947年10月被国民党海军接手管辖。解放战争爆发后，国民党将长山列岛作为其在北方海上的反攻基地，派国民党海军巡防处陆战第二团、警卫营和还乡团1600余人驻守，并配置大小舰艇20余艘及雷达探测器等先进设备，宣称“南有台湾，北有长山，国军防御，固若金汤”。他们利用列岛封锁渤海湾，借助岛上的特务电台情报系统袭扰各大港口和京津要地，严重威胁着东北、华北和华东三个解放区的海上交通和对外贸易。

1949年新中国成立前夕，国民党军倚仗长山岛的海洋天险、海防要冲，对从港澳经海上前来参加政协会议和开国大典的民主人士造成严重威胁。中央军委命令华东军区进行渡海作战，彻底消灭驻岛残敌，解放长山列岛。

三野特种榴炮团浩浩荡荡开赴前线，参加解放长山岛战役

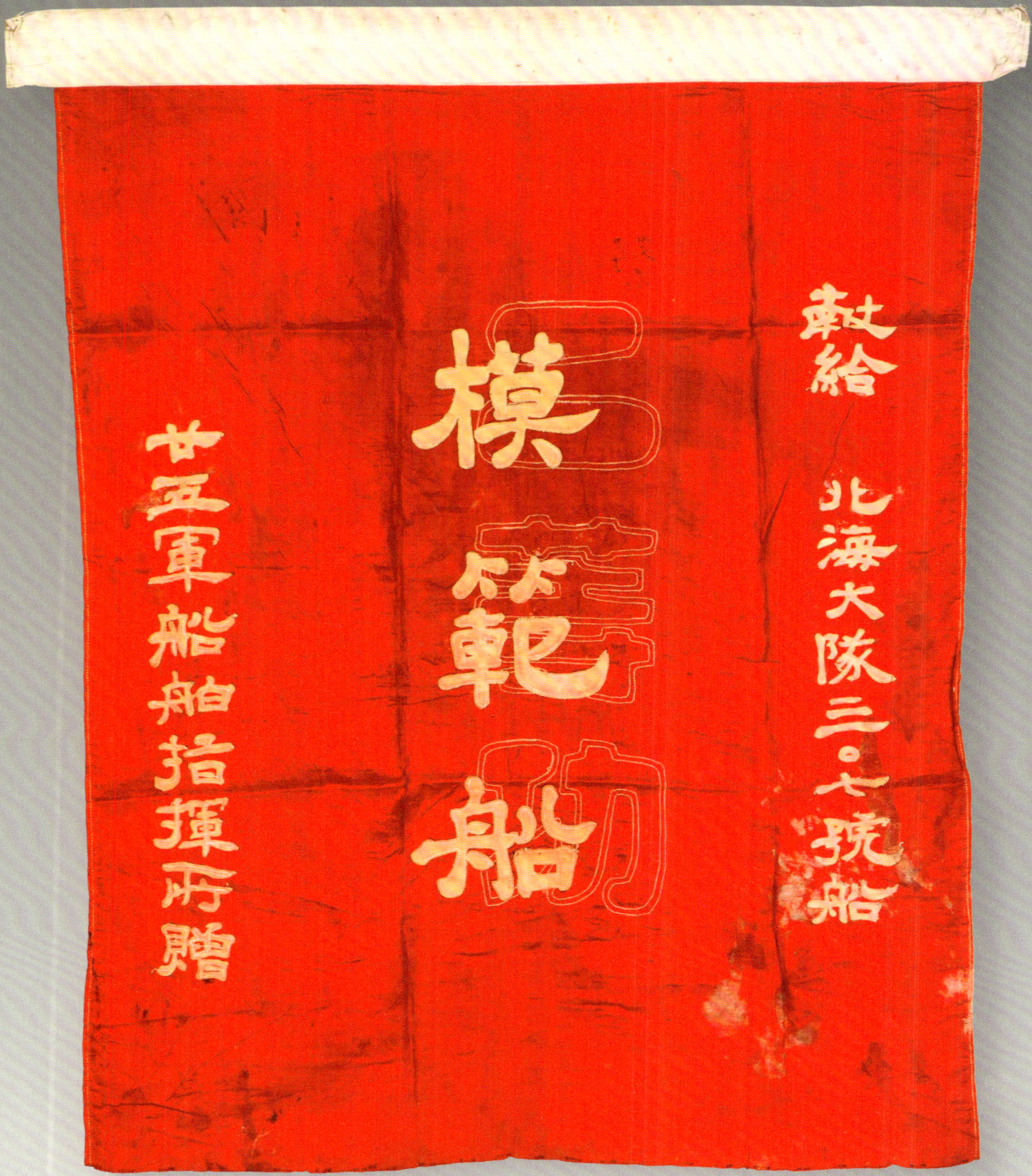

解放战争时期二十五军船舶指挥部赠给北海大队三〇七号船的“模范船”奖旗
（山东博物馆藏）

军民一心　制胜之基

1949年7月，开赴前线的部队和一辆辆满载粮食的支前小推车日夜兼程。通往前线的路上，部队所经之处，胶东革命老区的人民群众夹道欢迎。每到一个宿营地，当地群众昼夜奔忙，为部队腾房让炕，烧水做饭，洗补衣服，照顾病号。胶东父老的深厚情谊极大地感染和鼓舞了战士们，坚定了他们作战的信心和决心。军民高涨的革命热情，奏响了解放长山岛的序曲。

7月21日至26日，参加长山岛战役的主力部队——华东野战军第七十二师、榴炮团和胶东军区警备第四旅、第五旅以及北海地方武装等参战部队全部集结完毕。

山东省政府、北海专署和胶东党委对支援前线工作作出周密部署，成立"长山岛战役支前办事处""解放长山岛北海区支前指挥部"负责船务、粮秣、财政等前线支援，并在蓬莱刘家旺、栾家口、蓬莱县城设立转运站，确保后勤运输及时到位。长山岛特区支前船只和船工大部分被编入突击队、火力队、警戒队和后续部队，担任海陆向导，钢铁般的后勤保障线迅速形成。

7月中旬参战部队陆续进驻蓬莱后，战前训练随即展开。长山岛经验丰富的渔民们天天泡在海里，手把手教战士们练习游泳、扯篷、摇橹、掌舵、起航、下锚、靠岸，战士们很快掌握了行船渡海基本知识和技能，迅速度过了晕船这一难关。经过周密部署和精心准备，战前准备工作全部就绪。然而就在发起总攻前夕，7月29日晚12级强台风将各渡点集结船只损毁大半。突如其来的台风给我军攻岛作战增大了难度，但也让岛上国民党守军产生了侥幸心理，造成了守备上的思想麻痹和松懈。许世友在认真听取了沿海灾情的汇报后，果断决定："我们要坚决地打！船坏了算什么，可以再修，我们决心不变，到时就发起攻击！"于是，一个新的作战补救计划在各级实施展开。经过5个昼夜连续奋战，被损船只全部修好，同时从烟台、龙口一带补充帆船200余艘，支前船只达到441条，船工向导1600余名。

8月11日20时，战斗按既定计划正式打响。在夜色掩护下，我军从蓬莱刘家旺、栾家口、解宋营兵分三路扬帆启航，以排山倒海之势扑向长山列岛，枪声、水声、划桨声、口号声此起彼伏。浅滩触礁时，船工们纵深入海，推船前进；危急时刻时，他们组成敢死队，为部队开路护航；遇敌炮火拦截时，他们冒着敌人密集的扫射，抢占滩头阵地，为夺取胜利抢得先机。长山岛战役能够在敌我军力悬殊的情况下奇袭成功，根本就在于军民一心、共赴前线。

灵活战术　决胜之路

人民的力量为渡海作战提供了最坚强的支撑，战术的选择则成为战斗决胜的关键。渡海作战因其强渡海区、敌前登陆、背水攻击等战术选择腾挪空间小，以及登陆方在登陆地点、登陆时间、登陆方式等选择上的有限主动权，成为比陆战更为复杂和多变的作战样式。总指挥许世友对敌军部队布防、舰船部署情况、主攻岛屿地形、气象潮汛等特点进

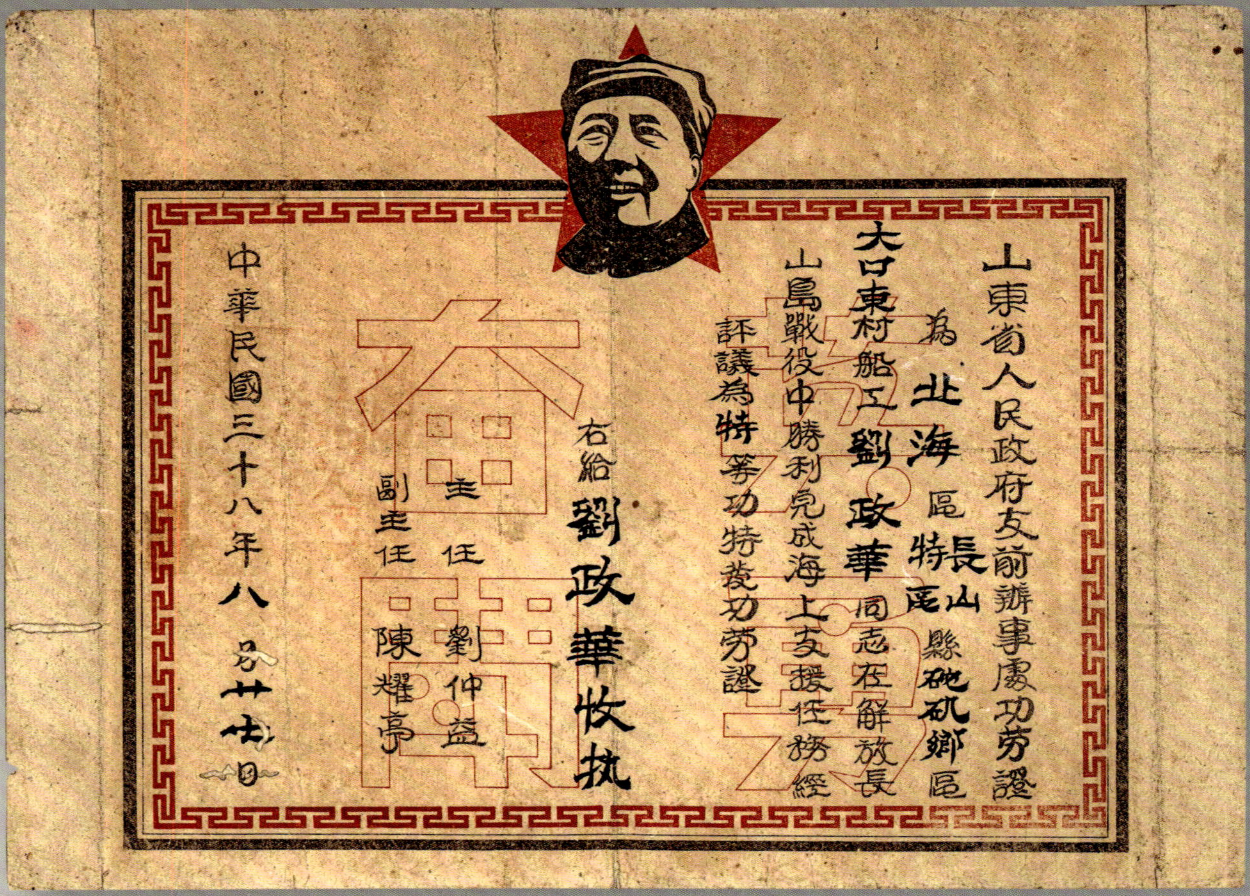

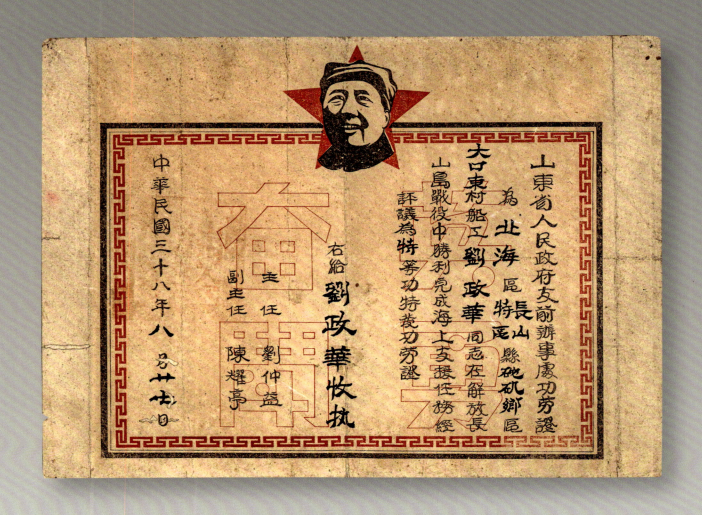

1949 年 8 月 27 日山东省人民政府支前办事处发给北海区长山特区船工刘政华的特等功功劳证。
当时 20 多岁的刘政华被编入警备 4 旅 11 团海上突击队，在海战时给部队当向导。
（山东博物馆藏）

行综合分析，制订了“隐蔽接敌，强攻登陆，逐岛攻击，稳步推进”的作战方案。时任中央军委副主席的周恩来复电指示：“认真准备强渡强攻的战术和技术，但不放弃对于偷渡的争取。”

总指挥许世友认为，避开敌舰确保第七十二师成功登陆南长山岛，是此战最重要一环。因此，他运用“调虎离山”之计，命令警四旅两个营佯攻大小黑山岛，吸引南长山岛敌舰前来增援。借机，以第七十二师两个团主攻南长山岛，以警五旅两个连攻击大、小竹山岛，保证第七十二师的侧翼。果然，南长山岛“美虹号”等三艘敌舰第一时间前往支援大小黑山岛，敌主力军舰被成功诱开。

12 日凌晨 2 时，警备第四旅在大、小黑山岛登陆成功。凌晨 3 时，第七十二师先头部队靠近南长山岛，立即发射 3 颗红色信号弹，顿时鲜艳的红色划亮了黑色的夜空。收到信号的同时，蓬莱沿海我炮兵阵地群炮轰鸣，一排排炮弹呼啸而出，南长山岛守敌阵地陷入一片火海。我军步炮密切协同，

“前方指挥所”许世友、刘云鹏、孙晓风、张加洛等指挥员在前沿观察长山岛地形

北海地委举行祝捷大会

地面部队迅速接敌、破障、抢滩、守滩，火力保障准确高效，有效阻断和牵制了敌方后续支援，敌军所谓“海上壁垒”被我军彻底摧毁。激战过后，主攻部队顺利登陆南长山岛，并建立了坚固的支撑点。随后，北长山岛、庙岛相继被攻克。此役我军毙敌200余人，俘敌1305人，缴获舰艇10艘、火炮15门、各类枪支1200余支和大批弹药物资，以较小的代价取得了长山岛战役全面胜利。

战役的胜利，充分证明了我人民解放军不仅能在陆上歼灭优势于我军数倍兵力的敌人，而且能进行更复杂更困难的海上作战。攻占长山列岛之战，是人民解放军首次渡海登陆作战，标志着山东全境获得解放，贯通了东北、华北、华东三大解放区的海上运输通道，为发展新中国经济和外贸提供了重要条件，对保卫海防、巩固国防提供了重要借鉴。

朱瑞将军在山东

〔文〕
怀培安

“中国炮兵之父”朱瑞是抗战时期山东抗日根据地的主要领导人之一，他灵活开展统战工作、密切联系群众建立敌后政权、强化思想教育建设人民军队、领导反扫荡斗争巩固敌后根据地，为抗日斗争做了大量工作。在工作中，朱瑞坚决贯彻执行党中央对山东工作的指示精神，大刀阔斧地展开工作，使山东抗日根据地进入了一个新的大发展时期。

1948年10月1日，辽沈战役攻取义县的战斗打响。中国人民解放军炮兵1000多门火炮发出雷鸣般的怒吼，顷刻间义县城墙即被攻破，全歼守军1万多人。硝烟还未散尽，战场还未排查清理，一位身材魁梧的司令官便迫不及待地从指挥所出来去查看城墙突破口的情况，不幸触雷牺牲，年仅43岁。他就是"中国炮兵之父"，时任东北军区炮兵司令兼炮校校长的朱瑞，解放战争中我军牺牲的最高级别将领。

朱瑞

朱瑞（1905—1948年），江苏宿迁人，从胸怀壮志的热血少年成长为文武兼备的红军将领。他拥有纵横捭阖的统战奇才，他是抗日救国的民族英雄、人民解放的建国功臣、老一辈的无产阶级革命家。

朱瑞担任过党内众多重要职务，1939年任中共山东分局书记、山东军政委员会书记。在朱瑞所担任的职务中，山东分局书记任职时间最长。从1939年到1943年，朱瑞在山东抗日根据地待了四年多。这四年，是山东乃至全国抗日斗争最艰苦、最困难的时期。朱瑞作为山东抗日根据地的主要领导人，为抗日斗争做了大量工作。在工作中，朱瑞坚决贯彻执行党中央对山东工作的指示精神，大刀阔斧地展开工作，使山东抗日根据地进入了一个新的大发展时期。

同仇敌忾：灵活发展抗日民族统一战线

朱瑞初到山东时，为响应国共合作团结抗战，发展抗日民族统一战线，做了大量工作。根据中央指示，朱瑞对以于学忠为首的东北军和以沈鸿烈为首的顽固派采取不同的对策，提出了"对于拥护，对沈不理，打击沈之部属，斩除其手脚，孤立沈鸿烈"，进而采取"打击沈鸿烈""消灭顽固派"的策略。在山东分局的争取下，于学忠等东北军将领多次表示，决不打八路军，并在第一次反共高潮中，保持中立。虽然后来山东分局和东北军的关系发生过曲折，但总的情况是好的。

朱瑞还很注意文化教育界的统战工作，他和抗协领导人保持着很好的统战关系。朱瑞博学多才，平易近人，谈吐睿智风趣。他非凡的人格魅力，赢得了党内外知识分子的尊重，吸引了一批享有较高社会威望的人士。这些人都愿与朱瑞论古说今，评史言文；都愿集聚到党的周围，使山东在抗战中人才辈出，为支援全中国的解放事业，作出巨大贡献。对此，朱瑞功不可没。

稳若磐石：强化党对政权工作的领导

1939年5月19日，党中央在关于山东工作方针的指示中明确提出："在政权问题上，应认识无论八路军部队或地方游击队，如无政权则决不能发展巩固与建立根据地。因此，已得的政权决不应放弃，并还应努力争取新的县区政权。"

1939年6月，朱瑞刚到山东，就按照中央的指示亲自抓建立政权。7月6日朱瑞电告肖华："为造成山东巩固抗日根据地，我必须迅速建立抗日政权"，并令其"向鲁北发展，树立各县抗日政府"。截至1940年7月，在山东根据地，经过民选的县级政权共有70多个，区级政权400多个，共建立了8个专署，1个行政公署。

1940年7月，在朱瑞领导下，召开了全省各界代表联合大会。朱瑞在会上作了政治报告——《从国际到山东》。大会选举产生了省级行政机关——山东省战时工作推行委员会和山东省临时参议会，标志着山东抗日民主根据地正式形成。

五井战斗旧址之一

艰苦卓绝：顽强战斗粉碎日伪扫荡

1939年6月，日军集中了2万余人的兵力，向鲁中根据地进攻。朱瑞等领导人亲自指挥，与敌人周旋，共毙伤日军1000余人，粉碎了敌人的夏季大"扫荡"。10月25日，山东纵队第一支队在副司令员钱钧指挥下，在五井反击日伪军，歼日伪军160余人。《大众日报》专门发表社论，赞誉这次战斗是"山东抗战两年来最模范的胜利战斗"。

1941年冬，日军集中5万余兵力，对沂蒙山区抗日根据地发动了"铁壁合围"式的大"扫荡"。朱瑞的夫人陈若克在临产前几天不幸被日伪逮捕。惨无人道的日军杀害了她和她出生仅20天的孩子。朱瑞的侄女朱华也在反"扫荡"中牺牲。朱瑞强忍悲痛，率领部队与敌周旋，为取得反"扫荡"的胜利作出了卓越贡献。

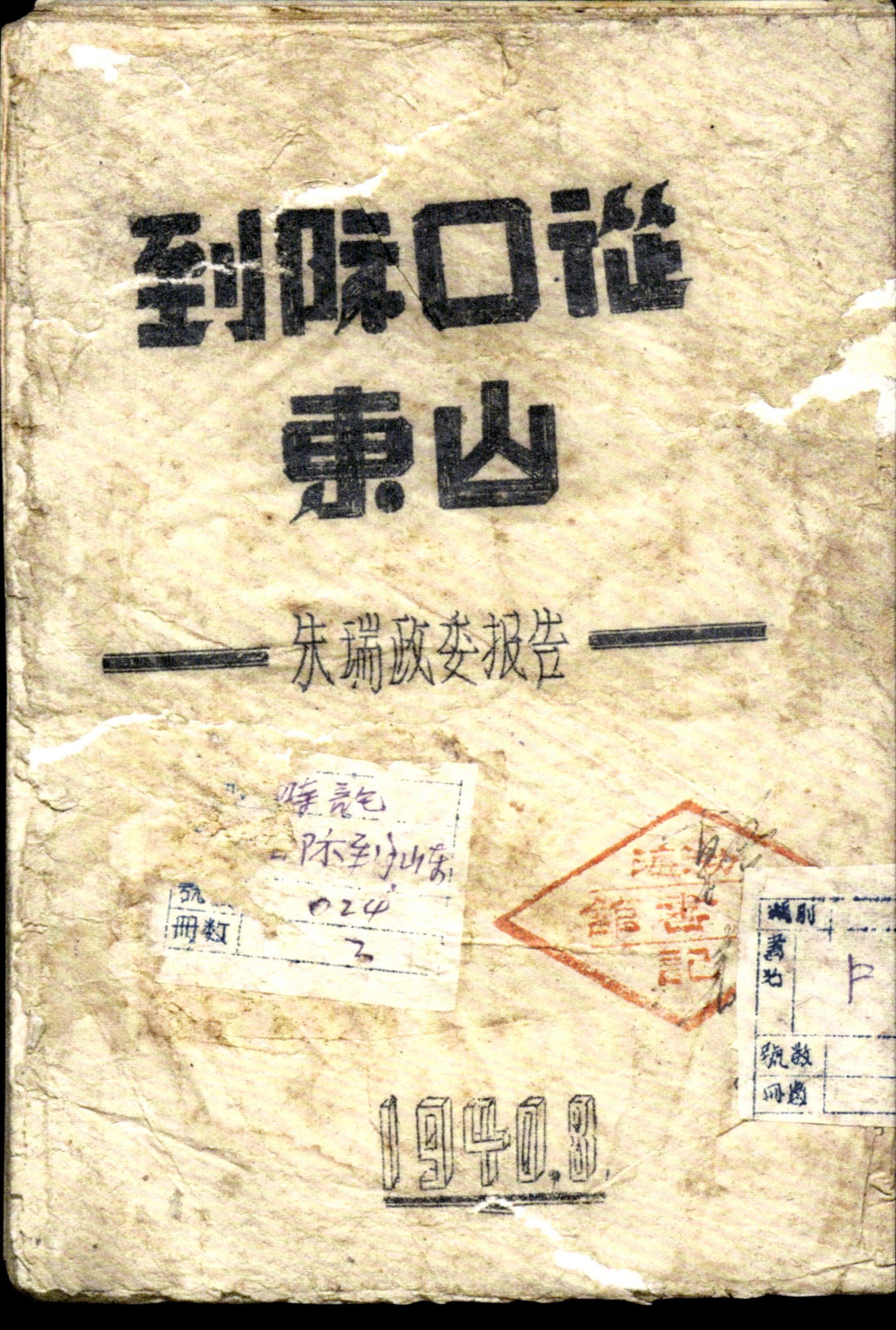

朱瑞的报告《从国际到山东》

（山东博物馆藏）

朱瑞参加中共“七大”的听课证
（山东博物馆藏）

思想强军：高度重视部队政治教育

为了加强政治教育，1941年前后，鲁中区党委党校和抗大第一分校合并成分局党校。朱瑞任校长，亲自教授哲学，讲辩证唯物主义，讲人民群众是历史的主人。朱瑞讲课善于运用历史典故，讲得有声有色，通俗易懂，大家都爱听。

朱瑞还经常在分局机关干部大会上，针对时局发展，干部思想上存在的问题做了报告。朱瑞做的报告，起了激发斗志、稳定军心民心的作用。据当时任鲁东南特委书记的高克亭回忆，朱瑞和徐向前直接指挥山东纵队打仗、整军，朱瑞以他在红军中的丰富政治工作经验，结合山东纵队实际，针对存在的问题，有的放矢地进行教育，提高了干部理论水平，建设了一支在党绝对领导下的好部队。

1943年9月，朱瑞赴延安参加中共“七大”。途经太行时，汇报了在山东的工作，得到了充分肯定。1948年10月1日，朱瑞牺牲。10月3日，党中央的唁电称：“朱瑞同志在中国人民解放军的炮兵建设中功勋卓著，今日牺牲，实为中国人民解放事业之巨大损失，中央特致深切悼念。”为了纪念他，中央军委决定将东北炮兵学校命名为“朱瑞炮兵学校”。2009年9月，朱瑞被评为100位为新中国成立作出突出贡献的英雄模范之一。

竹竿上的红色记忆

军队打胜仗，人民是靠山。解放战争时期，朴实的山东人民全力支前，创造了人类战争史上一个伟大的奇迹，打出了一场真正的“人民战争”。山东人民的支前无论从形式到内容、从规模到质量、从广度到深度，都达到了空前水平。

〔文〕
孙艳丽

唐和恩，山东胶东区莱东县（今山东烟台莱阳市）西陡村的一名农民共产党员，齐鲁大地上支前大军中的普通一员。他中等个子，瘦瘦的身材，眉宇间总是挂着一缕和善。他聪明好学，念过5年书，写得一手好字，喜欢写写记记，冬学活动中，给村里的男女老少当先生。他对革命始终充满热情，每次支前活动前，他常写一些小戏打快板，打着快板走街串巷积极宣传，“圣人”的称号便在西陡村的老街坊那里不胫而走。1948年秋天，一个丰收的季节，正在地里干活的唐和恩听到村委动员参加支前运动的时候，立刻跑到村委报名，又一次成为浩浩荡荡支前大军中的一员。此时的唐和恩当然想不到，从家乡启程时随身携带的小竹竿，和自己一起走出了一条非同寻常的支前路，更会欣慰于它能成为国家一级文物，为祖国各地的人们无声地讲述那场伟大的战役，回望那段惊心动魄的历史记忆。

“解放军打到了哪里，我们就支援哪里”

1948年冬，苍莽辽阔的淮海大地，寒风凛冽，千里冰封。原野上，一盏盏亮起的油灯，犹如一条神奇的长龙，一望无际；灯火相连，蜿蜒曲折，给昏暗的夜色平添了几分温暖与神秘。夜幕下，车轮滚滚，人流如织，淮海战役运输粮食弹药的支前大军乘着夜色悄悄地行进着。淮海战役以徐州为中心，东起海州（今属江苏连云港），西至商丘（今属河南省），北起临城（现为薛城，今属山东枣庄市），以及淮河的广大地区。从现行区域上看，就涉及山东、江苏、安徽、河南等地区，涉及的战区面大而广，运输条件极其艰苦。唐和恩率领的支前小分队在淮海战役的第三天就推着粮食出发了，他们始终信念坚定：“解放军打到哪里，我们就支援到那里；前线需要什么，我们就运送什么。”这是齐鲁大地上无数默默奉献的支前队员们从心底里发出的铿锵誓言，更是千千万万人民群众对支援前线解放军最准确的情感表达。为了保障前线战士们能够吃得饱吃得好，唐和恩他们只吃“三红”（即红高粱、红萝卜、红辣椒），把小米、白面留给前线的战士们。前线战争会有伤亡，后线的运输队伍也随时会遭遇生命危险，不时会有倒下的运粮队员，唐和恩就把物资分装在自己的车子上继续前进，保证运输物资能够准时达到。碰到雨雪等恶劣天气，运粮小分队就把自己身上的蓑衣、棉衣脱下来盖好粮食，保证军粮受不到半点的损失。

各种极端的挑战总是不期而遇。一个冬日的下午，唐和恩的运粮小分队被一条数十米宽、结着薄冰的冰河挡住了前行的道路，如果从冰面通行，可以节省两三个小时的时间，减少20公里的路程。凛冽的西北风疯狂地咆哮着，似乎也在等待他们最后的抉择。唐和恩看了看旁边一辆辆运粮车，又望了望身单衣薄疲惫的队友们，不舍又焦急，队友们看到了他的为难，坚定地说道：红军二万五千里长征，爬雪山，过草地都过来了，咱们还能被这条河沟挡住吗。简单的话语，浓浓的深情，包含了老百姓对解放军毫无保留的支持和信任。唐和恩脱下棉衣扛起一包粮食，第一个跳进冰冷的河水，在前面破冰探路。队员们紧随其后，扛着粮，抬着车，在齐腰深的河水中艰难地前行。队员们被刺骨的冰水

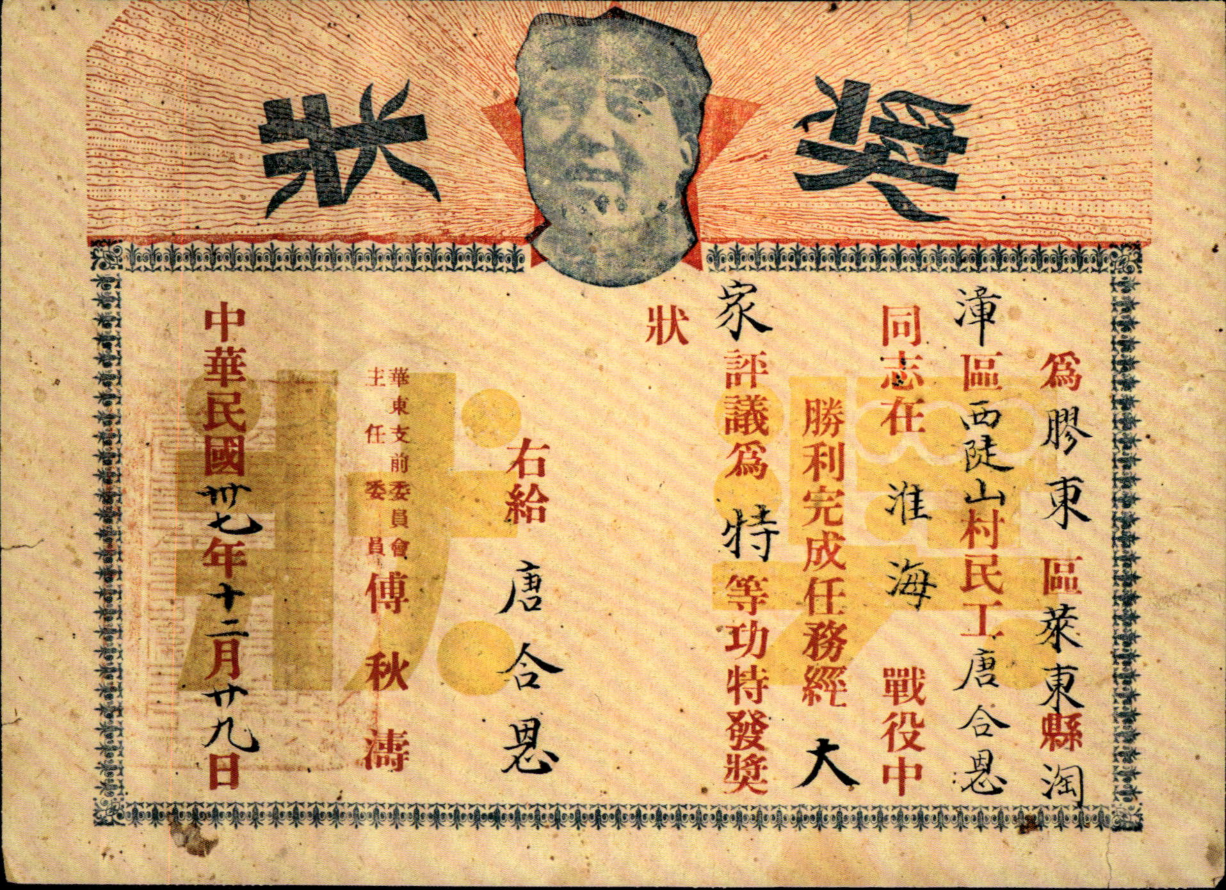

獎狀

為膠東區萊東縣洶湋區西陡山村民工唐合恩同志在淮海戰役中勝利完成任務經大家評議為特等功特發獎狀

右給唐合恩

華東支前委員會主任委員傅秋濤

中華民國卅七年十二月廿九日

1948 年胶东行政公署颁发给唐和恩（奖状当时写作“唐合恩”）的支前特等功奖状

（山东博物馆藏）

冻得浑身发紫颤抖，但心中燃烧的激情像一把熊熊的烈火，融化了坚冰，温暖他们继续前行的路。唐和恩的运粮小分队最终顺利通过冰河，将粮食及时完好地送达目的地，圆满完成送粮任务。唐和恩在小竹竿上又刻下一个闪亮的名字——郭庄，留存一段不平凡的红色记忆。小竹竿目睹了队友们的手磨出一层又一层厚厚的老茧，脚磨出来一个又一个水泡，衣服补了一层又一层的洞，见证了可敬可爱的人民心中那份对党无限的忠诚和热爱，对胜利无限的憧憬和向往。他们手里推着的不再是一袋袋的粮食，而是沉甸甸满载希望的果实，是未来他们美好幸福的生活。

“敌人的飞机也挡不住我们的运粮队”

异常艰苦的支前道路上，恶劣的自然环境和随时出现的敌机轰炸时刻考验着唐和恩和他的运粮小分队。一次，小分队和往常一样收到运粮任务后准备启程，敌人的飞机就飞到了附近，在空中不停地盘旋，连续投射炮弹，周围被炸得尘土飞扬，道路被完全炸毁，无法前行。为了不耽搁送粮，他们不顾敌人的炮火，冒着随时中弹的危险，一边寻找着可以隐蔽粮草的地方，一边继续前进。敌机的疯狂扫射一直持续到夜幕降临，看到敌人的飞机慢慢飞远，队员们立刻踏着被敌机炸得面目全非的道路，小心地保护着运粮车，连夜加快步伐前进。队员们面对敌人不断地陆地围堵和空中射击，每次总能满怀希望地说：“敌人的飞机也挡不住我们的运粮队”。因为他们心中有光，党带给他们的光明和希望。他们愿意同党风雨同舟、生死与共，永远血脉相连，战胜一切困难和风险。他们愿意选择共产党，跟党走，就能从一个胜利走向另一个更伟大的胜利。

千里运输线上，这支亘古罕见的支前大军，他们忍着风雪饥寒，踏过枪林弹雨，依靠强大的人力和落后的工具，渡河破冰，翻山越岭，战胜了无数的困难，涌现出许多感人事迹和无数的英雄模范，谱写着一曲人民战争的动人凯歌，为全国人民的解放事业做出了巨大的贡献，立下不朽功勋。小竹竿跟着唐和恩和他的运粮小分队跑遍了淮海战场，足迹踏遍山东、江苏、安徽三个省，27 个县，70 多个村镇，从沂蒙大山到淮海平原，从滔滔淮河到滚滚长江，绘就一幅约 5000 里的旷世人民支前图。它不再是旧社会用来讨饭的工具，现在的它是支前小分队的一员，和大家一起爬山、涉水、踏雪，为他们防空和引路，记录数百万英雄支前队员走过的艰苦历程，展现中国人民英勇奋斗的壮丽篇章，深厚滋养着我们的爱国热情和民族精神，成为我们不忘初心、继续前进的力量源泉。

淮海战役中运粮小分队使用的小推车
（山东博物馆藏）

『喜报』记录下的中国『雄鹰』

〔文〕

赵倩儒

1951年11月9日，中国人民解放军空军司令部政治部颁发给张积慧的二等功立功喜报，由山东博物馆珍藏。这张喜报见证了抗美援朝时期中国空军的伟大成就，见证了张积慧一举击落美军“王牌飞行员”戴维斯的战斗经历，彰显了中国空军在战斗中展现的“空中拼刺刀”的大无畏精神。

1950年10月，抗美援朝战役打响。

抗美援朝战争之初，美军依靠空中优势肆无忌惮。战场，是战将的考场，是英雄的舞台。与强敌对决，催生了人民军队的一代空战英雄，年轻的共和国空军横空出世，给敌人迎头痛击。

这是一张中国人民解放军空军司令部政治部于1951年11月9日，颁发给张积慧的二等功立功喜报。张积慧生于1927年，是山东荣成县甲子山区桥上村人。1945年参加八路军并加入中国共产党，1951年参加中国人民志愿军入朝作战，历任志愿军空军第四师12团三大队飞行大队长、副团长、团长。作为新中国第一代飞行员在战斗中英勇无畏的见证，这张喜报历经70余年的沧桑传颂着英雄事迹，历久弥新。

张积慧

年轻空军以战为练勇开创

从1949年11月11号中国空军成立到参加抗美援朝，才一年多一点时间，我军突击成立了两个歼击航空兵师，那就是空三师和空四师。当时新成立的空军只有百余架作战飞机，大多数的第一代战斗机飞行员也缺少在喷气式战机上的飞行经验，有的飞行员甚至只飞行了十几个小时就投入了战场。而他们的对手美国则投入了大量的空中力量，有各型作战飞机千余架，派出的飞行员大都是有着上千飞行小时的空中“老油条”，有着丰富的实战经验。这一边倒的力量天平，也没能阻挡年轻空军的步伐，他们利用一切机会，在提高战术技术上下功夫，从战争中学习战争。

1950年12月，空四师以大队为单位轮番进驻安东进行实战锻炼。作为第一次战斗行动，参战成绩的好坏影响很大，这也给年轻的空军带来了不小的压力。每次空战后，他们都召开检讨会总结经验教训，逐步改进战法，逐渐形成了适合自身特点的空战战术原则。特别是面对1951年8月起，美国空军发动的以摧毁朝鲜北方铁路系统为主要目标的“绞杀战”，新组建的中国人民志愿军空军轮番入朝，毫不畏惧迎战强敌，掩护铁路运输线，最终打破了美国企图凭借世界一流的空军实力，切断志愿军后方运输补给线，削弱前方物资补给和作战能力的计划。在实战锻炼中，我国空军逐渐积累起丰富的反“绞杀战”斗争经验，以灵活的空战战术在战场中逐渐取得主动地位。

初生雄鹰冲锋陷阵露锋芒

张积慧是我军航校培养的首批空军飞行员，虽然飞螺旋桨飞机有几百个小时，可喷气式还是新手。1950年，时任空四师十二团三大队大队长的他当

山東省榮城(市)縣甲子山區橋上(街)村

張積慧同志

最近在戰斗

中戰績卓著

經評定立弍等功特

此報喜並致賀忱

此致

先生

中國人民解放軍空軍司令部
政治部

一九五一年十一月九日

仁不让地奔赴了朝鲜战场。

1951 年 10 月 16 日，敌人气势汹汹地出动大批飞机，年仅 24 岁的张积慧奉命率领 16 架米格 –15 起飞迎敌。激战中，张积慧很快击中一架敌机，但他的飞机也不幸中弹。此次交战，相对于绝大多数飞行时间都在两千个小时左右的美国空军第四联队，中国空军第四师各机种的飞行时间加在一起，还不到一百个小时。在回忆起这段历史时张积慧老人坚定地说道：“米格 –15 飞了 10 多个小时，思想上一点也不害怕，就是冲锋陷阵打敌人。”正是这种顽强作战的精神使他们取得了骄人的战绩。毛泽东主席曾专门批示：“空四师奋勇作战，甚好甚慰”。

战鹰展翅破美传奇显雄风

随着志愿军部队越来越勇猛的作战，美国远东空军的损失也越来越惨重。1952 年 2 月 10 号，美军数批轰炸机在战斗机的掩护下轰炸军隅里附近的铁路线。空四师两个团 34 架米格 –15 战斗机起飞迎敌，前进中，张积慧发现远方上空有一道道白烟，表明美机正在逼近。张积慧和僚机单子玉投掉副油箱，爬高占位准备攻击，不料却脱离了编队。突然，张积慧发现右后方云层间隙中 8 架美军的 F–86 战斗机正朝他们飞来。为首的两架已经猛扑到他们飞机的尾后，怎么办？张积慧猛地右转爬升，顺势咬住了美机的长机，第一次开炮未中，张积慧紧追到 600 米的距离第二次开炮，三炮齐发，终于击中，敌机坠毁！紧接着，张积慧迅速拉起，攻击另一架敌机，在 400 米距离瞄准射击，一次开炮就把敌机打得凌空解体。此后，张积慧被其他敌机击落，跳伞成功，但僚机单子玉却不幸牺牲了。原本一场实力悬殊的战斗，打成了一场令中国人扬眉吐气的战斗。

令张积慧想不到的是，在这次战役中他击毙的敌人竟是有“美军王牌飞行员”之称的乔治·阿·戴维斯。戴维斯时任美国远东空军第 334 中队中队长，在二战中，曾经参加战斗飞行 266 次，共击落各种飞机 21 架。入朝作战仅仅半年的时间，就已执行任务 60 次，击落歼击机 11 架，轰炸机 3 架。正是这样一个美国“空中英雄”，朝鲜战场上“美军战绩最高的王牌飞行员”，“百战不倦的戴维斯”，却死在了 25 岁的志愿军飞行员张积慧和他的僚机战友单子玉手下。更为重要的是，志愿军空军击毙美军王牌飞行员沉重打击了美国空军的士气，令美军被迫后退，美国完全掌握制空权的局面由此被打破，清川江以北、鸭绿江以南成了米格飞机的天下。

在抗美援朝战争中，张积慧曾 10 多次参加空战，共击落击伤敌机 5 架，因战功卓著，先后荣立特等功 1 次，一等功 2 次，二等功 1 次，志愿军空军授予他“中国人民志愿军一级战斗英雄”荣誉称号，朝鲜政府授予他朝鲜民主主义人民共和国二级自由独立勋章。与张积慧一样的空战英雄们，凭借他们的汗水、信心、毅力甚至生命打下了一场场战斗，凭借中国士兵敢于空中拼刺刀的精神和为和平而战的血性一次次出发，打出了一片和平的天空。也正因为有这样的英雄前辈，有这样拼搏精神的指引，在 72 年后的今天，中国空军这支队伍在国土防空、军事演习、抗震救灾中一次次交上优异的答卷。在 72 年后的今天，他们发扬前人的拼搏担当精神，为了维护空天安全，护佑国家利益时刻准备着。

九星战绩 威震九天

——王海的立功喜报

〔文〕刘宁

在抗美援朝空军作战中，王海击落敌机4架，击伤敌机5架，荣立特等功、一等功，获得“空军一级战斗英雄”的称号。他所在的人民空军第三师九团一大队被誉为“英雄的王海大队”。1953年1月10日，中国人民解放军东北军区空军司令部政治部特地为空军战斗英雄王海之父王兰芝颁发立功喜报。

2020 年 9 月 19 日，北京八宝山礼堂外面排满了送别的队伍，人们高举“九星战绩，威震九天”的海报，依依不舍地送别空军英雄王海。在抗美援朝空军作战中，王海击落敌机 4 架，击伤敌机 5 架，荣立特等功、一等功，获得“空军一级战斗英雄”的称号。他所在的人民空军第三师九团一大队因战绩突出，荣立集体一等功，被誉为“英雄的王海大队”。

王海

一人立功　全家光荣

1953 年 1 月 10 日，为庆祝胜利，鼓舞士气，以迎接新的战斗，王海所在的志愿空军第三师召开了“击落击伤敌机百架祝捷庆功大会”。会上中央军委发来嘉勉电报：“庆祝你们参战 13 个月来击落击伤敌机 102 架的伟大胜利！”在两轮作战中，王海担任飞行大队长的九团一大队，共参加战斗 80 多次，击落击伤敌机 29 架，大队中人人立功，战士们的飞机都涂上了红五星。为表彰战绩，鼓舞士气，1953 年 1 月 10 日，中国人民解放军东北军区空军司令部政治部特地为空军战斗英雄王海之父王兰芝颁发立功喜报，向英雄的家人报喜：王海同志在抗美援朝战斗中，创立功绩，业经批准，记一等功一次；除按工给奖外，特此报喜，恭贺王海同志为中国人民立功，全家光荣。

悬殊较量　胜利不易

1950 年 6 月美国悍然派兵介入朝鲜内战，将战火引至了中国边境。1950 年 10 月 10 日，中国人民志愿军跨过鸭绿江，义无反顾地奔赴朝鲜战场。

胜利的取得来之不易，一张立功喜报的背后是敌我空军实力对比悬殊的较量。在朝鲜作战的前期，中国人民志愿军主要以步兵为主，配备少量的炮兵和坦克兵，以陆上作战为主。美国则配备了海、陆、空联合的立体化作战部队。朝鲜战场上的美国联合空军开始时有 14 个联队，飞机 1200 多架。随着战争的开展，战事的增加，美国加大军事投入，1951 年 6 月增加为 19 个联队，飞机 1400 多架。在人员

革命軍人立功喜報

王蘭芝先生：

貴府王海同志在抗美援朝戰鬥中，創立功績，業經批准記一等功一次；除按功給獎外，特此報喜，恭賀王海同志為人民立功，全家光榮。

中國人民解放軍東北軍區空軍司令政治部

一九五三年一月十日

中國人民解放軍東北軍區空軍政治部之印

1953 年王海荣立一等功的喜报
（山东博物馆藏）

青岛市自来水厂职工纷纷捐款支援抗美援朝前线购买飞机大炮

配备上，美军飞行员的飞行时长大多在1000小时以上，且有着丰富的空中作战经验。而当时，我国志愿军空军刚刚组建，作战飞机加起来还不到200架，飞行员的飞行时间仅仅15—20小时，且无空中作战经验。不论在数量上，还是质量上，美国空军力量都占绝对上风。

在对美空军作战中，志愿空军战士敢于空中拼刺刀，以鲜血和生命相搏，书写了可歌可泣的战斗传奇。王海所著《我的战斗生涯》中记录了中队长孙生禄的事迹，令人动容。在永柔、平壤地区的一次持续对敌作战中，中队长孙生禄才刚刚返航，又奋不顾身申请再次出战。为阻截敌机，保护我方机群，他驾驶的飞机被十架敌机包围并击中，机身起火。千钧一发之际，他毫不犹豫地调转了机头，驾驶着燃烧的战机义无反顾地冲向了敌人的机群！熊熊燃烧的火焰在空中不断翻滚跳跃，他的战机像利箭一般冲向了敌人，他年轻的生命永远定格在了24岁，他满腔的报国热血永远地留在了朝鲜的土地上。

“为什么战旗美如画，英雄的鲜血染红了它，为什么大地春常在，英雄的生命开鲜花。”如今，战争的硝烟早已散去，国家昌盛，山河无恙，家国安宁。然而，人民永远忘不了那些舍生忘死保家国的英雄，忘不了那些血洒疆场的年轻生命，忘不了那些义无反顾的不朽英魂。

正义之战　全国支援

朝鲜战场烽烟滚滚，国内支前轰轰烈烈。为了和朝鲜战场的人民志愿军并肩作战，全中国人民掀起了轰轰烈烈的抗美援朝、保家卫国运动。广大工人加紧生产，广大农民则加紧种粮，全社会以实际行动来支援前线。截止1952年5月31日，山东全省共捐款2954亿元（旧人民币），等于购买197架飞机战斗机的款额。

全国各族人民节衣缩食踊跃捐资购买飞机，支援中国人民志愿军空军参加抗美援朝作战。涌现出许多感人的事迹：八十多岁高龄的老夫妇，把勤俭节约积攒下来准备料理后事的钱捐献出来；青年男女捐献结婚用的钱支援前线；小学生们捐献攒出来的零用钱。豫剧大师常香玉用全国各地演出的全部收入捐献了 一架“常香玉号”战斗机。

山河无恙　后继有人

2020年9月，英雄王海永远地离开了。然而他“九星战绩，威震九天”的英雄传奇早已写入中国空军从无到有、走弱到强的伟大历史，他的果敢无畏早已深深融入几代空军指战员的血液中。王海经常说："打仗没有勇敢的精神是不行的，我们大队的每个人都很勇敢，没有孬种！"

英雄来自人民，英雄的背后是祖国和人民。英雄王海经常说："我们是人民的飞行员，我们的背后站着祖国和人民，理应为人民而战，敢于空中拼刺刀，即使流血牺牲也在所不惜。"如今中国空军早已扭转了 70 年前敌我实力对比悬殊的局面，我们的战斗机无论从数量、战斗力，还是先进程度上，都已位居世界前列。"英雄的王海大队"早已后继有人，山河已无恙，祖国的雄鹰已飞得更高。

汽笛声中的『八一号』

〔文〕
孙艳丽

青岛四方机厂试制成功的“八一”号机车，终结了新中国不能独立制造蒸汽机车的历史，揭开了中国铁路机车车辆工业史上崭新的一页。从“八一号”汽笛的破空而出，到呼啸向前的高铁“复兴号”，中国铁路机车车辆工业史上的一次次奇迹，展现着建设者自强不息、开拓创新的奋斗精神。

1952 年 7 月 26 日，一鸣高亢的汽笛声划破长空，新中国第一台国产火车头试车成功了。青岛四方铁路工厂的南广场顿时沸腾了起来，“成功了”，欢呼声此起彼伏，燃遍齐鲁大地，吹向祖国四方。这一鸣汽笛声，更是吹响了中国铁路事业和经济社会高速发展的号角。为献礼即将到来的建军节，这台蒸汽机车被命名为“八一号”。

“扬帆起航”——困境中崛起

中华人民共和国成立之初，针对当时我国的工业化发展水平，毛泽东主席曾这样形象地描述：“现在我们能造什么？能造桌子椅子，能造茶壶茶碗，能种粮食，还能磨成面粉，还能造纸，但是一辆汽车、一架飞机、一辆坦克、一辆拖拉机都不能造。”

回顾中国机车百年历史，“童年时期”的中国机车历史充满局促、沧桑和无奈。1949 年，中国可统计的 4069 台机车全部产自英、美、德、日本等 9 个国家的 30 多家工厂，型号多达 198 种。当时的中国因此被称为“万国机车博物馆”。这是国人心中的一道永远无法抹去的心酸记忆。那时候，中国还没有能力制造一台真正意义上的国产机车，工人们只能接受战争中遗留或者废弃的外国机车，并对其旧零件进行重新组装和修理。

“八一号”蒸汽机车模型

（1955 年左右制作，山东博物馆藏）

青岛四方机厂始建于 1900 年 10 月，是一家装配和修理胶济铁路的机车车辆而创建的工厂。
图为清末民初的青岛四方机车厂旧照
（山东博物馆藏）

为彻底甩掉这顶帽子，更为举国支持的抗美援朝战役提供钢铁般的运输保障，生产一辆自主研发机车的梦想再一次在国人心中萌发。1952 年，朱德总司令视察青岛四方铁路机厂（今中车四方股份），提出“四方机厂工人要为中国人争气，造出自己的国产机车”。由此，自主制造蒸汽机车的伟大征程在青岛四方机车厂一路高歌猛进，乘风破浪。

“奋力拼搏”——逆境中重生

新中国，挑战与机遇同在。对于刚刚获得新生的人民共和国，制造一台完全属于自己的机车，其困难程度犹如重走万里长征。尤其技术革新，每一步的突破都需要有破茧成蝶的勇气，才能迎来涅槃重生。“天行健，君子以自强不息”，中国共产党人面对一穷二白、百废待兴的国家发展局面时，又一次将这种自力更生，艰苦奋斗的拼搏精神发挥到了极致。

梦想已在人民心中生根发芽，他们必将为此理想而战。制造机车不懂怎么办？工人们废寝忘食、吃住在厂里，干中学、学中干，学习、摸索，试验、改进。没有设备怎么办？设计图纸，铸造汽缸，无数次失败、无数次重来，小心尝试、大胆创新。他们以咬定青山不放松的执着，奋力地去实现每一个既定目标。以行百里者半九十的清醒，不断攻克每一项技术难关，不懈推进每一项任务。举步维艰，但成果斐然。机车的关键配气系统部件——月牙板，在工人们反复试验、不懈努力下试产成功，解决了机车牵引力大小的关键技术问题。之后，又接续生产出技术含量高、尺寸要求不同的各类零部件多达1 万件。制造中国机车的梦想，正一步步变成现实。面对各种可以预见和难以预见的困难和挑战，他们坚信，共产党一定能够带领人民在困境中奋起、在艰苦中发展，用自己的双手造出更多更先进的属于中国人的好机车！这是中国机车人自力更生、自主创新精神的觉醒，更是中国人自强不息、开拓创新的奋斗精神的坚定体现。

“百战而归”——见证峥嵘岁月

“八一号”诞生之日恰逢抗美援朝战争关键之时，满载鲜花和掌声的“八一号”还没有来得及细细品味这份欣喜和荣耀，就匆匆奔赴抗美援朝战场。志愿军作战部队大量的武器装备、弹药物资、军需供应等大部分要靠铁路交通运送，铁路钢铁般的运输线至关重要。周恩来总理多次强调志愿军后勤工作：“千条万条，运输第一条。”“八一号”像一名坚决执行命令的将士，冒着随时被空袭的危险，义无反顾奔向最危险最需要的地方，持续不断地给前方补给能量，为抗美援朝、保家卫国取得最后胜利作出了重要贡献。抗美援朝战争结束后，“八一号”又投身祖国建设，汽笛声在祖国广袤大地上响彻了近半个世纪，它的红色大动轮跑遍了祖国的大江南北，目睹了新中国的日新月异和欣欣向荣。

1992 年 5 月 30 日，它在淮南机务段光荣退役，此后，它由中车大同公司保存。2010 年，中车四方股份（原四方机厂）建厂 110 周年，中车大同公司将“八一号” 作为庆祝建厂百年礼物送还四方

1952 年 8 月 1 日，青岛四方机车厂“八一号”蒸汽机车完成组装的情景

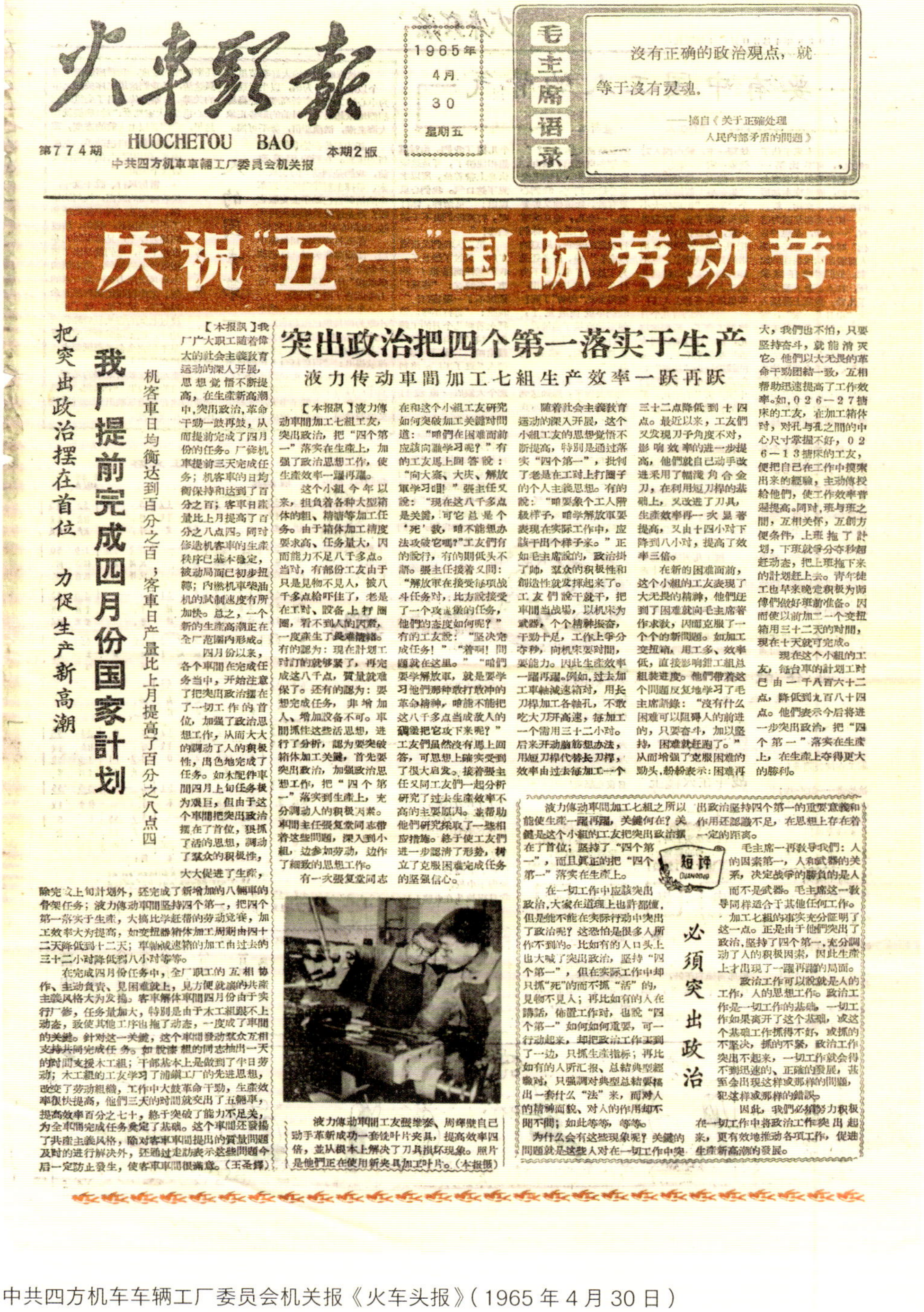

火車頭報

HUOCHETOU BAO

第774期 本期2版

中共四方机車車輛工厂委員会机关报

1965年 4月 30 星期五

毛主席语录

沒有正确的政治观点，就等于沒有灵魂。

——摘自《关于正確处理人民內部矛盾的問題》

庆祝"五一"国际劳动节

把突出政治摆在首位 力促生产新高潮

我厂提前完成四月份国家計划

机客車日均衡达到百分之百；客車日产量比上月提高了百分之八点四

【本报訊】我厂广大职工隨着偉大的社会主義教育运动的深人开展，思想覺悟不斷提高，在生產新高潮中，突出政治，革命干勁一鼓再鼓，从而提前完成了四月份的任务。厂修机車提前三天完成任务；机客車的日均衡保持和达到了百分之百；客車日產量比上月提高了百分之八点四。同时修造机客車的生產秩序已基本穩定，被动局面已初步扭轉；內燃机車柴油机的試制速度有所加快。总之，一个新的生產高潮正在全厂范圍內形成。

四月份以来，各个車間在完成任务当中，开始注意了把突出政治摆在了一切工作的首位，加强了政治思想工作，从而大大的調动了人的积极性，出色地完成了任务。如木配件車間四月上旬任务极为艰巨，但由于这个車間把突出政治摆在了首位，狠抓了活的思想，調动了羣众的积极性，大大促进了生產，除完成上旬計划外，还完成了新增加的八輛車的骨架任务；液力傳动車間坚持四个第一，把四个第一落实于生產，大搞比学赶帮的劳动竞賽，加工效率大为提高，如变扭器箱体加工周期由四十二天降低到十二天；車軸減速箱的加工由过去的三十二小时降低到八小时等等。

在完成四月份任务中，全厂职工的互相协作、主动負責、見困难就上，見方便就讓的共產主義风格大为发揚。客車解体車間四月份由于实行厂修，任务量加大，特别是由于木工組跟不上动态，致使其他工序也拖了动态，一度成了車間的关鍵。針对这一关鍵，这个車間發动羣众互相支持共同完成任务。如脫漆組的同志抽出一天的时間支援木工組；干部基本上是做到了半日劳动；木工組的工友学习了浦鎮工厂的先进思想，改变了劳动組織，工作中大鼓革命干勁，生產效率很快提高，他們三天的时間就交出了五輛車，提高效率百分之七十，終于突破了能力不足关，为全車間完成任务奠定了基础。这个車間还發揚了共產主義风格，除对客車車間提出的質量問題及时的进行解决外，还通过走訪表示这些問題今后一定防止發生，使客車車間很滿意。（王圣鐸）

突出政治把四个第一落实于生产

液力传动車間加工七組生产效率一跃再跃

【本报訊】液力傳动車間加工七組工友，突出政治，把"四个第一"落实在生產上，加强了政治思想工作，使生產效率一躍再躍。

这个小組今年以来，担負着各种大型箱体的粗、精镗等加工任务。由于箱体加工精度要求高、任务量大，因而能力不足八千多点。当时，有部份工友由于只是見物不見人，被八千多点給吓住了，老是在工时、設备上打圈圈，看不到人的因素，一度產生了畏难情緒。有的認为：現在計划工时訂的就够緊了，再完成这八千点，質量就难保了。还有的認为：要想完成任务，非增加人、增加設备不可。車間抓住这些活思想，进行了分析，認为要突破箱体加工关鍵，首先要突出政治，加强政治思想工作，把"四个第一"落实到生產上，充分調动人的积极因素。車間主任張复堂同志带着这些問題，深入到小組，边参加劳动，边作了細致的思想工作。

有一次張复堂同志在和这个小組工友研究如何突破加工关鍵时問道："咱們在困难面前应該向誰学习呢？"有的工友馬上回答說："向大寨、大庆、解放軍学习唄！"張主任又說："現在这八千多点是关鍵，可它总是个'死'数，咱不能想办法攻破它嗎？"工友們有的說行，有的則低头不語。張主任接着又問："解放軍在接受每項战斗任务时，比方說接受了一个攻堅戰的任务，他們的态度如何呢？"有的工友說："坚决完成任务！""着啊！問題就在这里。""咱們要学解放軍，就是要学习他們那种敢打敢冲的革命精神，咱能不能把这八千多点当成敌人的碉堡把它攻下来呢？"工友們虽然沒有馬上回答，可思想上確实受到了很大启发。接着張主任又同工友們一起分析研究了过去生產效率不高的主要原因。並帮助他們研究採取了一些相应措施。終于使工友們进一步認清了形势，树立了克服困难完成任务的坚强信心。

隨着社会主義教育运动的深入开展，这个小組工友的思想覺悟不斷提高，特别是通过落实"四个第一"，批判了老是在工时上打圈子的个人主義思想。有的說："咱要象个工人階級样子，咱学解放軍要表現在实际工作中，应該干出个样子来。"正如毛主席說的，政治掛了帅，羣众的积极性和創造性就发揮起来了。工友們說干就干，把車間当战場，以机床为武器，个个精神振奋，干勁十足，工作上爭分夺秒，向机床要时間，要能力。因此生產效率一躍再躍。例如，过去加工車軸減速箱时，用長刀桿加工各軸孔，不敢吃大刀开高速，每加工一个需用三十二小时。后来开动腦筋想办法，用短刀桿代替長刀桿，效率由过去每加工一个三十二点降低到十四点。最近以来，工友們又发現刀子角度不对，影响效率的进一步提高，他們就自已动手改进采用了幅淺角合金刀，在利用短刀桿的基础上，又改进了刀具，生產效率再一次显著提高，又由十四小时下降到八小时，提高了效率三倍。

在新的困难面前，这个小組的工友表現了大无畏的精神，他們还到了困难就向毛主席著作求教，因而克服了一个个的新問題。如加工变扭箱，用工多、效率低，直接影响鉗工組总組装进度。他們带着这个問題反复地学习了毛主席語錄："沒有什么困难可以阻碍人的前进的，只要奋斗，加以坚持，困难就赶跑了。"从而增强了克服困难的勁头，紛紛表示：困难再大，我們也不怕，只要坚持奋斗，就能消灭它。他們以大无畏的革命干勁团結一致，互相帮助迅速提高了工作效率。如，026—27搪床的工友，在加工箱体时，对孔与孔之間的中心尺寸掌握不好，026—13搪床的工友，便把自己在工作中摸索出来的經驗，主动傳授給他們，使工作效率普遍提高。同时，班与班之間，互相关怀，互創方便条件，上班拖了計划，下班就爭分夺秒超赶动态，把上班拖下来的計划赶上去。青年徒工也早来晚走积极为师傅們做好班前准备。因而使以前加工一个变扭箱用三十二天的时間，現在十天就可完成。

現在这个小組的工友，每台車的計划工时已由一千八百六十二点，降低到九百八十四点。他們表示今后将进一步突出政治，把"四个第一"落实在生產上，在生產上夺得更大的勝利。

液力傳动車間工友張維泰、周烽璧自己动手革新成功一套铣叶片夹具，提高效率四倍，並从根本上解决了刀具损坏現象。照片是他們正在使用新夹具加工叶片。（本报攝）

短評

必須突出政治

液力傳动車間加工七組之所以能使生產一躍再躍，关鍵何在？关鍵是这个小組的工友把突出政治摆在了首位；坚持了"四个第一"，而且眞正的把"四个第一"落实在生產上。

在一切工作中应該突出政治，大家在道理上也許都懂，但是能不能在实际行动中突出了政治呢？这恐怕是很多人所作不到的。比如有的人口头上也大喊了突出政治，坚持"四个第一"，但在实际工作中却只抓"死"的而不抓"活"的，見物不見人；再比如有的人在講話，佈置工作时，也說"四个第一"如何如何重要，可一行动起来，却把政治工作丢到了一边，只抓生產指标；再比如有的人听汇报、总結典型經驗时，只强調对典型总結要搞出一套什么"法"来，而对人的精神面貌、对人的作用却不聞不問；如此等等，等等。

为什么会有这些現象呢？关鍵的問題就是这些人对在一切工作中突出政治坚持四个第一的重要意義和作用还認識不足，在思想上存在着一定的距离。

毛主席一再教导我們：人的因素第一，人和武器的关系，决定战爭的勝負的是人而不是武器。毛主席这一教导同样适合于其他任何工作。

加工七組的事实充分証明了这一点。正是由于他們突出了政治，坚持了四个第一，充分調动了人的积极因素，因此生產上才出現了一躍再躍的局面。

政治工作可以說就是人的工作，人的思想工作。政治工作是一切工作的基础。一切工作如果离开了这个基础，或这个基础工作抓得不好，或抓的不坚决，抓的不緊，政治工作突出不起来，一切工作就会得不到迅速的、正確的發展，甚至会出現这样或那样的問題，犯这样或那样的錯誤。

因此，我們必須努力积极在一切工作中將政治工作突出起来，更有效地推动各項工作，促进生產新高潮的發展。

中共四方机车车辆工厂委员会机关报《火车头报》（1965 年 4 月 30 日）

（山东博物馆藏）

公司。在外漂泊整整58年的“八一号”回家了。回归当天，它在青岛棘洪滩厂区，发出了最后一次长鸣，它呼啸的汽笛声回荡在历史的天空，似在宣告自己完成党交给它的光荣使命。

“百年四方”——奋斗新征程

百年风雨沧桑，1952年的“八一”号，到2015年世界首列氢能源100%低地板现代有轨电车下线，四方机厂共创造了39项中国制造第一的荣誉！青岛四方已发展为中国轨道交通装备制造行业的骨干企业，是中国机车车辆的重要生产基地和出口基地，铁路总公司确定的六家装备现代化重点扶持企业之一，中国高速列车产业化制造基地和城轨地铁车辆定点制造企业，也是国家主要的轨道交通装备产品出口基地。

党史百年，波澜壮阔。初心百年，历久弥坚。信物百年，万古长青。薪火相传，血脉赓续，我们的国家和人民将奋力在民族复兴的伟大征程上行稳致远！

1973年，青岛四方机车车辆厂生产的客车销往国外

纺织工业战线上的一面旗帜

——郝建秀及工友写给毛主席的信

〔文〕涂强

新中国成立之初，各行各业百废待兴。“郝建秀工作法”的推广，不仅大幅提升了纺织工人的工作效率，对当时国民经济的发展乃至正在进行中的抗美援朝都具有重大意义。郝建秀小组有感于党和国家对工人阶级的关怀，多次给毛主席写信汇报工作和生活情况。郝建秀作为新中国工人阶级代表，反映了新中国成立之初党和国家开展社会主义改造，解放和发展生产力，极大调动了工人阶级生产积极性，使众多模范人物成为社会主义建设时期的优秀领跑者。

新中国成立伊始，正在中国人民为争取国民经济全面恢复和财政状况根本好转而奋斗的时候，1950年10月，中国人民志愿军开始了伟大的抗美援朝战争。在抗美援朝和大规模社会改革的背景下，中共中央提出“三年准备、十年计划经济建设”的部署和“边打、边稳、边建”的方针，指导国民经济恢复工作。由于政策正确和措施得力，国民经济恢复任务顺利完成，工农业总产值均有较大增长，棉纱、棉布等轻工业产品都超过历史最高年产量。在此时期，工作在青岛国棉六厂细纱车间的甲班值车工郝建秀，因突出的工作业绩被评为全国劳动模范。

郝建秀自幼家境贫寒，抗日战争时期，全家人居无定所，食不果腹。抗日战争胜利后，国民党接管了青岛，郝建秀曾多次前往纺织厂报名当工人，但都被拒之门外。青岛解放后，1949年9月，郝建秀来到青岛国棉六厂细纱车间，成功当上一名养成工，成为新中国第一代纺织工人大军中的一员。郝建秀感恩共产党和新中国给自己带来的机遇，内心十分珍惜工作机会。她勤学苦练，善于钻研，头脑灵活，不断改进，工作成绩引起了各级领导的重视。经过国棉六厂、青岛市、山东省和纺织部的领导和专家的多次总结，最终形成了“郝建秀工作法”。这种高效、快捷、节约的工作方法，具有多项优点：工作主动，有规律；工作有计划，分清轻重缓急；工作交叉，结合进行；重视清洁工作。由于主动掌握了机器性能，减少了细纱的断头，缩短了断头的延续时间，使皮辊花率棉花率达到了0．25%的全国纪录，值车能力（20支纱）由300锭逐渐提高到600锭。如果全国的细纱工人都实行这套科学方法，也达到郝建秀的水平，那么全国一年就可以增产44460件纱，这足可购买68架战斗机，加强祖国国防建设，支援抗美援朝战争。

2021年山东博物馆“初心——山东革命历史文物展”中，展出了郝建秀及纺二甲班车间全体工友写给毛主席的一封信。这封信写于1951年国庆节前夕，工人们感恩新中国人民政府在党和毛主席的领导下给工人阶级带来的幸福。信中，工人们诉说着青岛国棉六厂自从中华人民共和国成立之后发生的翻天覆地的变化。工人们根据工会法成立了工会，选出工会代表参与工厂管理，依据劳保条例享受各种福利待遇，各项福利设施如托儿所、食堂、浴池及车间工作条件也大大改善，厂里还开办了供工人们使用的业余修养所等。大家过中秋比过年还热闹，物质生活有了很大提高。由此大家倍感党和政府对工人阶级的重视和爱护，工作积极性有了极大提升。

在抗美援朝背景下，工人们开展了如火如荼的爱国主义生产竞赛，大家积极学习先进工作法，在保证质量、减少浪费的同时，生产效率显著提高。同时，工人们不忘文化学习，尽力消除旧社会给工人们造成的文化断层。难能可贵的是，在如此蒸蒸日上的境况下，工人们仍能认清自身存在的不足，尤其是在美帝国主义武装日本、干涉朝鲜、消极谈判的国际形势下，更要加紧生产，学习先进经验，充实工作方法，在生产战线创造好成绩，支援奋战在前线的志愿军将士们，回报党和毛主席的恩情。

敬爱的毛主席：

我们老早就想写封信给您了，前两天在欢度中秋节时，我们便想起了您，曾为您的健康乾了好几盃。现在逢到纪念伟大的国庆节，我们又想起了您，两年来人民政府给我们工人阶级带来的幸福是说也说不完的，我们深知道：这些幸福都是在党和您——敬爱的毛主席的领导下，才能够得到的。我们想念着您，我们时时刻刻的忘不了您的恩情。

我们这个厂（青岛国棉六厂）自从解放后便完全变了样，一切不幸的灾难都一去不复返了。两年来，我们进步的享受着前所未有的幸福。人们都说：人民政府带给工人阶级的好处真是说也说不完的，一点不假，我们厂里，工会法实行了，我们成立了自己的工会，并选出代表参加工厂管理。劳保条例实行了，大家都能享受到生老病死伤残等事件的补助待遇，福利设施一天天改善，托儿所扩大了，食堂改善了，浴池增加了，车间温湿度降低了，最近又开办了业余休养所。我们车间的郝建秀、王秀英同志进去休养不到十天，体重便增加到两磅和七磅。都说："谁能想到有这一天！"大家的生活都提高了。过中秋节时大家过的比那年都好，那一家不是鸡呀肉呀月饼呀，不喝酒的也都弄点酒喝，都忘的不得了。人们说："现在的工人不是从前的工人了"。是的，我们工人现在是翻了身当家作主人了。现在的工人受到党和政府的无限重视和爱护，就拿郝建秀创造出皮辊花纪录来说，在早谁又照得她这一会，蔡大姐听说了（蔡畅同志）亲自从北京跑来鼓励她，培养她，召开细纱会议，传播她的工作法。郝建秀说："细纱会议给我的光荣，我一辈子也忘不了"。我们谁又能忘了？镇压反革命时，政府还邀请我们当法官呢！我们提出很多处理反革命份子的意见，政府都接受了。我们真高兴极了，国家的事工人也能管，这不是当家作主人这是什么呢！今年六月厂里又进行了民主改革运动，所有的封建把头残余都打倒了。可以说到现在是任谁的气我们都不受了，再也没有人能拦当我们干活的劲头了。

华东纺织管理局青岛分局国营青岛第六棉纺织厂

敬爱的毛主席，面对着这一连串的好事情，我们便想起您了，我们有一个值得骄傲的祖国，我们又有一个多么值得骄傲的领袖啊！生在这样的祖国，有毛主席您的领导，大家干活怎能不起劲呢！

严肃的说起来，在抗美援朝运动中，我们激起的爱国主义生产竞赛是很热烈的，大家在学习先进工作法，少出皮辊花方面都很努力。到现在为止，我们车间的细纱看车工，全部都学会郝建秀工作法了。在早那一个人皮辊花不出上三、四磅，有的还出到七磅呢，现在却平了说皮辊花只出五、六两了，郝建秀、王秀英等同志有时只出一、二两。过去接头时在接头都缠三、四圈，掐去的回丝有四、五寸长，现在只缠一圈，掐去一寸的回丝就接上了。这就减少了许多的浪费，坏纱也减少了。过去"巴葫芦""大凸肚"一天出上五、六个，现在半月不知出五、六个不。中国棉花还不大够用，浪费一点很缺一点啊！我们的清花工作也作到棉卷均匀，保证质量的地步，梳棉和并条的回花也较前减少五倍至十倍，这都是由于搞清工作做得好，技术提高了。在生产竞赛同时，我们一点也没忘了文化学习，我们全车间已经有百分之百参加文化学习了，老工友钱刷英原先一个字不识，现在已能识七、八十个字。郝建秀由于上过两年学，现在也识成千的字了。我们正为消灭自己由于旧社会造成的缺点而努力。

亲爱的毛主席，我们知道：我们现在一切幸福只是一个起点，好日子还在后头哩，同时，我们也知道我们现在所干的一些成绩，在要求中国很快的成为一个社会主义国家来说，还是很不够的呢！尤其在目前的情况下，美帝国主义正在武装日本，在朝鲜战场上还蛮横无理的对待谈判，这就使我们认识到必须加上一把劲来支援我们最可爱的人——我们坚苦的打击着侵略者的志愿军同志。

我们一定要更好的学习郝建秀工作法，把皮辊花率降的再低。郝建秀同志也打算向老工人学习，向各地先进者学习来充实自己的工作法，以创造出皮辊花的最新纪录。现在全车间正展开消灭坏纱运动，前后纺的联合合同已订出来了。我们决心创造一个好成绩，在生产战线上打它一个胜仗，以报答您对我们的爱戴。

华东纺织管理局青岛分局国营青岛第六棉纺织厂

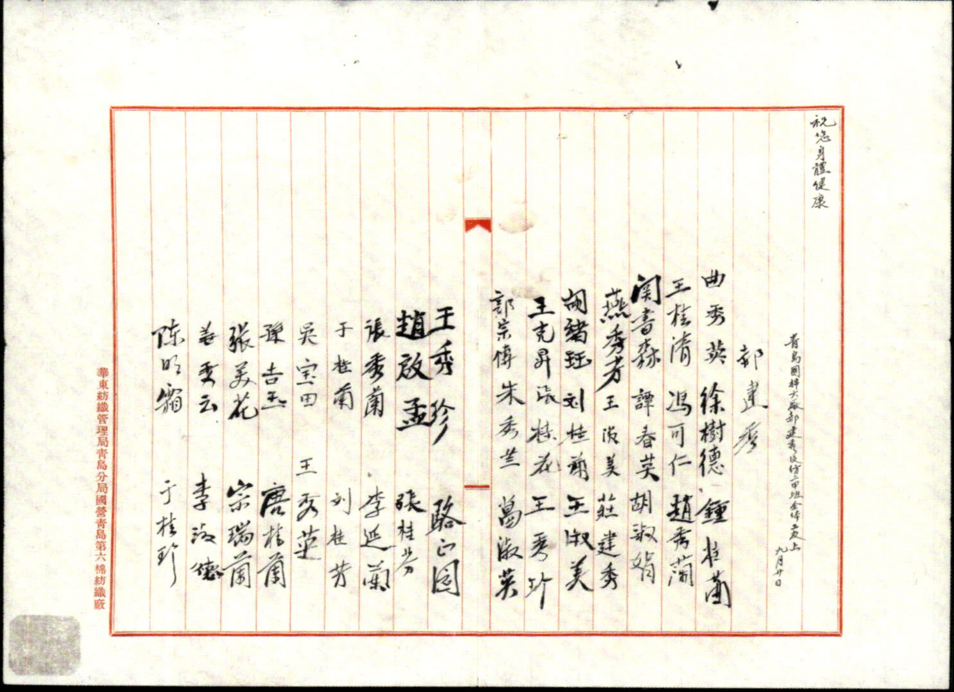

祝您身體健康

青島國棉六廠郝建秀及紡二甲班全体工友上
九月廿日

郝建秀

曲秀英 徐樹德 鍾桂蘭
王桂清 馮可仁 趙秀蘭
閻春森 譚春英 胡淑娟
燕秀芳 王淑美 莊建秀
胡緒珏 劉桂莉 王淑美
王克昇 張桂花 王秀珍
郭宗傳 朱秀芝 葛淑英

王秀珍 路以園
趙啟孟
張秀蘭 張桂芳
于桂蘭 李延蘭
吳宝田 劉桂芳
王秀芝
譚吉玉 唐桂蘭
張美花 宗瑞蘭
姜秀云 李淑德
陳明榴 于桂珍

華東紡織管理局青島分局國營青島第六棉紡織廠

郝建秀及纺二甲班车间全体工友写给毛主席的信内文 3
（山东博物馆藏）

在党的关心培养下，郝建秀继续扎实工作，不断取得新成绩，“郝建秀小组”几十年如一日，始终发挥模范带头作用。1953 年 6 月 30 日，郝建秀参加中国新民主主义青年团第二次全国代表大会时，再次受到毛主席的接见。有感于党和国家的关心培养，郝建秀和郝建秀小组多次给毛主席写信，汇报工作成绩和今后的打算。毛主席指示中共中央办公厅秘书室给郝建秀回信，鼓励她要继续努力，虚心学习，为进一步改进生产技术，降低成本，增加产量，提高成品质量再立新功。

郝建秀作为从旧时代迈入新中国的无产阶级的一员，在社会主义改造大潮中得到机遇，在自己平凡的工作岗位做出了不平凡的业绩。这正是党和人民给予了工人阶级当家作主的机会，充分调动了工人阶级的劳动生产积极性。在社会主义建设的各个时期涌现出来的劳动模范都是工人阶级优秀的领军人物，更是民族的精英、国家的栋梁、社会的中坚、人民的楷模，是时代的领跑者。毛泽东主席指出：“劳动模范是推动各方面人民事业胜利前进的骨干，是人民政府的可靠支柱和人民政府联系广大群众的桥梁”，号召全党、全国人民向劳动模范学习。劳模表彰活动，是我们党群众路线的生动实践，最终落脚点是一切为了群众，全心全意为人民服务，这与目前开展的“党的群众路线教育实践活动”的目标如同一口。进入新时代，再次阅读郝建秀及工友写给毛主席的信，回首中华人民共和国成立之初的峥嵘岁月，对于继续加强党风和社会风气建设、塑造民族精神仍然具有重要意义。

『冰雕』战士 极限人生

——朱彦夫

〔文〕刘宁

朱彦夫是抗美援朝战争中长津湖之战的幸存者，也是一生向困难挑战的勇敢战士。1950年12月，朱彦夫在冰天雪地的极端环境和残酷战争中生还。不愿躺在功劳簿上虚度一生，朱彦夫回到沂源县张家泉村带领村民脱贫致富。为了记录战友们不朽的战斗经历，他克服身体局限和重重困难完成自传体小说《极限人生》。对党忠诚，燃烧生命，爱国为民，甘于奉献，朱彦夫用一生的奋斗坚守了共产党人的初心和使命。“冰雕”战士、时代楷模、“中国的保尔”等称号是朱彦夫人生的真实写照。

热映电影《长津湖》将71年前的抗美援朝长津湖战役搬上银屏，电影中的《沂蒙山小调》是对山东革命老区和沂蒙精神的庄严致敬，也是对赴朝参战的华东子弟兵英雄们的崇高敬礼！

抗美援朝战役中，山东共有28万子弟兵参加人民志愿军,涌现出许许多多的抗美援朝战斗英雄。“冰雕”战士、“时代楷模”朱彦夫便是其中之一。

与其腐烂　不如燃烧

1933年出生的朱彦夫是抗美援朝战争中长津湖之战的幸存者。钟灵毓秀的沂蒙山水养育了朱彦夫，也塑造了他岩石一样的坚强品格。1947年，14岁的朱彦夫参加了共产党领导的人民军队，1949年加入中国共产党。此后他跟随党的部队转战南北，经历过上百次战斗，先后参加过淮海、渡江、解放上海以及抗美援朝战争。

据朱彦夫事迹展馆资料显示，1950年12月，朱彦夫所在的中国人民志愿军第26军77师231团1营2连奉命攻占和坚守长津湖以南的250高地。在朝鲜几十年不遇的暴雪严寒和激烈的战斗环境里，2连的指战员们4天没有进食，冒着零下35摄氏度的严寒，与全副现代化装备和充足后勤保障的美军激战。最后的两天两夜激战后，“49名战士静静地、不知饥不觉寒地躺在了异国他乡的巅峰上”，成了血色丰碑般的冰雕战士群……

不知过了多长时间，在已被大雪封死的250高地上，在长眠的冰雕战士中间，居然有一条正在极缓慢地复苏着的生命——年仅17岁的志愿军战士朱彦夫像“雪蚯”一样坚强地爬行，不知过了多少天，终于找到了战友和野战医院。由于冻伤严重，朱彦夫的四肢已经溃烂，必须截肢。在经历了47次手术、昏迷了93天后，朱彦夫奇迹般地醒了过来。

战争的磨难刚刚结束，人生战场上的磨难才刚刚开始。恢复意识后的朱彦夫发现自己失去了左眼和四肢,残缺的躯体一度让朱彦夫绝望崩溃，几次尝试了结生命，都未能成功。在医护人员的不断劝解下,看着残缺的身体,朱彦夫决定活下来，即使身体残缺不全，也要燃烧精神生命，创造更多的人生价值。朱彦夫不愿躺在功劳簿上虚度一生，他要让生命活得更有价值，活出共产党员、退伍军人的本色。他在日记中写道：“与其腐烂，不如燃烧！”1956年冬，朱彦夫经过慎重考虑，做出了一个惊人决定：“我要回家，要像个战士一样活下去。”既然求死不能，那就燃烧生命，好好活下去！

心系家乡　奉献桑梓

为了不给组织增添负担，朱彦夫毅然决然地回到沂源县的张家泉村。这个风景秀丽的沂蒙山区的小山村也有另外一面：群山环绕、交通闭塞、外出不便，是远近出名的贫困村。家乡父老们靠天吃饭，没有稳定的灌溉水源，遇上旱涝灾害，几乎颗粒无收，贫穷还在时刻困扰着他们。正是在这里，朱彦夫像出生的小孩一样从头开始学习吃饭、穿衣、洗脸、戴假肢，数不清摔坏了多少碗，打翻了多少次

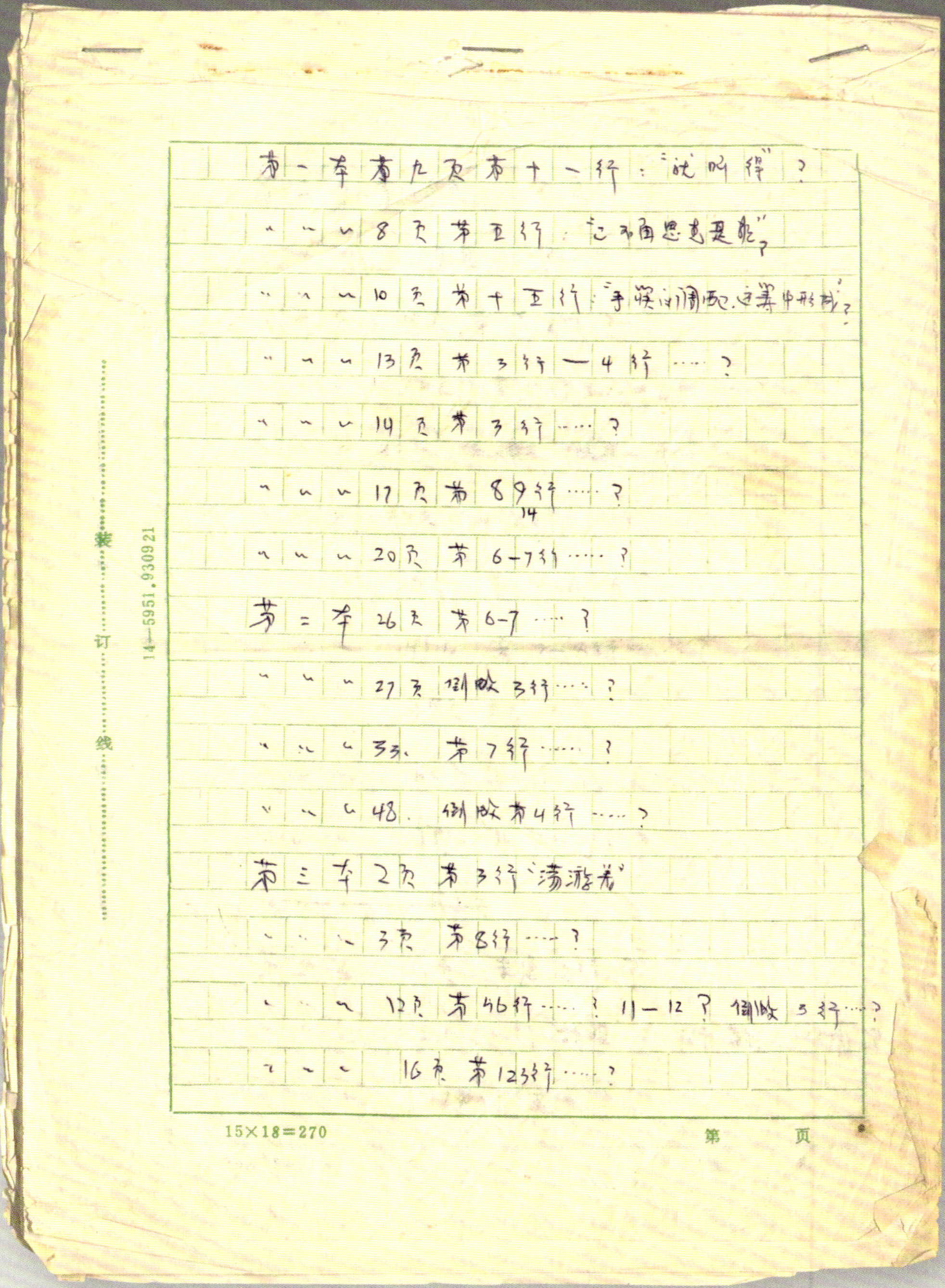

朱彦夫的小说手稿

（朱彦夫教育基地藏）

盆，磨坏了多少副假肢，朱彦夫终于能够自己吃饭穿衣，自己穿戴假肢。1957年朱彦夫当选为村党支部书记，带领父老乡亲走上了摆脱贫困的艰辛道路。

自1957年至1982年，在担任党支部书记的25年里，朱彦夫带领父老乡亲开山劈岭，整山治水，开垦农田，引水通电。他穿上假肢，不分昼夜地行走在乡村崎岖不平的山路上，磕倒、绊倒早已成了家常便饭。数九寒天里，他残存的双腿常常与假肢和磨出来的血水、地里的泥水混合、冻在一起。村里每一寸土地都留下了朱彦夫的足迹，光假肢就磨坏了七副。朱彦夫钢铁般的精神激励着乡亲们坚持不懈地与贫困战斗。1978年张家泉村通上了电，从一个贫困村变成了乡里的先进村。

2014年，朱彦夫被中宣部授予全国首位“时代楷模”的称号；2015年，朱彦夫荣获2015中国消除贫困感动奖，是山东省唯一获此荣誉的个人；2019年9月，在中华人民共和国成立70周年之际，朱彦夫被授予“人民楷模”国家荣誉称号以及“最美奋斗者”个人称号。

铁骨正气　极限人生

2021年7月1日山东博物馆重磅推出的“让党旗永远飘扬——山东省庆祝中国共产党成立一百周年主题展”中展出了朱彦夫的小说《极限人生》的手稿。前来参观的人无不被朱彦夫的事迹感动。

1987年5月，时任济南军区政委的迟浩田对朱彦夫的品质和精神给予了高度赞赏，到沂源县看望朱彦夫时，他对朱彦夫说：“把你在战场上的所见所闻写出来，把你一生向困难挑战的经历写出来，这本身就是一部教育人的好教材。”

朱彦夫下决心把自己的亲身经历写出来，将战场上牺牲的战友英雄们的事迹记录下来。经历了常人难以想象的困难，朱彦夫不仅学会了识字，更写得一手好字。字典翻烂了三四本，稿纸用掉了近半吨，历时7年，1996年7月，朱彦夫33万字的自传体长篇小说《极限人生》出版了。在著作出版的当晚，朱彦夫把自己关在屋里，恭恭敬敬地在扉页上写满了战友的名字，双膝跪地、泪流满面地说：“指导员、战友们，你们交给我的任务完成了，请安息吧！”

2021年是中国共产党成立100周年，面对采访，朱彦夫表示：“我把生命的95%给了党，2%给了我的母亲，2%给了老婆孩子，我自己留1%。”对党忠诚，燃烧生命，爱国为民，甘于奉献是“时代楷模”朱彦夫人生的真实写照，他用实际行动诠释了一名共产党人的坚定初心和永恒使命。

朱彦夫被誉为“中国的保尔”。在很大程度上，他已经超过了保尔·柯察金，成为一面精神的旗帜，一种伟大精神的符号。他是沂蒙好男儿、不屈的战士，是用一生奋斗书写极限人生的朱彦夫！

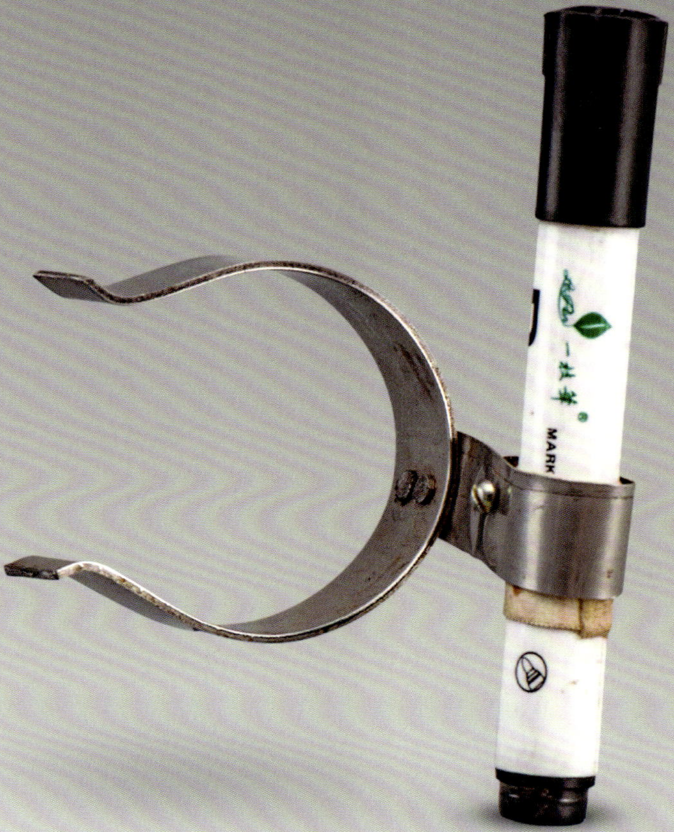

朱彦夫写作时使用的笔和固定笔的工具
（朱彦夫教育基地藏）

传承拓新

——新中国初期山东文艺思想的发展

〔文〕李娉

文艺的精神性价值是自身最为内在的、基本的价值所在，是人类的精神体验。在中国现代文艺变革发展的历史进程中，新民主主义革命时期的文艺运动，不仅鼓舞了中华儿女在追求民族独立和政治民主过程中前赴后继，也深刻影响了中华人民共和国成立后的文艺发展主流。结合在全国一普工作中整理的新中国初期山东各地文艺资料，试从地域特点中描画在全国文艺变革浪潮下山东文艺事业和文艺思想的独特变化和发展历程。

继承与丰富：以《讲话》精神贯彻于文艺创作、服务于国家现实

中华人民共和国成立后，中国共产党始终坚持将文艺运动纳入到新民主主义革命的最终胜利和社会主义建设的时代任务中，文艺元素对于鼓舞民心、建设社会主义起到很大作用。山东文艺事业继承和延续1942年毛泽东同志《在延安文艺座谈会上的讲话》（以下简称《讲话》）精神，坚持“面向工农兵、为工农兵服务；普及第一，在普及的基础上提高；批判地接受并发扬民族文化艺术传统；有步骤有重点地发展新文化艺术事业”。广大文艺工作者以丰富的创作实践发展文艺事业，以优秀作品反映新民主主义革命伟大胜利和创造建设新生活的壮志豪情，各种文艺杂志和戏剧舞台上开始呈现大批鲜活的社会主义新人物形象。

1950年《山东文艺》创刊，作为山东文艺的宣传阵地，该刊描绘新农村、新人物、新生活，主要刊登文艺社论、文艺理论、经典剧目、民间传统文艺、群众性文艺活动组织报道等。各种通俗的文艺形式如戏剧（歌舞剧、话剧、快板剧、地方戏）、相声、武老二、快板、大鼓、歌曲、小调等，多结合当时中心任务改编内容，丰富多样，生动活泼。1954年1月号的《山东文艺》开篇社论提出“文艺要为当前的过渡时期总路线的宣传服务”，鼓励“一切新旧形式都要利用，像地方戏、歌舞、快板、杂要、幻灯、洋片、高跷、旱船、图片展览、街头小报等等，都是宣传总路线的好方法”。省内各地文艺团体深入基层群众一线，到农村、部队、工厂等各地进行宣传和文艺演出。《白毛女》《刘连仁》《李二嫂改嫁》《王贵和李香香》等经典剧目在城乡广泛巡回演出，深受群众欢迎。

文艺服务于时代任务，必定接受特定时代的文艺理论引导。新中国成立之初，来自苏联的“社会主义现实主义”作为文艺指导思想在国内被逐步确定为创作和批评的最高准则，彼时山东文艺创作呈现两大类主题：一是反映百年中国可歌可泣的革命历史，反映中国人民争取民族解放的光辉历程，颂扬抗美援朝战争中的英勇事迹。新中国成立前十年内，山东文艺作品总计出版发行1400余万册。其中长篇小说《铁道游击队》《战斗在沂蒙山区》《侦察兵》等都是比较优秀的作品；第二大类创作主题是对“新时代”的歌颂，对社会主义建设和人民新生活的描述。作品创作中纪实通讯、报告、特写、小说占据了绝对分量。这些改革的文艺形式试图在努力展现新中国工农兵的新面貌和新形象，通过各种形式在人民群众中广泛传播。

除旧和布新：重视、挽救、改造并发展民间传统文艺

中华人民共和国成立前，受封建等级观念影响，从艺人员的社会地位和经济处境相对低下，加之常年战乱，山东省内柳子戏、大弦子戏、莱芜梆子、东路梆子等古老地方剧种的艺人，多被迫流散在农村中，谋生无计、贫困不堪，各种曲艺的发展极度受限。新中国成立后，国家重视民间传统文艺的挽救和扶持工作，注重对传统艺术进行鉴别拣选，除

旧布新。山东对古老剧种进行抢救性挖掘和扶持发展，对即将埋没的古老剧种柳子戏、大弦子戏、罗子戏、莱芜梆子、东路梆子、一勾勾等进行了抢救。至1956年，全省挖掘整理传统剧目近2000个，职业戏曲班、戏曲社达到100余个，剧场100多座。

1953年3月，山东举行了全省春节群众文娱活动联合公演，演出内容重视地方戏曲的选择。观众普遍也对公演中许多地方戏曲如吕戏、蹦蹦、柳腔、二夹弦、八角鼓、弦子戏、郑国戏、河北梆子、莱芜梆子、“鸳鸯嫁老雕”等都特别感兴趣，尤其喜欢改编后的表现人民新生活的地方戏。如莱阳专区掖南县剧团自编的蹦蹦戏《两对好夫妻》、德州市演出的侣戏《惠芳担水》都得到较高评价。1954年、1956年华东地区先后举办了隆重的戏曲观摩演出大会，演出单位和人员来源十分广泛，不仅有专业剧团、业余剧团，还包括社会上各行各业中的文艺爱好者。山东省代表团参赛曲目众多，充分展示了老一辈艺术家的深厚功底

青岛茂腔光明剧团到工厂演出现场

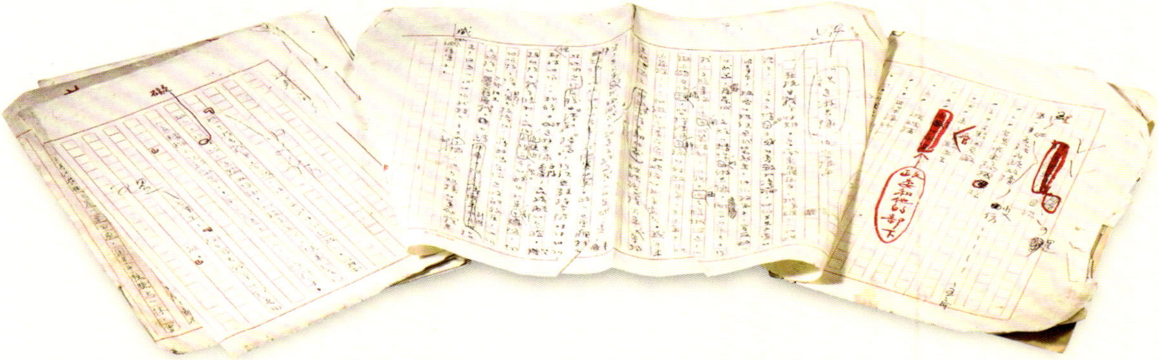

刘知侠作《铁道游击队》手稿（部分）
（山东博物馆藏）

和精神风貌。

改造发展民间传统，离不开农村文化艺术活动的经验。山东广袤的农村地域中传承着悠久的艺术创作，口头文学、流传民歌浩如繁星。黄河两岸的人民在战天斗地、建设家园的奋斗中创造了许多船歌、硪歌、夯歌。沿海人民在长期渔猎劳作中也创作了许多渔民歌曲，如邓州号子、莱州号子和益州号子。此外，广大农民在农业劳动中也有他们的浇园号子、打场号子和拔葱号子等，此外还有结合民间舞蹈的胶东和聊城等地的秧歌，以山东琴书、山东大鼓、聊城八角鼓、临清丝调、鲁中渔鼓、胶东大鼓等为代表的说唱音乐等，这些民间文艺形式淋漓尽致地表现了劳动人民生活的悲欢喜乐，是源自人民中的宝贵艺术财富。

1956年农业合作化高潮到来，人民生活逐渐有了改变和提高，催生了农村文艺团体——农村俱乐部，宣传时事政策、普及文教卫生。农村俱乐部经常开展读报、收听广播、图书图片展览，组织各种报告讲座学习，组织看电影、唱歌、跳舞、演戏、演幻灯等活动。俱乐部在几年间发展中形成了网络分布，社社都有俱乐部。俱乐部相互之间经常交流经验，交流节目，并且组织了一些演出点，请到全国、省里的优秀演员，到演出点里去指导文艺和进行文艺演出。山东各地涌现出了很多文艺活动示范村，丰富广大农民的文化生活。

改造与发展：文艺工作者的认知和实践

列宁在《党的组织和党的出版物》中写道：“无可争论，写作事业最不能机械划一，强求一律，少数服从多数。无可争论，绝对必须保证有个人创作性和个人爱好的广阔天地，有思想和幻想、形式和内容的广阔天地。……无产阶级的党的事业中写作事业这一部分，不能同无产阶级的党的事业的其他部分刻板地等同起来”。在中国，《在延安文艺座谈会上的讲话》肩负了对新民主主义主义革命时期和新中国的现实文学创作和发展的指导功能，在《讲话》精神的指导下，在越来越深入群众的文艺实践中，山东文艺工作者在时代“磨合”过程中锻炼了真理的认知和实践。

新中国初期近十年山东文艺的发展，正是主流意识整合的过程。山东培养了一大批新的作家和艺术家，扩大和加强了文艺队伍。在这一时期的文艺期刊中，除了社论和必要理论文章，格调鲜活淳朴、充满生活气息的文艺作品大量出现，丰满地表现了劳动人民的心意、性格和情调。每期都有诗

肥城县文化馆指导城关公社文工团排演的《群英水库》获省汇演大会优秀奖

歌、舞蹈、快板、秧歌、大鼓等可演可唱的材料，内容充实、短小活泼、随地能演、随时能唱。那是来自山东各地的文艺工作者们深入群众基层、深入工农业生产劳动、技术革命运动中采集到的珍贵资料艺术加工成的。作品的鲜活得益于艺术工作者们能沉下心、俯下身去挖掘民间传统文艺，深入在工农群众和生产劳动中做文化工作；另一方面劳动人民在生产劳动中进行文艺创作和文化活动，自写、自编、自唱、自演、自画、自我娱乐和自我教育。文艺与生产劳动结合，促进知识分子工农化、工农群众知识化，也积极响应了“在普及的基础上提高，在提高的指导下普及”的文化工作指导方针。

除了在深入群众实践中做出了自己的成绩，山东文艺还在深入挖掘民间传统文化中有了更新的认识。由于中华人民共和国成立前的战时文艺宣传过分强调大众化的民族形式，对几千年的文学遗产没有积极利用和深入论说，革命时期的文学艺术作品就相对缺少苏联作家作品中体现出来的那种有所依傍、丰润内涵和深刻反思与省察。新中国初期，一方面文艺工作者要按照《讲话》精神进行新文艺的建设，另一方面新文艺发展中出现的一系列现实问题又必须加以回应。故在1953年《讲话》修订本中用“社会主义的现实主义”取代了原来的“无产阶级现实主义”，以契合新时期社会主义政治经济文化建设思想。1953年的《山东文艺》中开篇引用了“社会主义现实主义”的理论文章，并出于对文艺深远发展的建设性的考虑，更提出对传统优秀文化进行认真继承和深入发展的要求，“对于中国和外国过去时代所遗留下来的丰富的文学艺术遗产和优良的文学艺术传统，我们是要继承的，但是目的仍然是为了人民大众”。这在文艺层面上也体现出了马克思主义不仅仅是革命和批判的理论，同样更是随着时代前进而不断发展的理论，更是建设的哲学和建设的文明，文艺思想也随着时代变迁和社会变革不断会有更新的内涵。

参考文献

★ 耿新鹏：《美国家档案揭日本野心 一战出兵山东作侵华准备》，新华社，解放网，2005年12月19日。

★《青岛写真贴》，1914年日方出版，山东博物馆藏。

★ 王桂云：《班鹏志与〈青岛接收纪念写真〉》，2018年2月4日，《青岛早报》。

★ 班鹏志：《青岛接收纪念写真》，1924年4月版。山东博物馆藏。

★ 中共山东省委党史资料征集研究委员会编：《山东党史资料》（在京山东老干部党史座谈会专辑），1982年9月。

★ 中共山东省委党史资料征集研究委员会编：《芳草萋萋满园春——回忆济南乡师建党初期情况》，《山东党史资料》1980年第2期。

★《红色印记：济南乡师：大明湖畔的“小延安”》，济南市明湖中学，澎湃网，本文参照1990年中共荔波县委党史征集研究委员会柏文熙、黄长和编《邓恩铭遗作选》

★ 罗占元、许庆昌著：《中共党史人物传》第12卷，陕西人民出版社，1983年。

★《革命烈士传》编辑委员会编：《革命烈士传（三）》，人民出版社，1988年。

★ 马淑德：《关于吴苓生旅莫活动情况》，《党的文献》1992年第3期。

★ 中共哈尔滨市委党史研究室著：《中国共产党哈尔滨历史》第一卷，黑龙江人民出版社，2001年。

★ 陆毅等主编：《中国共产党东北地方组织的活动概述》（1919.5-1949.10）黑龙江人民出版社，1994年。

★ 中共哈尔滨党史工作委员会编：《哈尔滨党史资料》第一辑，1983年3月版。

★ 刘云才等主编：《中共满洲省委》，北方文艺出版社，2008年。

★ 沭阳县革命烈士英名谱编辑委员会：《吴苓生 沭阳县革命烈士英名谱之一》，1997年6月版。

★ 中共沈阳市委党史研究室、辽宁省司法局沈阳劳改分局编：《铁窗丹心-中共满洲省委时期狱中斗争纪实》，辽宁人民出版社，1991年。

★ 吴以京：《碧血洒大地，丹心照千秋-吴丽实烈士生平事略》，《山东党史资料》1982年第2期。

★《山东革命历史档案资料选编》第二辑，山东人民出版社出版。

★ 吴永明，吴明慧：《吴苓生烈士的血衣纽扣》

★ 中国中共党史人物研究会编：《中共党史人物传·第13卷（董必武 任作民 曾中生 林祥谦 曾延生 郭隆真 茅丽瑛 鲁佛民 林锵云 车向忱 曹荻秋）》，中国人民大学出版社，2017年。

★ 叶梧西:《"五四"时期的天津爱国女界同志会》,《历史教学》，1980年第11期。
★《回族革命女英雄郭隆真》，中国民族摄影艺术出版社，1988年。
★ 陈家新主编:《中华女杰 近代卷》，四川人民出版社，2013年。
★ 河北省国家档案馆编:《1928-1949河北省大事记》，河北人民出版社，2012年。
★ 山东省档案局编:《会聚在党旗下　档案中的革命先烈故事》，山东人民出版社，2011年。
★ 戴建兵、吴乾:《追怀早期革命先烈——纪念郭隆真》,《河北师范大学学报（哲学社会，科学版）》，第44卷第4期，2021年7月。
★ 王海燕:《巾帼英雄郭隆真》,《北京档案》，2021年第4期。
★ 王海:《我的战斗生涯》，中央文献出版社，2000年。
★ 李庆山:《志愿军抗美援朝纪实》，中共党史出版社，2008年。
★ 安克骏、李瑶编:《抗美援朝中的山东人》，山东人民出版社，2006年。
★ 耿龙武主编:《中国王牌飞行员》，国防大学出版社，1998年。
★《胶东区行政公署通知》，1945年11月25日，山东省档案馆档案永久31.1.804.30。
★《山东省政府决定——关于统一与严格粮票制度问题 财字第四十三号》，1946年6月，山东省档案馆档案 G014-01-0002-002。
★《山东省政府决定——关于统一与严格粮票制度问题 财字第四十三号》，1946年6月，山东省档案馆档案永久14.1.2.2。
★《山东省粮食总局通告粮字第十号》,《大众日报》，1946年6月21日。
★《山东省粮食总局发行之粮柴票与胶东粮食分局发行之粮柴票折合使用办法》，1946年7月28日。山东省档案馆档案永久14.1.17.19。
★《胶东区党委、胶东军区司令部、胶东区行政公署关于停止使用旧粮票发行新粮票重要决定》，1947 年12月20日，山东省档案馆档案永久31.1.1012.22。
★《山东省粮食总局通知》,《大众日报》，1948年4月5日。
★《山东省人民政府关于停用三十六年度发行之粮草票的工作的决定》，1949年6月，山东省档案馆 档案永久12.1.29.3。
★《山东省粮食总局关于停用三十六年度发行之粮草票工作总结（草案）》，1949年，山东省档案局档案永久 14.1.34.16。

后记

习近平总书记指出："精神是一个民族赖以长久生存的灵魂，唯有精神上达到一定的高度，这个民族才能在历史的洪流中屹立不倒、奋勇向前。"人无精神则不立，国无精神则不强。伟大的革命精神始终是中华民族伟大复兴征程上的精神航标，是指引我们克服一个又一个艰难险阻、激励我们取得一次又一次伟大胜利的精神支柱。加强革命文物保护利用，弘扬革命精神，传承红色基因，是全党全社会的共同责任。

《立心铸魂——山东革命文物红色基因解读》（以下简称《立心铸魂》）基于山东党史脉络，立足全省典型革命文物，共分"大道火种""民族先锋""血火淬炼""磐石建树""奋战征程"五个版块。基于对档案文献、书信手稿、报纸刊物、红色影像、武器装备、名人遗物等共81件（套）革命文物见人、见物、见精神的深入解读，重温山东党组织带领人民走过的镰锤开天、百炼成钢的伟大历程，深刻感悟山东党政军民共同铸就的以"党群同心、军民情深、水乳交融、生死与共"为鲜明特质的沂蒙精神。作为山东省首部研究型革命文物图著，既注重了学术性，深入挖掘革命文物的思想内涵和时代价值，充分发挥革命文物以物证史、以史鉴今的作用，又兼顾文物背后的故事性，让革命文物"活"起来，坚持铸魂育人，打造一部融学术性、资料性、可读性于一体的革命文物普及读物，是加强革命文物保护利用、弘扬革命文化的一次有益尝试。

《立心铸魂》在编辑过程中，得到了济南战役纪念馆、青岛市博物馆、东营市历史博物馆、朱彦夫党性教育基地等多家博物馆、纪念馆和有关单位的大力支持，无私为本书提供珍贵文物高清影像和文献史料，在此表示诚挚谢意。

在书稿付梓之际，我们概念革命先烈抛头颅、洒热血换来和平盛世。我辈当珍惜眼前、不负韶华，以吾辈之青春，传先烈之火炬，让红色基因代代相传、生生不息。

编　者

2022年10月